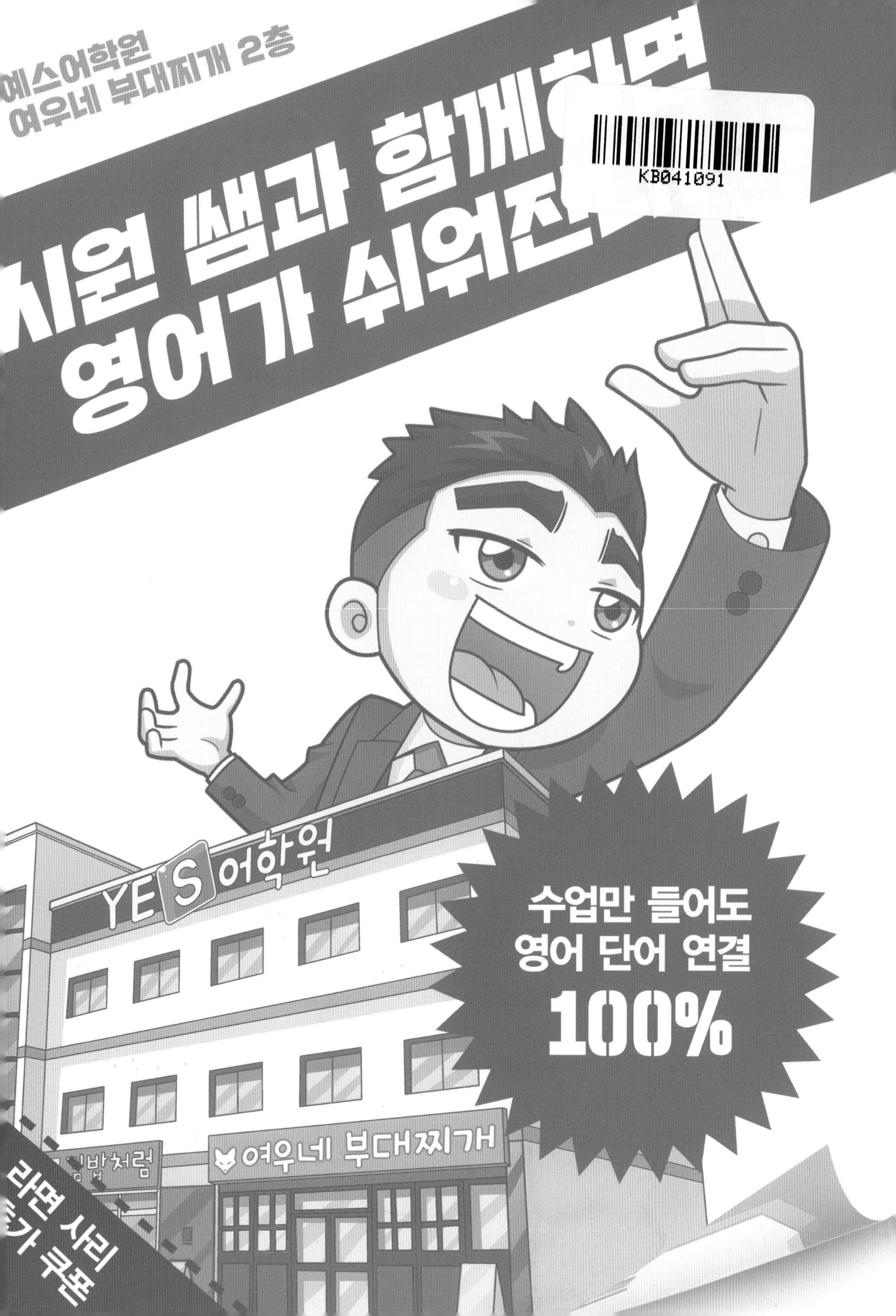
예스어학원
여우네 부대찌개 2층
쌤과 함께
영어가 쉬워진
YES어학원
수업만 들어도
영어 단어 연결
100%
밥처럼
여우네 부대찌개
라면 사리
쿠폰

# 예스잉글리시
# 신입 단원 모집

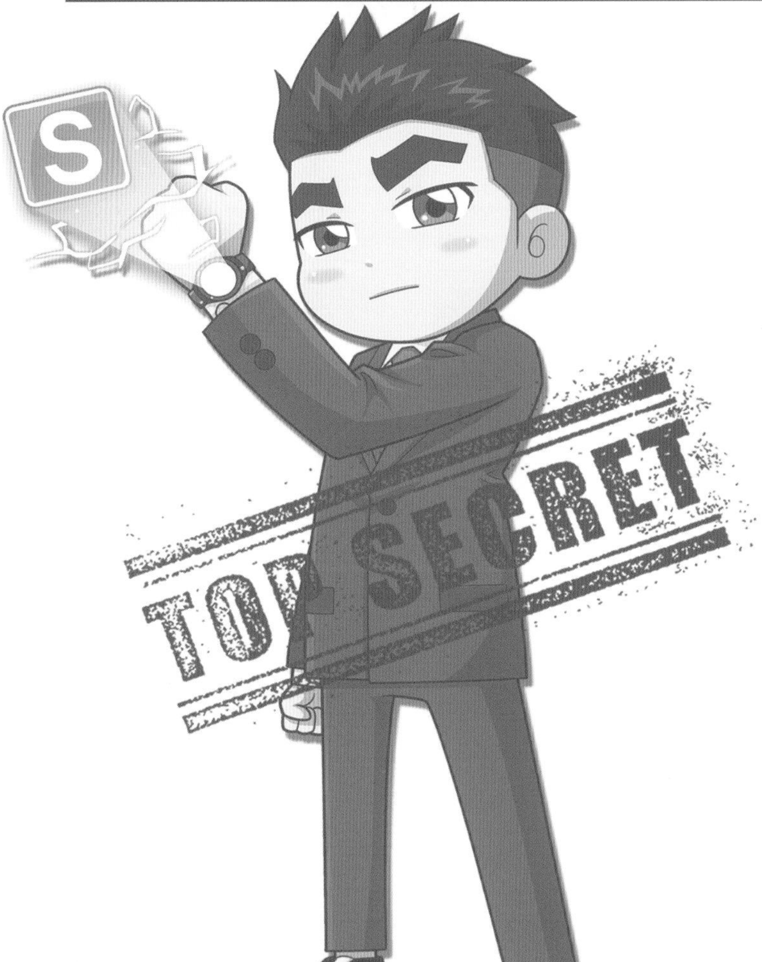
S
TOP SECRET

**코드 네임 : 에스원 요원과 영어 유니버스를 구하라!**

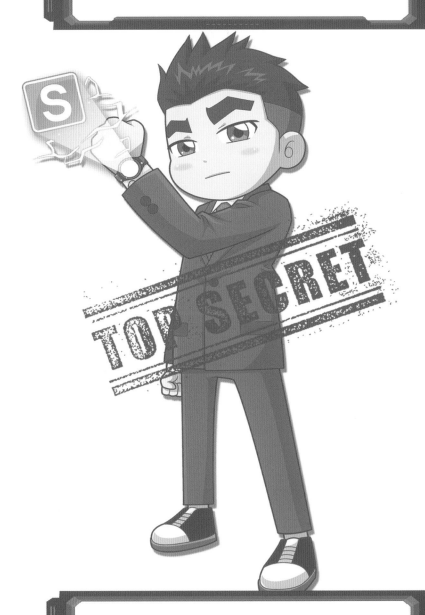

English Adventure

# 이시원의 영어 대모험

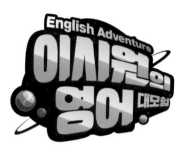

**일러두기**

이 책에 나오는 영어 문장 중 일부는 이야기의 자연스러운 이해를 위해 의역했습니다.
그 외의 영어 문장은 학습적인 이해를 돕기 위해 직역했습니다.

# 이시원의 영어 대모험 ⑧

## 수량 형용사


**기획** 시원스쿨 | **글** 박시연 | **그림** 이태영

1판 1쇄 발행 | 2021년 3월 9일
1판 2쇄 발행 | 2022년 3월 28일

**펴낸이** | 김영곤
**이사** | 은지영
**키즈스토리본부장** | 김지은
**키즈스토리2팀장** | 윤지윤 **기획개발** | 고아라
**아동마케팅영업본부장** | 변유경
**아동마케팅팀** | 김영남 원정아 이규림 고아라 이해림 최예슬 황혜선
**아동영업1팀** | 이도경 오다은 김소연 **아동영업2팀** | 한충희 오은희
**디자인** | 리처드파커 이미지웍스 **윤문** | 이선지

**펴낸곳** | (주)북이십일 아울북
**등록번호** | 제406-2003-061호
**등록일자** | 2000년 5월 6일
**주소** | 경기도 파주시 회동길 201(문발동) (우 10881)
**전화** | 031-955-2155(기획개발), 031-955-2100(마케팅·영업·독자문의)
**브랜드 사업 문의** | license21@book21.co.kr
**팩시밀리** | 031-955-2177
**홈페이지** | www.book21.com

**ISBN** 978-89-509-8499-1
**ISBN** 978-89-509-8491-5(세트)




* 잘못 만들어진 책은 **구입하신 서점**에서 교환해 드립니다.
* 가격은 책 뒤표지에 있습니다.

⚠ 주의 1. 책 모서리가 날카로워 다칠 수 있으니 사람을 향해 던지거나 떨어뜨리지 마십시오.
2. 보관 시 직사광선이나 습기 찬 곳을 피해 주십시오.


- **제조자명** : (주)북이십일
- **주소 및 전화번호** : 경기도 파주시 회동길 201(문발동) / 031-955-2100
- **제조연월** : 2022.3.28
- **제조국명** : 대한민국
- **사용연령** : 3세 이상 어린이 제품

만 화 로 시 작 하 는 이 시 원 표 초 등 영 어

# English Adventure 이시원의 영어 대모험 8


기획 시원스쿨
글 박시연
그림 이태영


## 수량 형용사

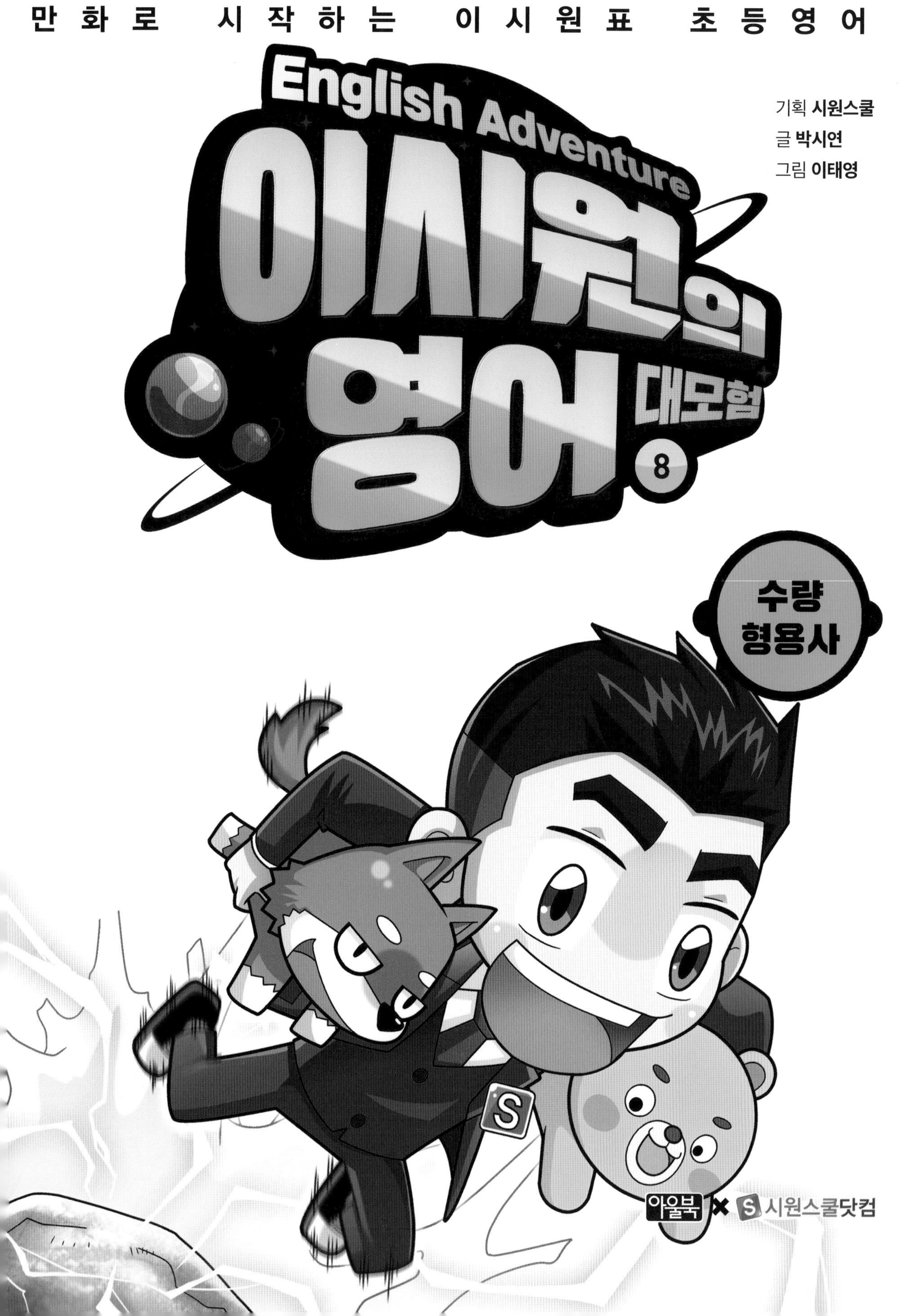


아울북 × 시원스쿨닷컴

## 작가의 말

안녕하세요? 시원스쿨 대표 강사 이시원 선생님이에요. 여러분은 영어를 좋아하나요? 아니면 영어가 어렵고 두려운가요? 혹시 영어만 생각하면 속이 울렁거리고 머리가 아프진 않나요? 만약 그렇다면 지금부터 선생님이 영어와 친해지는 방법을 가르쳐 줄게요.

### 하나, 지금까지 배운 방식과 지식을 모두 지워요!

보기만 해도 스트레스를 받고, 나를 힘들게 만드는 영어는 이제 잊어버려요. 선생님과 함께 새로운 마음으로 영어를 다시 시작해 봐요.

### 둘, 하나를 배우더라도 정확하게 습득해 나가요!

눈으로만 배우고 지나가는 영어는 급할 때 절대로 입에서 나오지 않아요. 하나를 배우더라도 완벽하게 습득해야 어디서든 자신 있게 영어로 말할 수 있어요.

### 셋, 생활 속에서 자주 쓰이는 표현을 배워요!

우리 생활에서 쓸 일이 별로 없는 단어를 오래 기억할 수 있을까요? 자주 사용하는 단어 위주로 영어를 배워야 쓰기도 쉽고 잊어버리지도 않겠죠? 자연스럽게 영어가 튀어나올 수 있도록 여러 번 말하고, 써 보면서 잊지 않게 하는 것이 중요해요.

이 세 가지만 지키면 어느새 영어가 정말 쉽고, 재밌게 느껴질 거예요. 그리고 이 세 가지를 충족시키는 힘이 바로 이 책에 숨어 있어요. 여러분이 〈이시원의 영어 대모험〉을 읽는 것만으로도 최소한 영어 한 문장을 습득할 수 있어요.

단어와 단어를 연결하는 방법도 자연스럽게 익히게 될 거예요. 게다가 영어에 관련된 흥미로운 이야기들을 알게 되면 영어가 좀 더 친숙하고 재미있게 다가올 거라 믿어요!

자, 그럼 만화 속 '시원 쌤'과 신나는 영어 훈련을 하면서 모두 함께 영어의 세계로 떠나 볼까요?

시원스쿨 기초영어 대표 강사 **이시원**

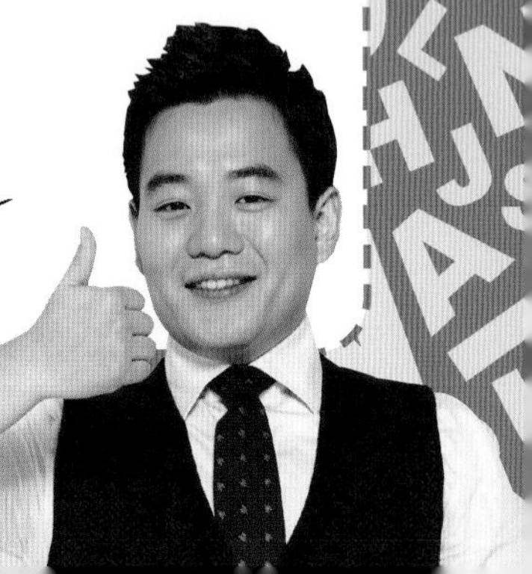

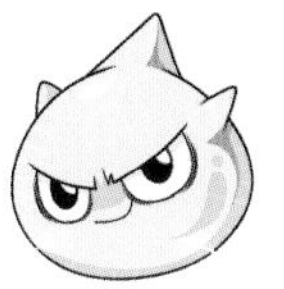

## 영어와 친해지는 영어학습만화

영어는 이 자리에 오기까지 수많은 경쟁과 위험을 물리쳤답니다. 영어에는 다른 언어와 부딪치고 합쳐지며 발전해 나간 강력한 힘이 숨겨져 있어요. 섬나라인 영국 땅에서 시작된 이 언어가 어느 나라에서든 통하는 세계 공용어가 되기까지는 마치 멋진 히어로의 성장 과정처럼 드라마틱하고 매력적인 모험담이 있었답니다. 이 모험담을 듣게 되는 것만으로도 우리 어린이들은 영어를 좀 더 좋아하게 될지도 몰라요.

영어는 이렇듯 강력하고 매력적인 언어지만 친해지기는 쉽지 않아요. 우리 어린이들에게 영어는 어렵고 힘든 시험 문제를 연상시키지요. 영어를 잘하면 장점이 많다는 것은 알지만 영어를 공부하는 과정은 어렵고 힘들어요. 이 책에서 시원 쌤은 우리 어린이 주인공들과 영어 유니버스라는 새로운 세계로 신나는 모험을 떠난답니다.

여러분도 엄청난 비밀을 지닌 시원 쌤과 미지의 영어 유니버스로 모험을 떠나 보지 않을래요? 영어 유니버스의 어디에선가 영어를 좋아하게 된 자신의 모습을 발견하게 될지도 몰라요.

글 작가 **박시연**

## 영어의 세계에 빠져드는 만화

영어 공부를 시작하는 어린이들은 모두 자기만의 목표를 가지고 있을 거예요. 영어를 잘해서 선생님께 칭찬받는 모습부터 외국 친구들과 자유롭게 영어로 소통하는 모습, 세계적인 유명인이 되어서 영어로 멋지게 인터뷰하는 꿈까지도요.

이 책에서는 어린이들이 공감할 수 있도록 영어를 배우며 느끼는 기분, 상상한 모습들을 귀엽고 발랄한 만화로 표현했어요. 이 책을 손에 든 어린이들은 만화 속 인물들에게 무한히 공감하며 이야기에 빠져들 수 있을 거예요. 마치 내가 시원 쌤과 함께 멋진 모험을 떠나는 것 같은 기분을 느낄 수 있도록요.

보는 재미와 읽는 재미를 함께 느낄 수 있는 만화를 통해 영어의 재미도 발견하기를 바라요!

그림 작가 **이태영**

# 차례

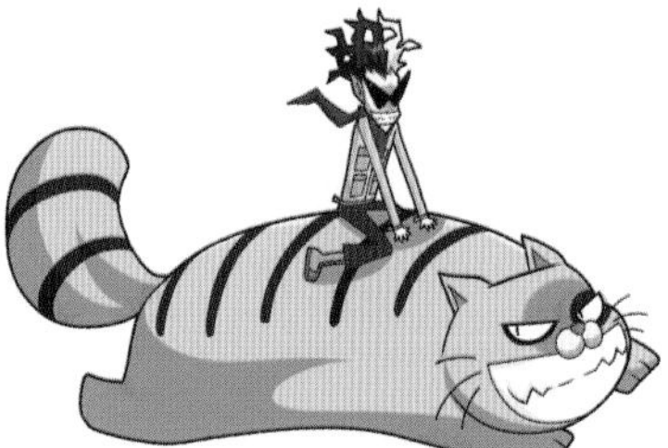

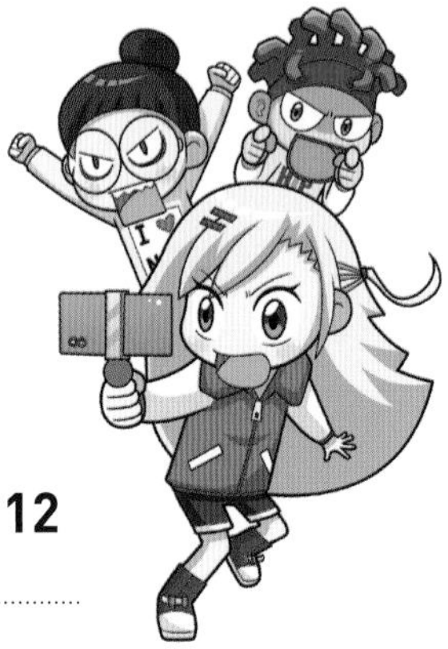



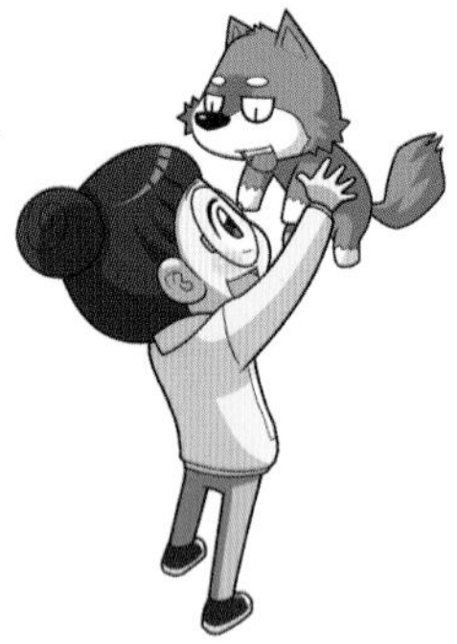

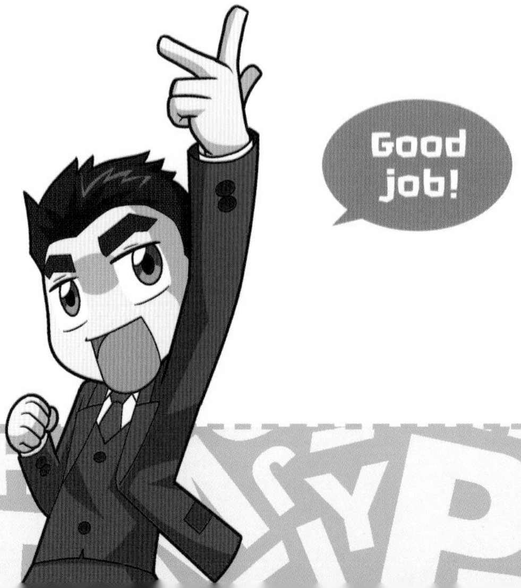

Good job!

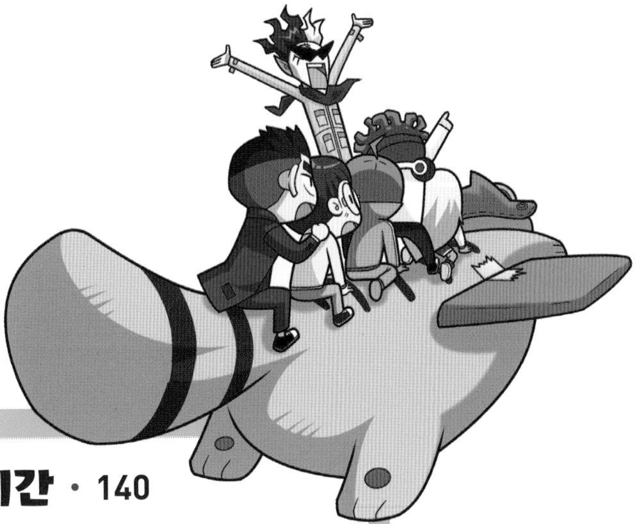



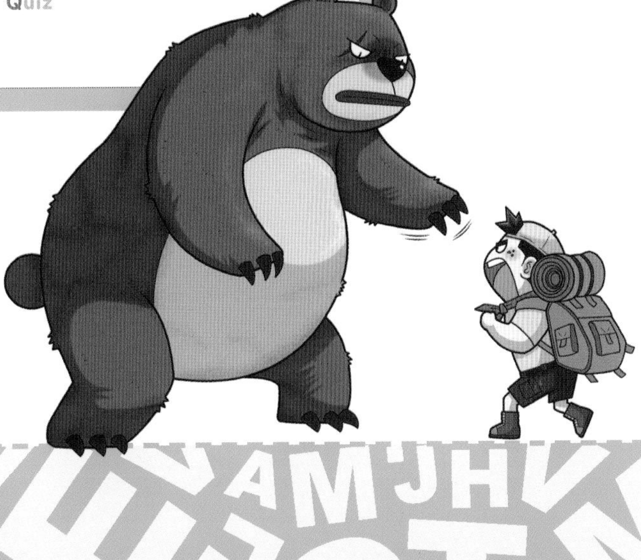

# 등장인물

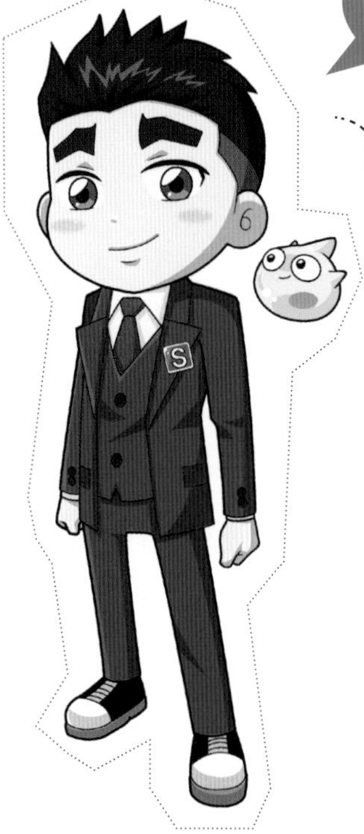
영어를 싫어하는 자,
모두 나에게로 오라!
굿 잡!
S

## 시원 쌤

**비밀 요원명** 에스원(S1)
**직업** 영어 선생님
**좋아하는 것** 영어, 늦잠, 힙합
**싫어하는 것** 노잉글리시단
**취미** 영어 강의하기
**특기** 재빠르게 도망치기
**성격** 귀차니스트 같지만 완벽주의자
**좌우명** 영어는 내 인생!

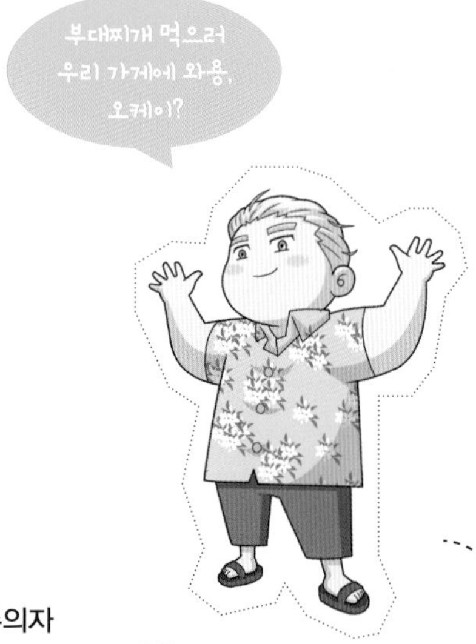
부대찌개 먹으러
우리 가게에 와용,
오케이?

## 폭스

**비밀 요원명** 에프원(F1)
**직업** 여우네 부대찌개 사장님

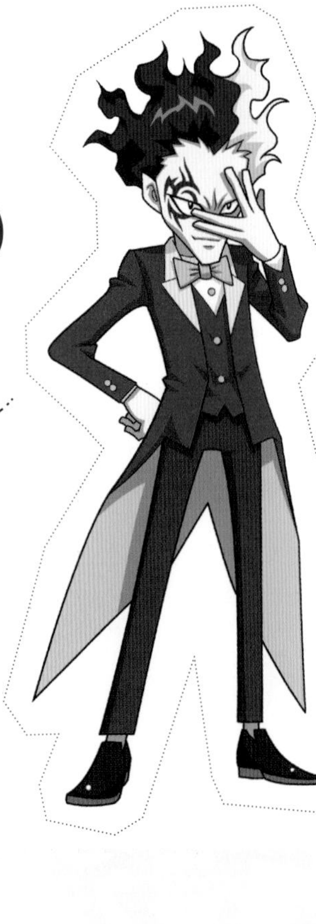
영어가 싫다고?!
내가 더더더 싫어지게
만들어 주마!

## 트릭커

**직업** 한두 개가 아님
**좋아하는 것** 영어 싫어하는 아이들
**싫어하는 것** 영어, 예스잉글리시단
**취미** 함정 만들기
**특기** 이간질하기
**성격** 우기기 대마왕
**좌우명** 영어 없는 세상을 위하여!

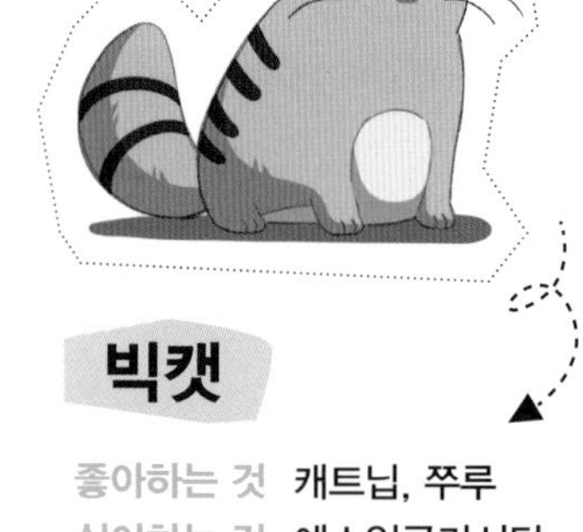
냥냥라이드에 태워 줄 테니
쭈루 하나만 줄래냥~!

## 빅캣

**좋아하는 것** 캐트닙, 쭈루
**싫어하는 것** 예스잉글리시단

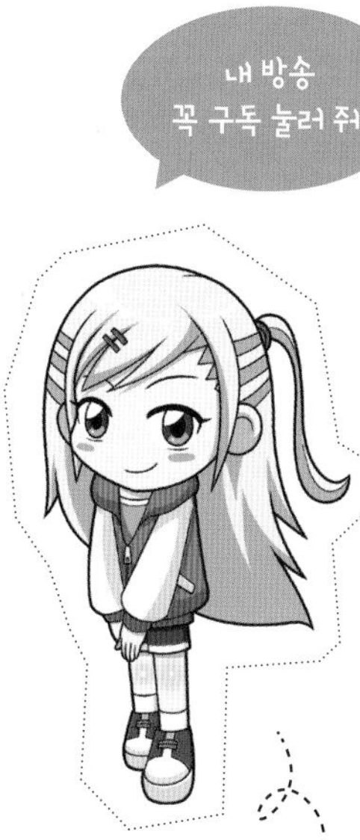
내 방송
꼭 구독 눌러 줘!

## 루시

좋아하는 것 너튜브 방송
싫어하는 것 나우,
사나운 동물
좌우명 일단 찍고 보자!

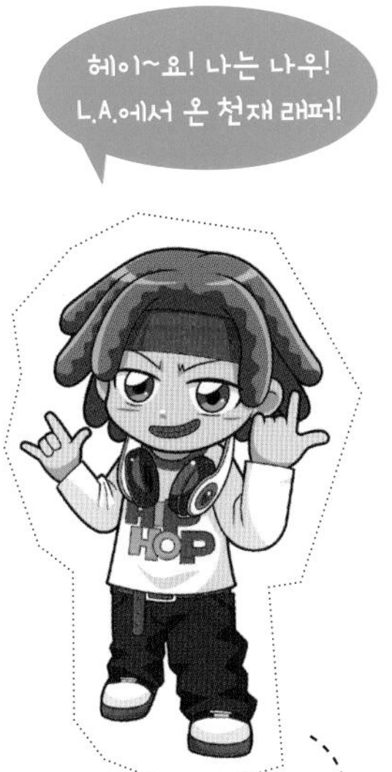
헤이~요! 나는 나우!
L.A.에서 온 천재 래퍼!
HIP HOP

## 나우

좋아하는 것 랩, 힙합,
루시 골탕 먹이기
싫어하는 것 영어로 말하기,
혼자 놀기
좌우명 인생은 오로지 힙합!

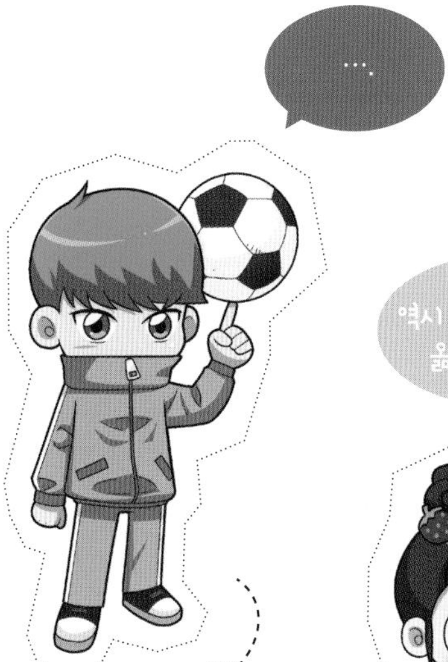
….

## 후

좋아하는 것 축구
싫어하는 것 말하기
좌우명 침묵은 금이다!

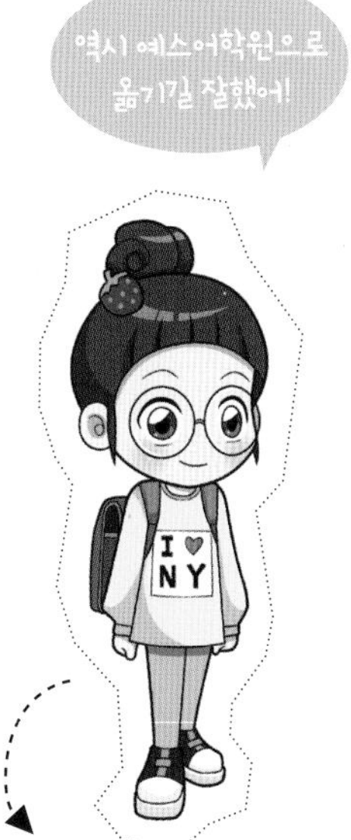
역시 예스어학원으로
옮기길 잘했어!
I ♥ NY

## 리아

좋아하는 것 귀여운 동물
싫어하는 것 빅캣 타임
좌우명 최선을 다하자!

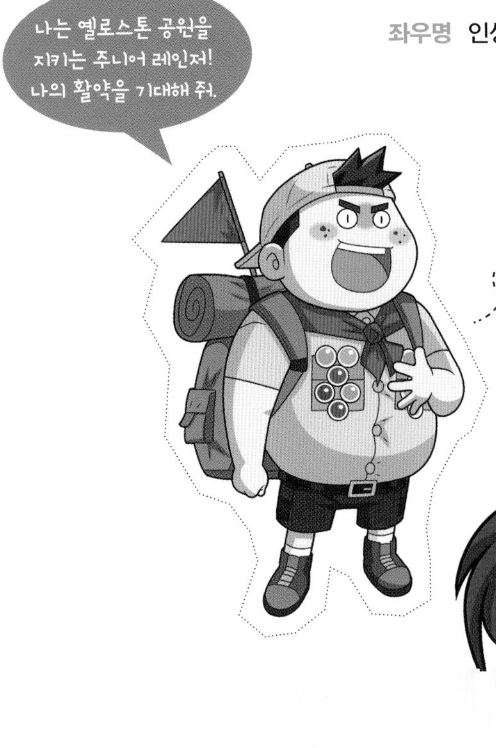
나는 옐로스톤 공원을
지키는 주니어 레인저!
나의 활약을 기대해 줘.

## 윌리

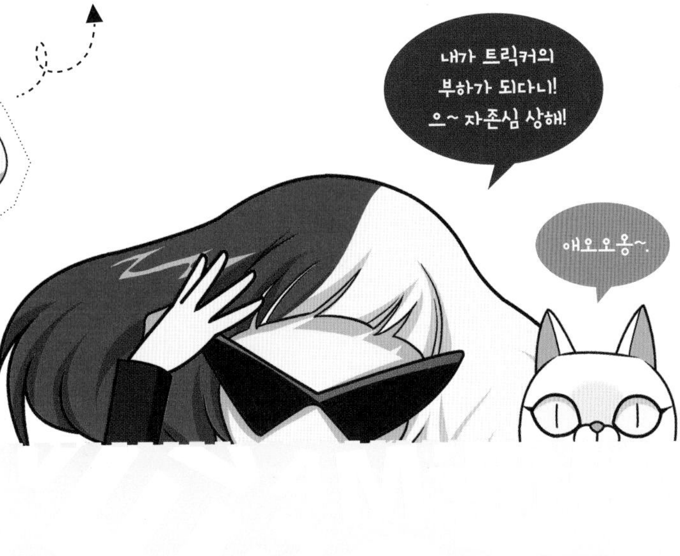
내가 트릭커의
부하가 되다니!
으~ 자존심 상해!
애오오옹~.

Chapter 1

# 옐로스톤 유니버스

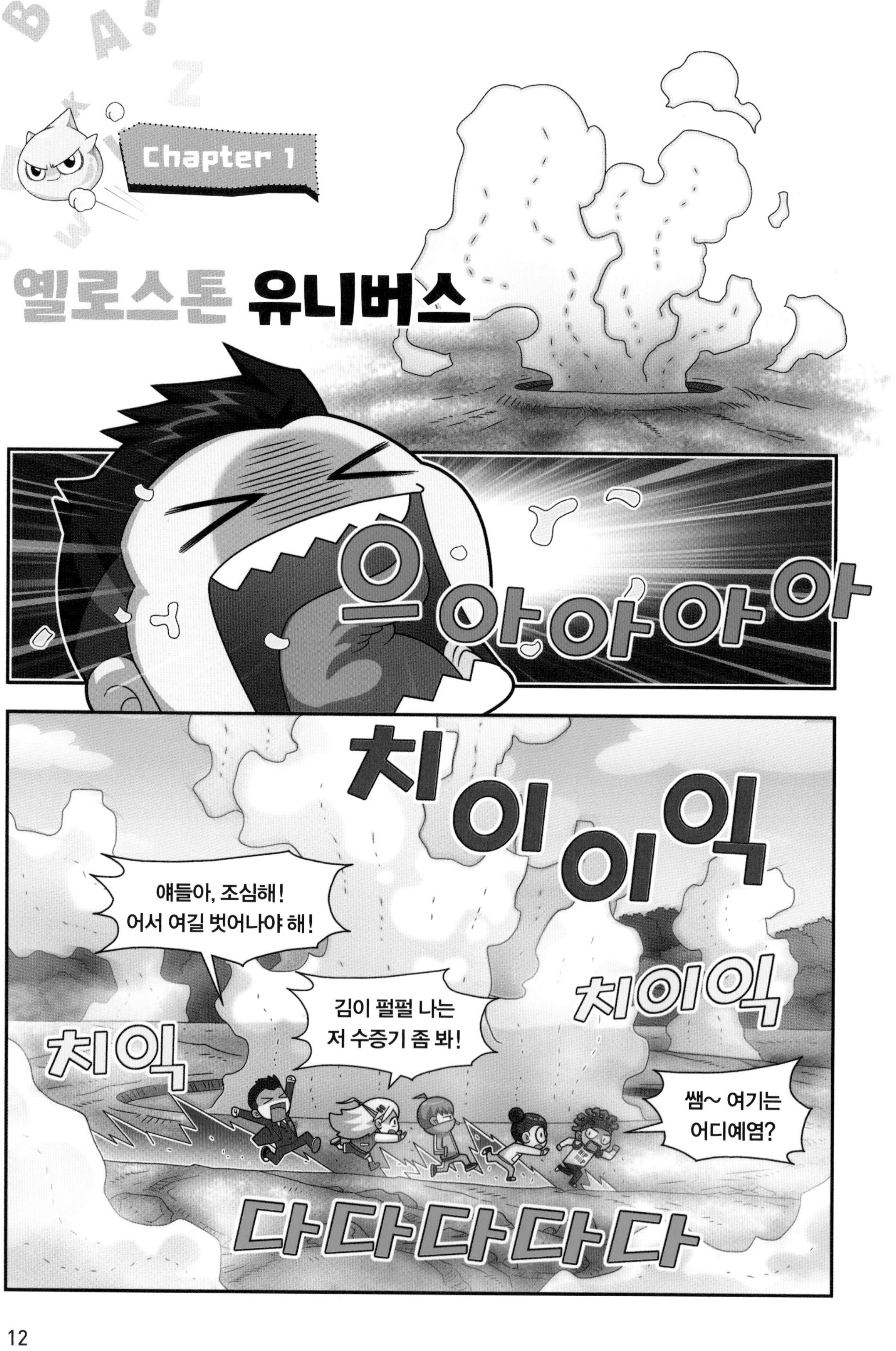

으아아아아아
치이이익
애들아, 조심해!
어서 여길 벗어나야 해!
김이 펄펄 나는
저 수증기 좀 봐!
치익
치이익
쌤~ 여기는
어디예염?
다다다다다다

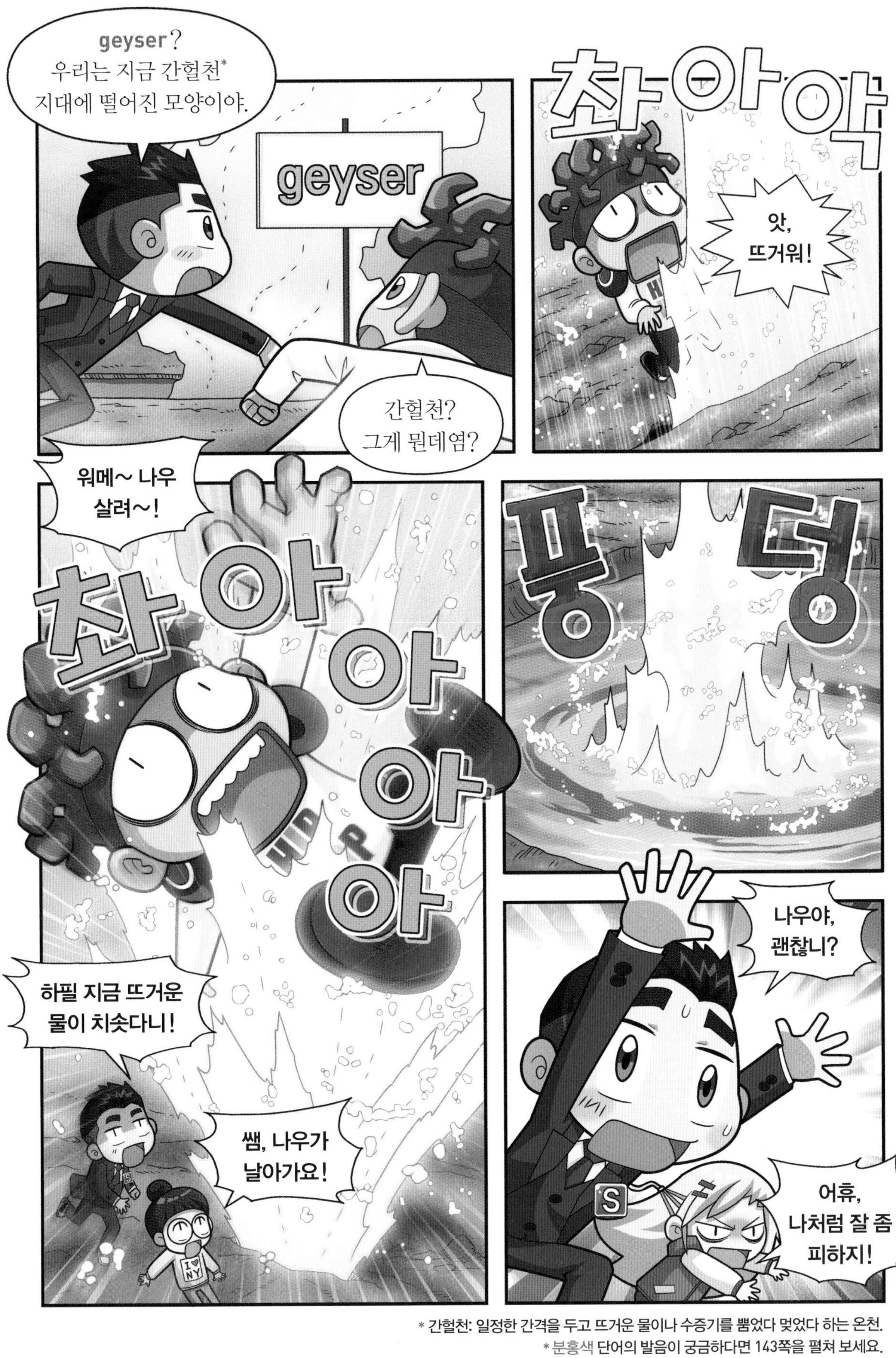
geyser?
우리는 지금 간헐천*
지대에 떨어진 모양이야.
geyser
간헐천?
그게 뭔데염?
촤아악
앗,
뜨거워!
워메~ 나우
살려~!
촤아아아아
퐁덩
하필 지금 뜨거운
물이 치솟다니!
쌤, 나우가
날아가요!
나우야,
괜찮니?
어휴,
나처럼 잘 좀
피하지!

* 간헐천: 일정한 간격을 두고 뜨거운 물이나 수증기를 뿜었다 멎었다 하는 온천.

* 분홍색 단어의 발음이 궁금하다면 143쪽을 펼쳐 보세요.

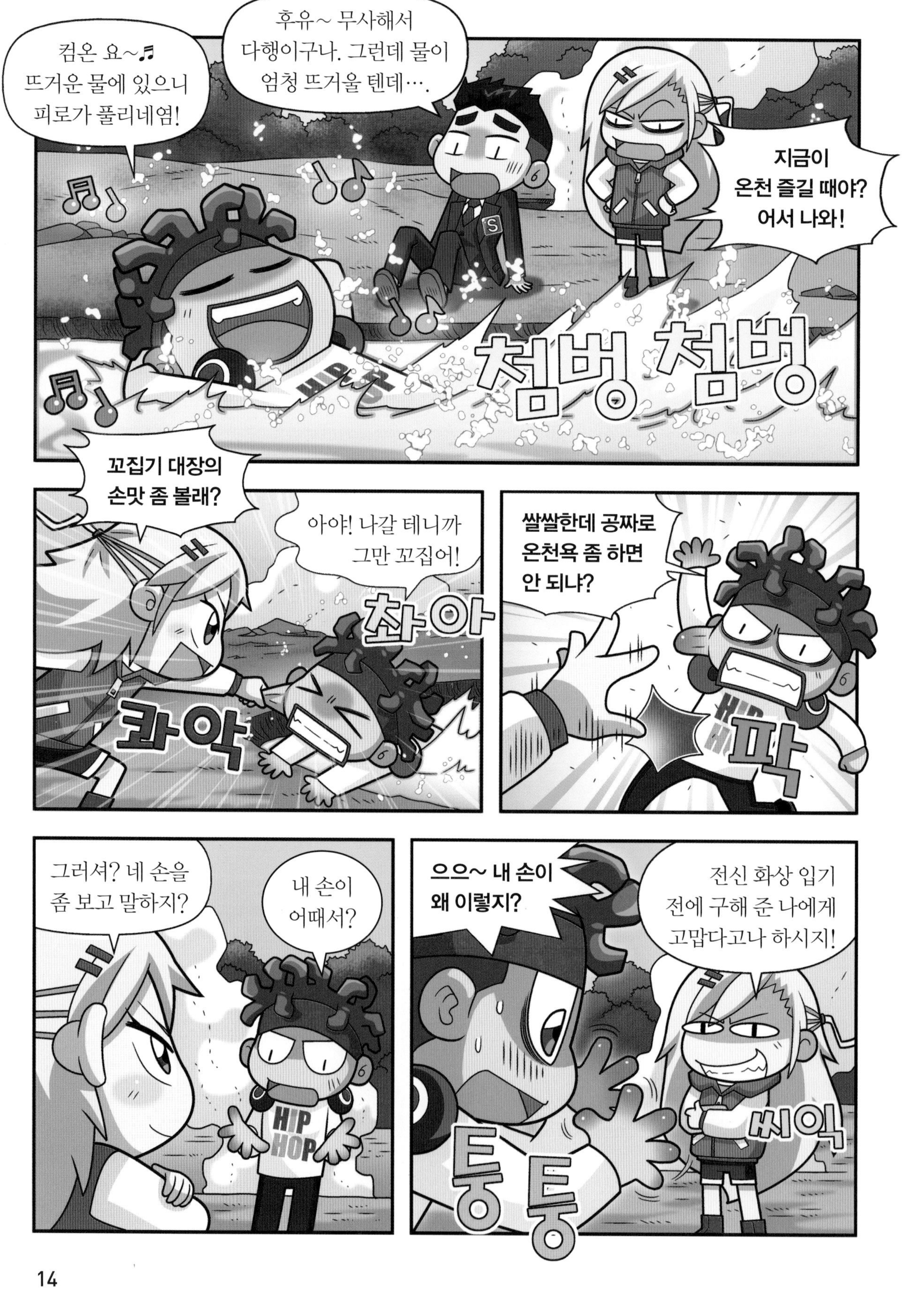
컴온 요~♬ 뜨거운 물에 있으니 피로가 풀리네염!
후유~ 무사해서 다행이구나. 그런데 물이 엄청 뜨거울 텐데….
지금이 온천 즐길 때야? 어서 나와!
첨벙 첨벙
꼬집기 대장의 손맛 좀 볼래?
아야! 나갈 테니까 그만 꼬집어!
촤아
콰악
쌀쌀한데 공짜로 온천욕 좀 하면 안 되나?
팍
그러셔? 네 손을 좀 보고 말하지?
내 손이 어때서?
HIP HOP
으으~ 내 손이 왜 이렇지?
전신 화상 입기 전에 구해 준 나에게 고맙다고나 하시지!
퉁퉁
씨익

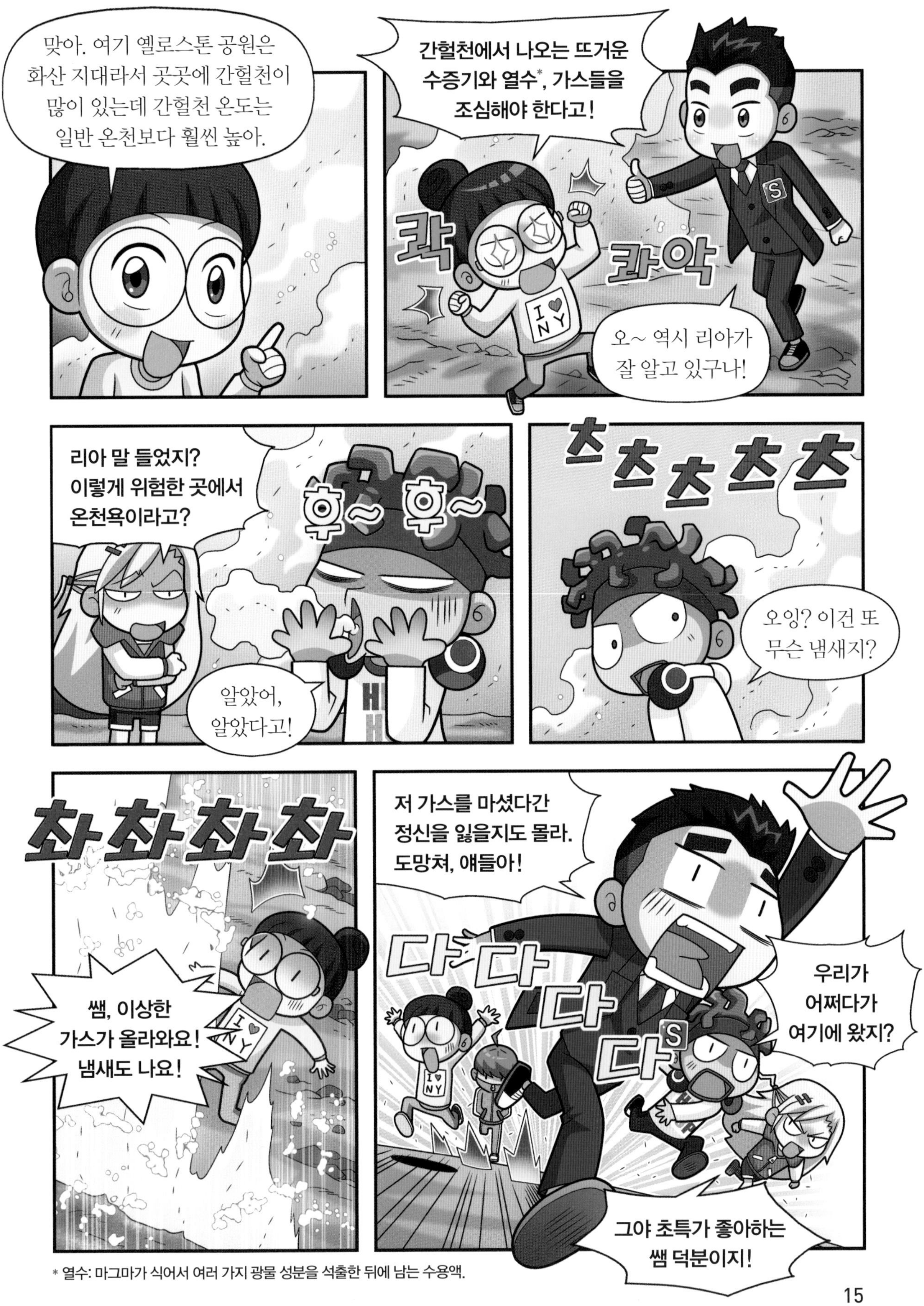
맞아. 여기 옐로스톤 공원은 화산 지대라서 곳곳에 간헐천이 많이 있는데 간헐천 온도는 일반 온천보다 훨씬 높아.
간헐천에서 나오는 뜨거운 수증기와 열수*, 가스들을 조심해야 한다고!
콱
콰악
오~ 역시 리아가 잘 알고 있구나!
리아 말 들었지? 이렇게 위험한 곳에서 온천욕이라고?
후~ 후~
알았어, 알았다고!
츠츠츠츠츠
오잉? 이건 또 무슨 냄새지?
촤촤촤촤
쌤, 이상한 가스가 올라와요! 냄새도 나요!
저 가스를 마셨다간 정신을 잃을지도 몰라. 도망쳐, 얘들아!
다다다다
우리가 어쩌다가 여기에 왔지?
그야 초특가 좋아하는 쌤 덕분이지!

* 열수: 마그마가 식어서 여러 가지 광물 성분을 석출한 뒤에 남는 수용액.

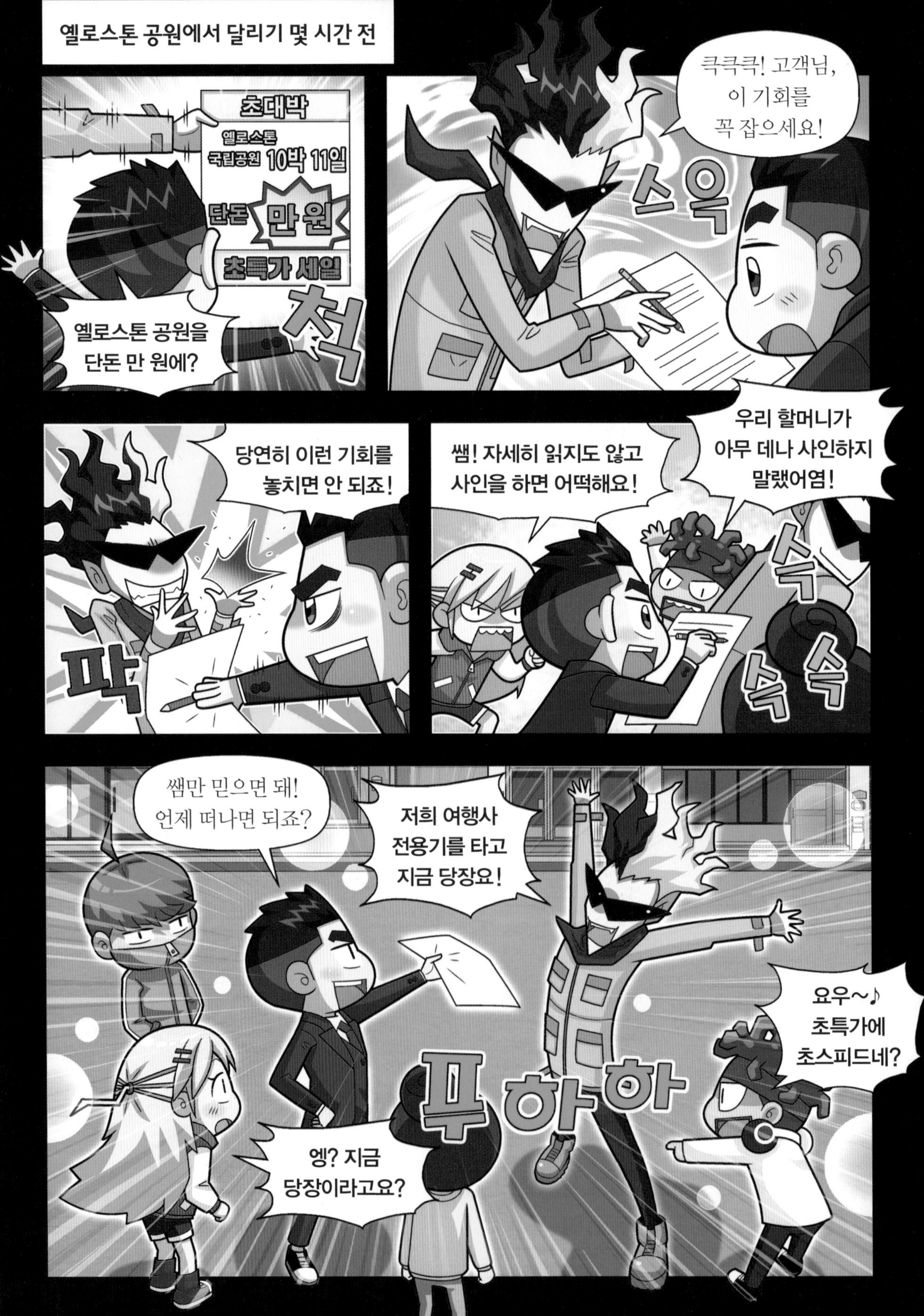
옐로스톤 공원에서 달리기 몇 시간 전
초대박
옐로스톤 국립공원 10박 11일
단돈 만 원
초특가 세일
척
옐로스톤 공원을 단돈 만 원에?
크크크! 고객님, 이 기회를 꼭 잡으세요!
스윽
당연히 이런 기회를 놓치면 안 되죠!
팍
쌤! 자세히 읽지도 않고 사인을 하면 어떡해요!
우리 할머니가 아무 데나 사인하지 말랬어염!
슥
슥 슥
쌤만 믿으면 돼! 언제 떠나면 되죠?
저희 여행사 전용기를 타고 지금 당장요!
요우~♪ 초특가에 초스피드네?
푸하하
엥? 지금 당장이라고요?

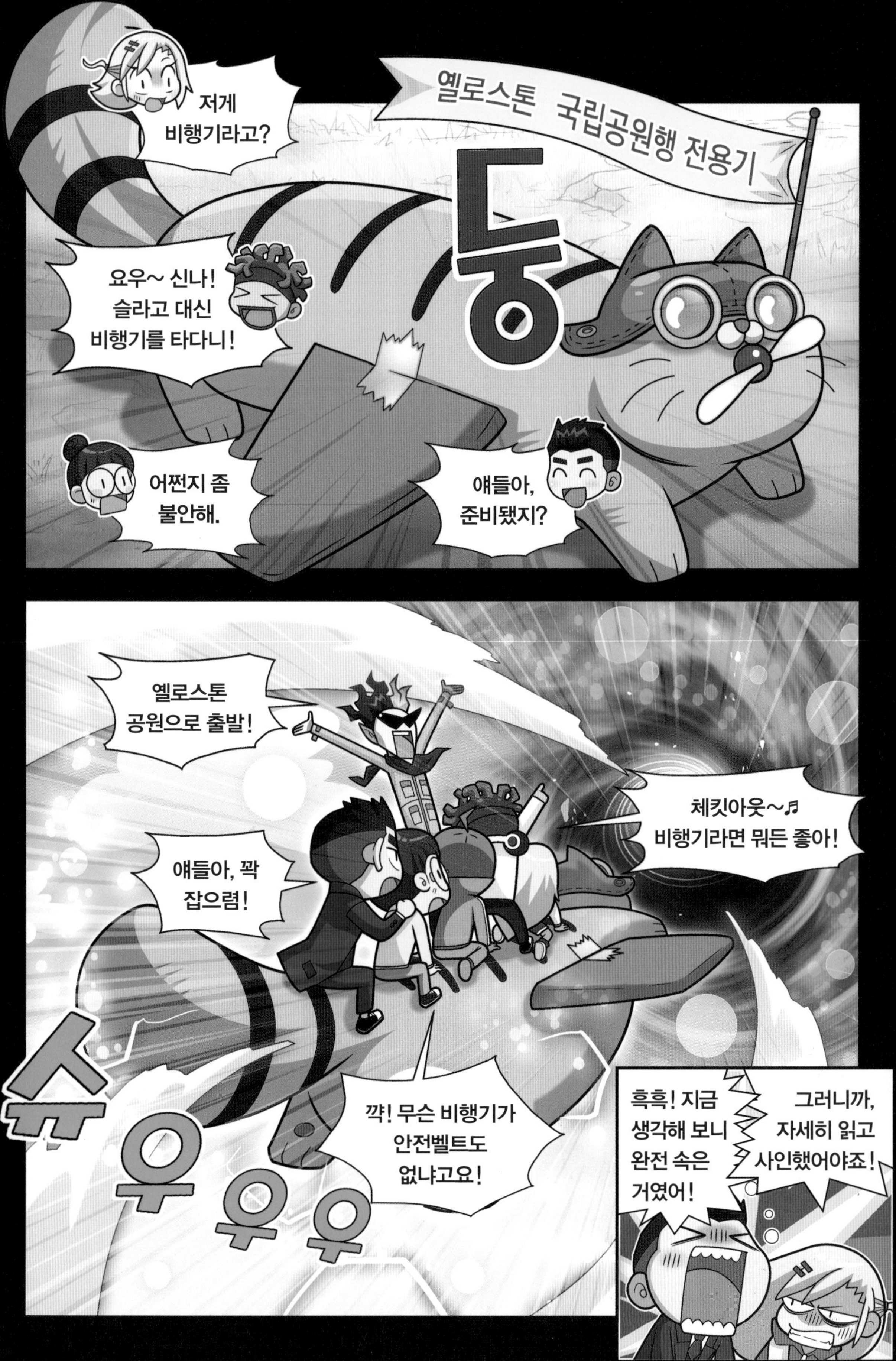
저게 비행기라고?
옐로스톤 국립공원행 전용기
둥
요우~ 신나! 슬라고 대신 비행기를 타다니!
어쩐지 좀 불안해.
얘들아, 준비됐지?
옐로스톤 공원으로 출발!
체킷아웃~♬ 비행기라면 뭐든 좋아!
얘들아, 꽉 잡으렴!
꺅! 무슨 비행기가 안전벨트도 없냐고요!
슈우우우
흑흑! 지금 생각해 보니 완전 속은 거였어!
그러니까, 자세히 읽고 사인했어야죠!

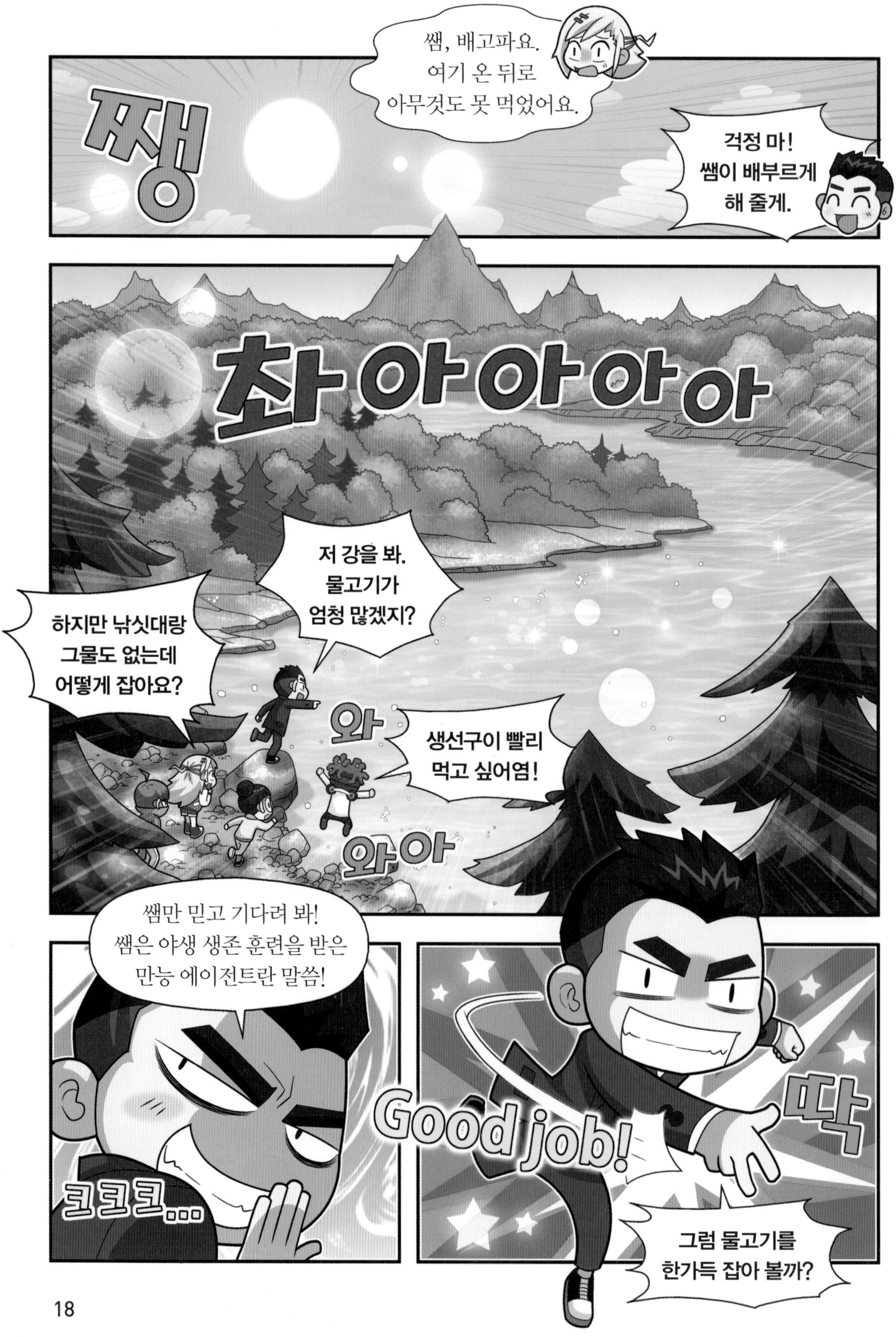
쌤, 배고파요.
여기 온 뒤로
아무것도 못 먹었어요.
쨍
걱정 마!
쌤이 배부르게
해 줄게.
촤아아아아
저 강을 봐.
물고기가
엄청 많겠지?
하지만 낚싯대랑
그물도 없는데
어떻게 잡아요?
와
생선구이 빨리
먹고 싶어염!
와아
쌤만 믿고 기다려 봐!
쌤은 야생 생존 훈련을 받은
만능 에이전트란 말씀!
크크크...
Good job!
딱
그럼 물고기를
한가득 잡아 볼까?

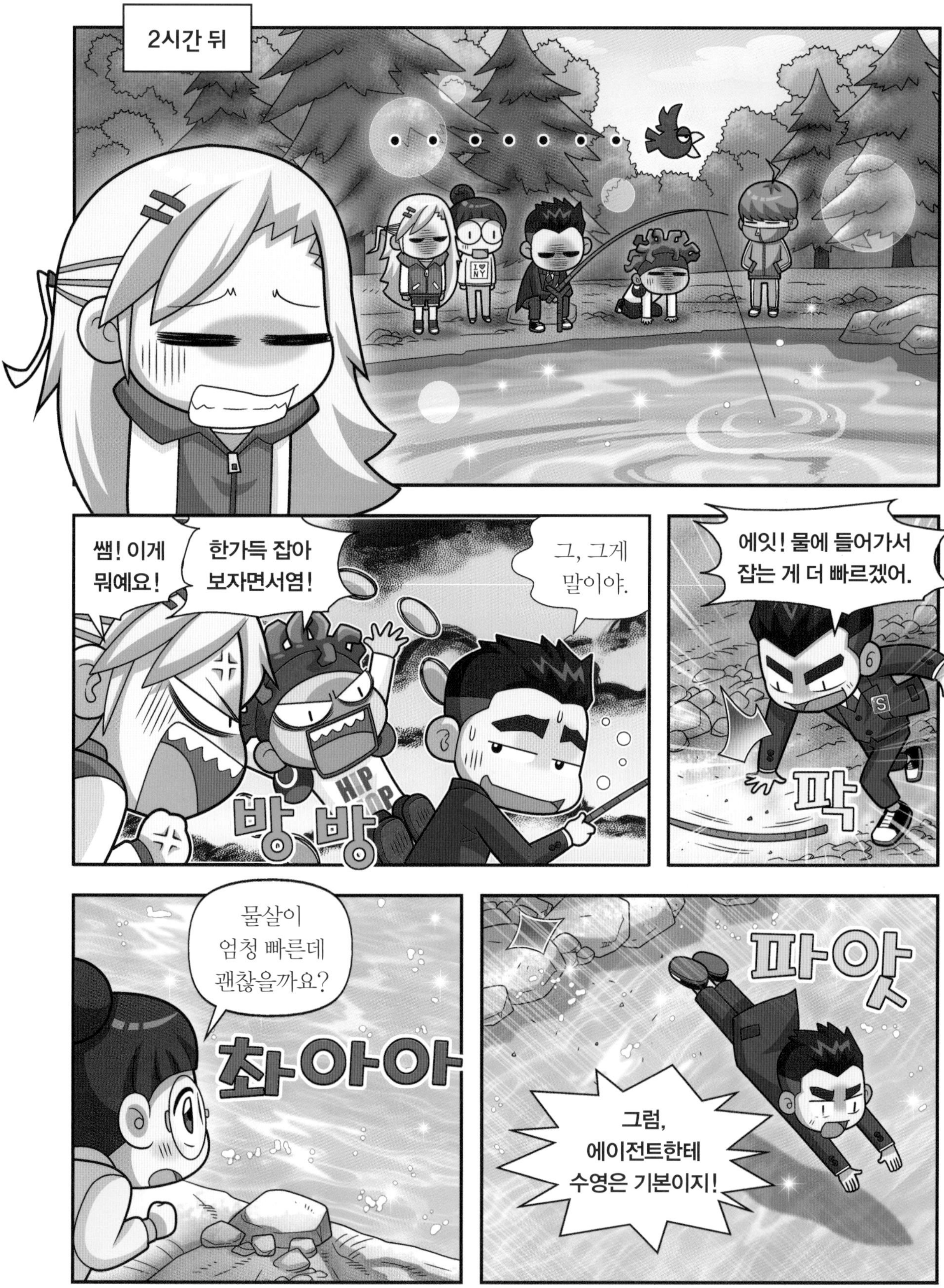

2시간 뒤
· · · · · · ·
쌤! 이게 뭐예요!
한가득 잡아 보자면서염!
그, 그게 말이야.
방 방
HIP HOP
에잇! 물에 들어가서 잡는 게 더 빠르겠어.
팍
물살이 엄청 빠른데 괜찮을까요?
촤아아
파앗
그럼, 에이전트한테 수영은 기본이지!

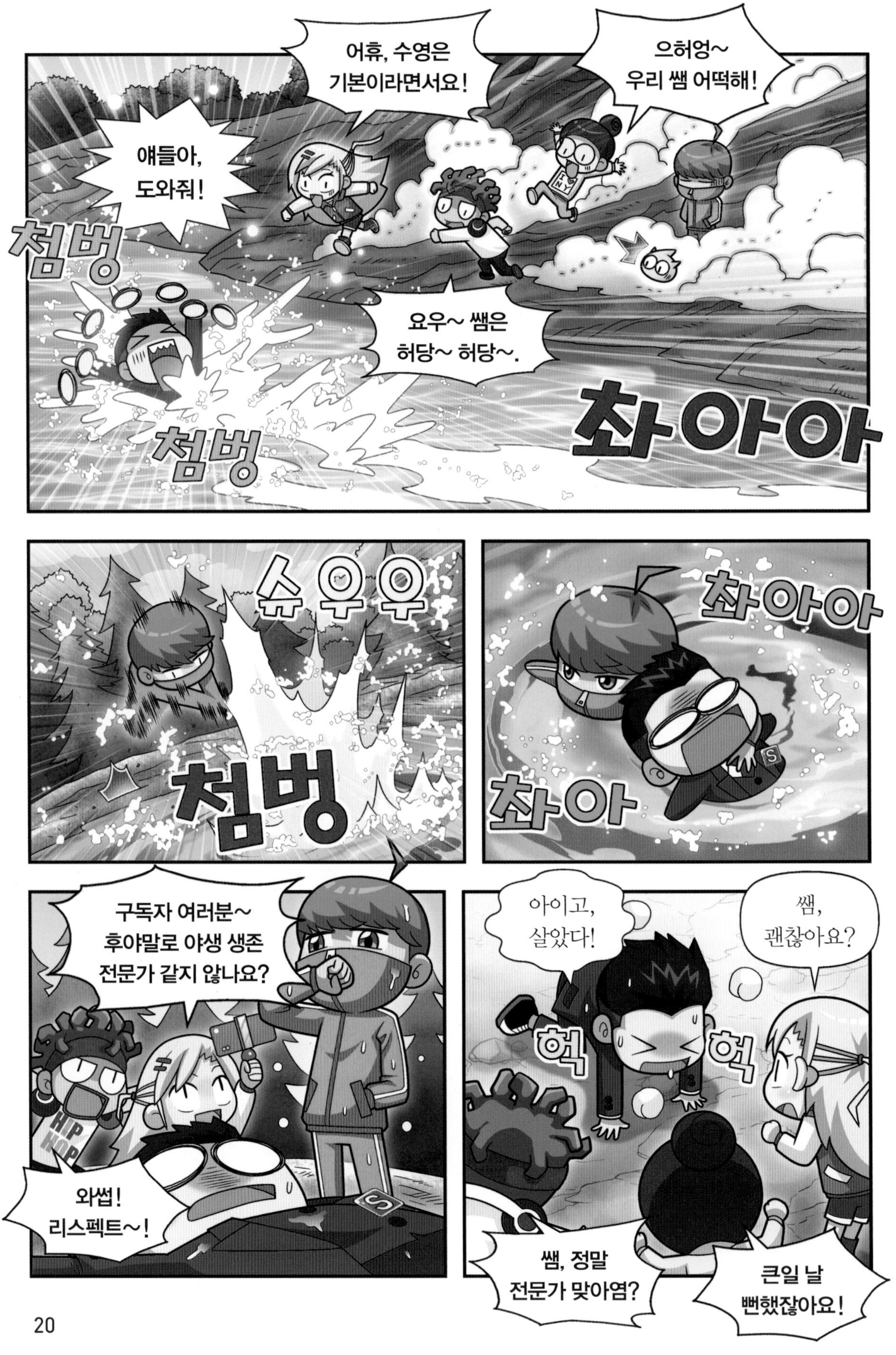
어휴, 수영은 기본이라면서요!
으허엉~ 우리 쌤 어떡해!
얘들아, 도와줘!
첨벙
요우~ 쌤은 허당~ 허당~.
첨벙
촤아아
슈우우
첨벙
촤아아
촤아
구독자 여러분~ 후야말로 야생 생존 전문가 같지 않나요?
와썹! 리스펙트~!
아이고, 살았다!
쌤, 괜찮아요?
헉
헉
쌤, 정말 전문가 맞아염?
큰일 날 뻔했잖아요!

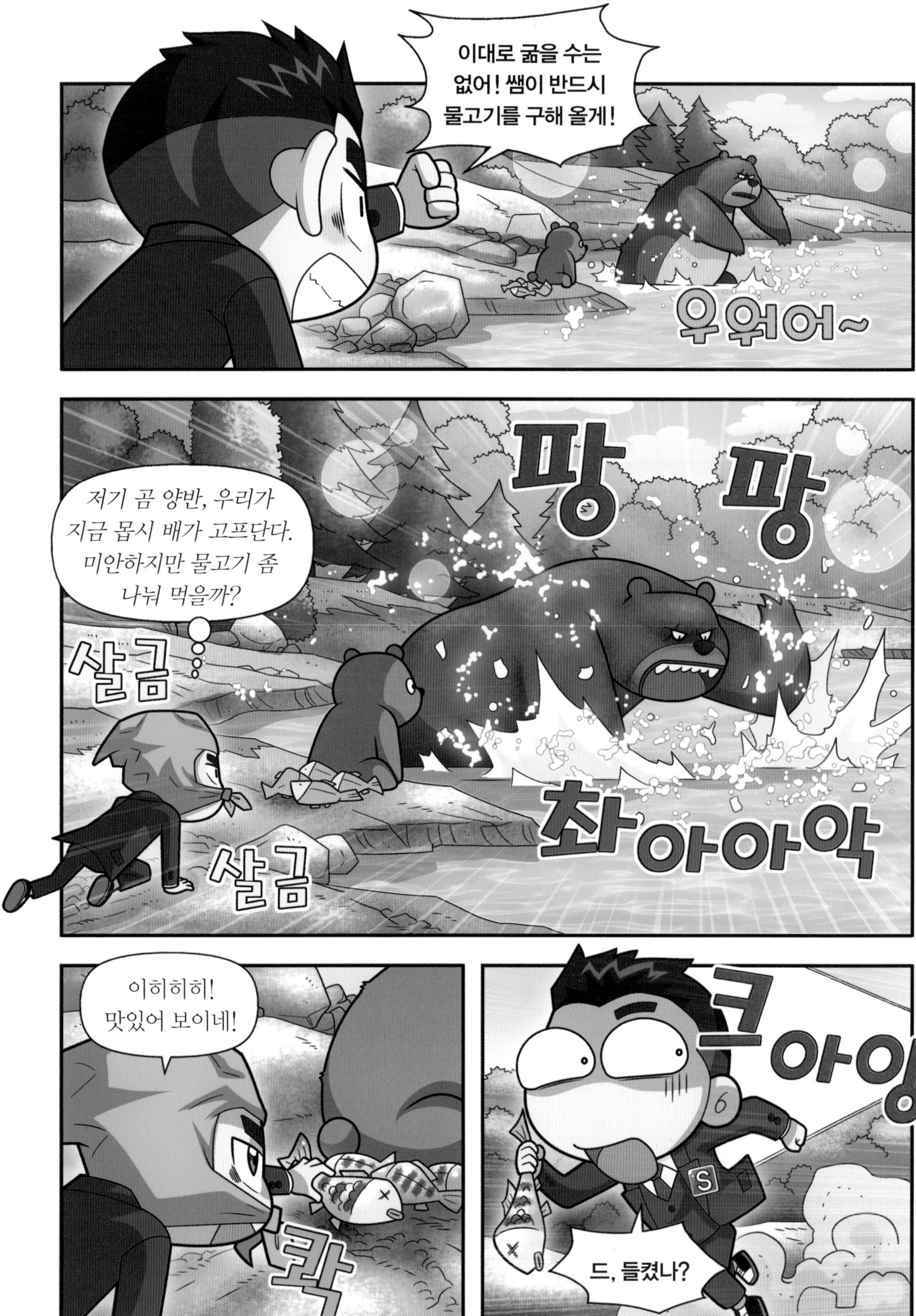
이대로 굶을 수는 없어! 쌤이 반드시 물고기를 구해 올게!
우워어~
팡 팡
저기 곰 양반, 우리가 지금 몹시 배가 고프단다. 미안하지만 물고기 좀 나눠 먹을까?
살금
살금
촤아아악
이히히히! 맛있어 보이네!
콱
크아앙
드, 들켰나?

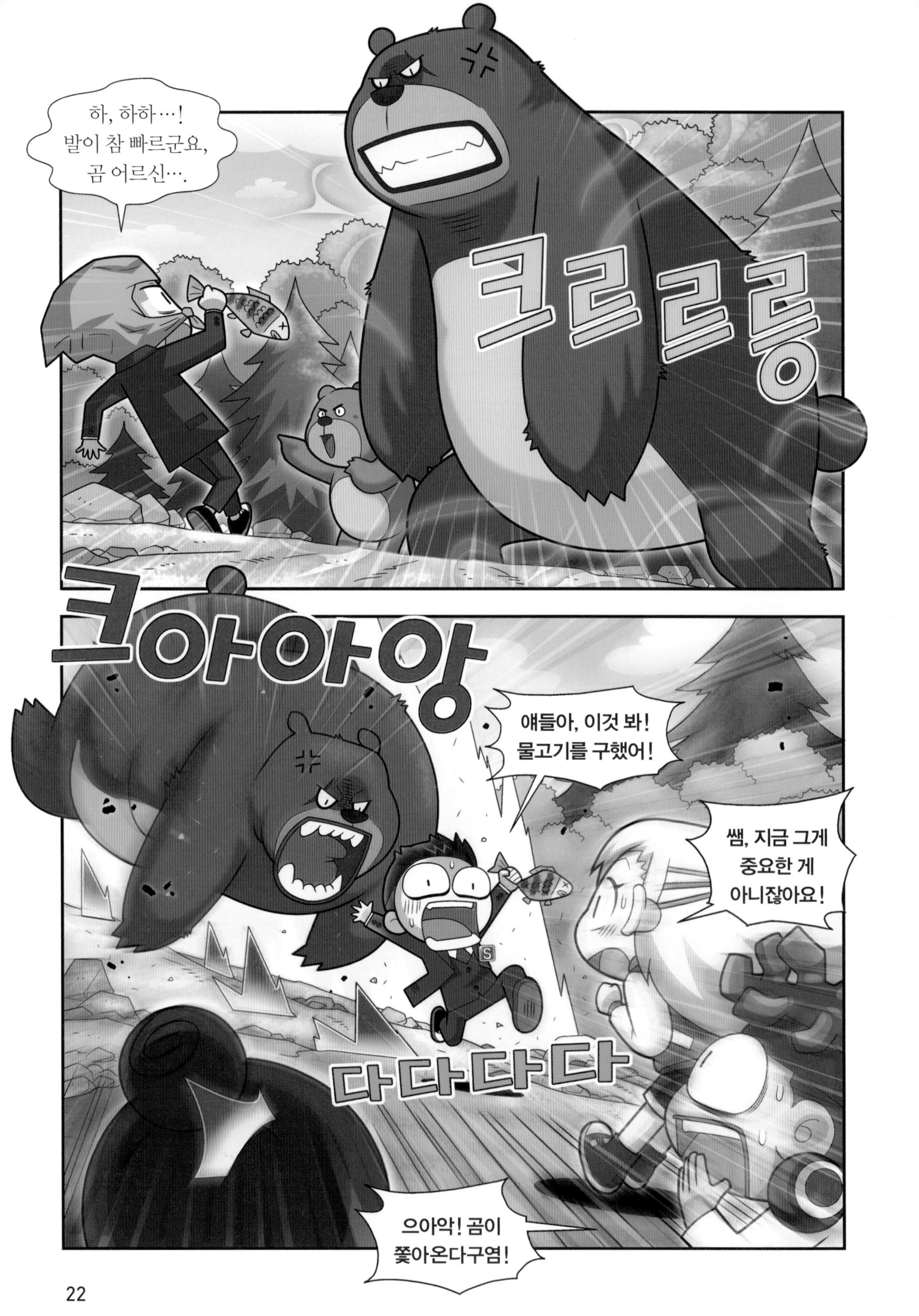
하, 하하…!
발이 참 빠르군요,
곰 어르신….
크르르릉
크아아앙
얘들아, 이것 봐!
물고기를 구했어!
쌤, 지금 그게
중요한 게
아니잖아요!
다다다다다
으아악! 곰이
쫓아온다구염!

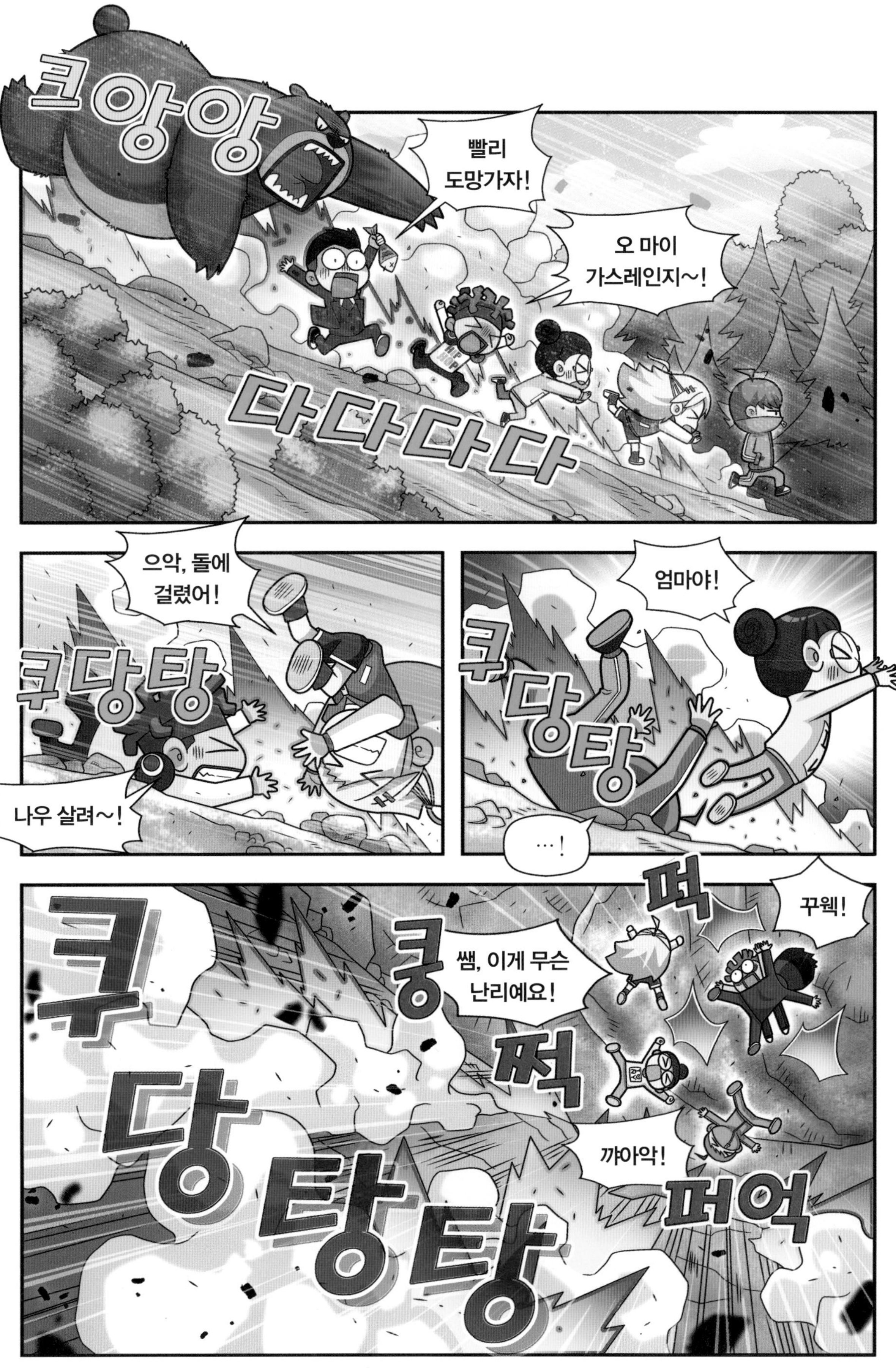
크앙앙
빨리 도망가자!
오 마이 가스레인지~!
다다다다
으악, 돌에 걸렸어!
쿠당탕
나우 살려~!
엄마야!
쿠당탕
…!
쿠당탕탕
쿵
퍽
꾸웩!
쌤, 이게 무슨 난리예요!
쩍
까아악!
퍼억

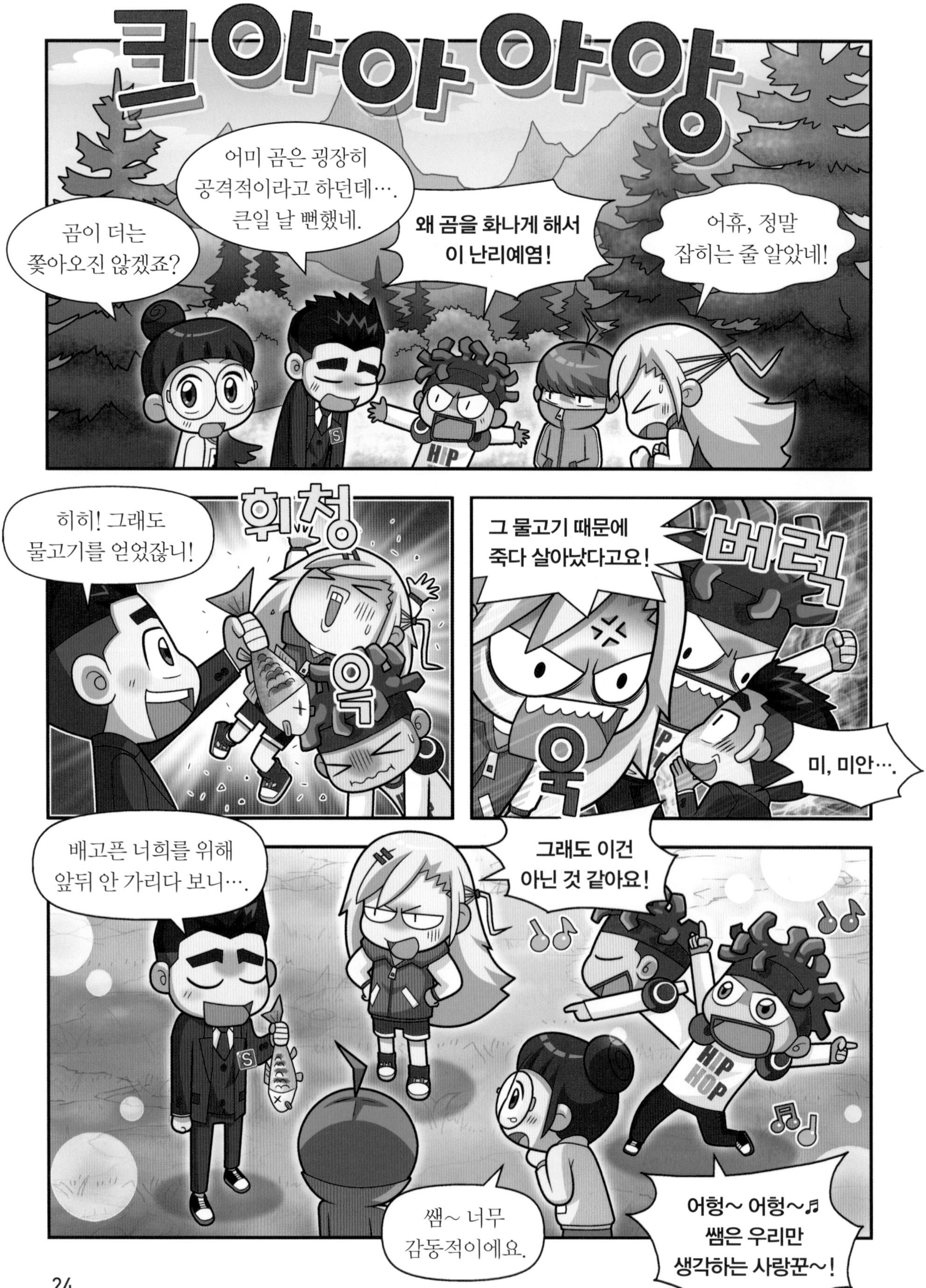

크아아아앙
곰이 더는 쫓아오진 않겠죠?
어미 곰은 굉장히 공격적이라고 하던데…. 큰일 날 뻔했네.
왜 곰을 화나게 해서 이 난리예염!
어휴, 정말 잡히는 줄 알았네!
휘청
히히! 그래도 물고기를 얻었잖니!
욱
그 물고기 때문에 죽다 살아났다고요!
버럭
욱
미, 미안….
배고픈 너희를 위해 앞뒤 안 가리다 보니….
그래도 이건 아닌 것 같아요!
쌤~ 너무 감동적이에요.
어헝~ 어헝~♬ 쌤은 우리만 생각하는 사랑꾼~!

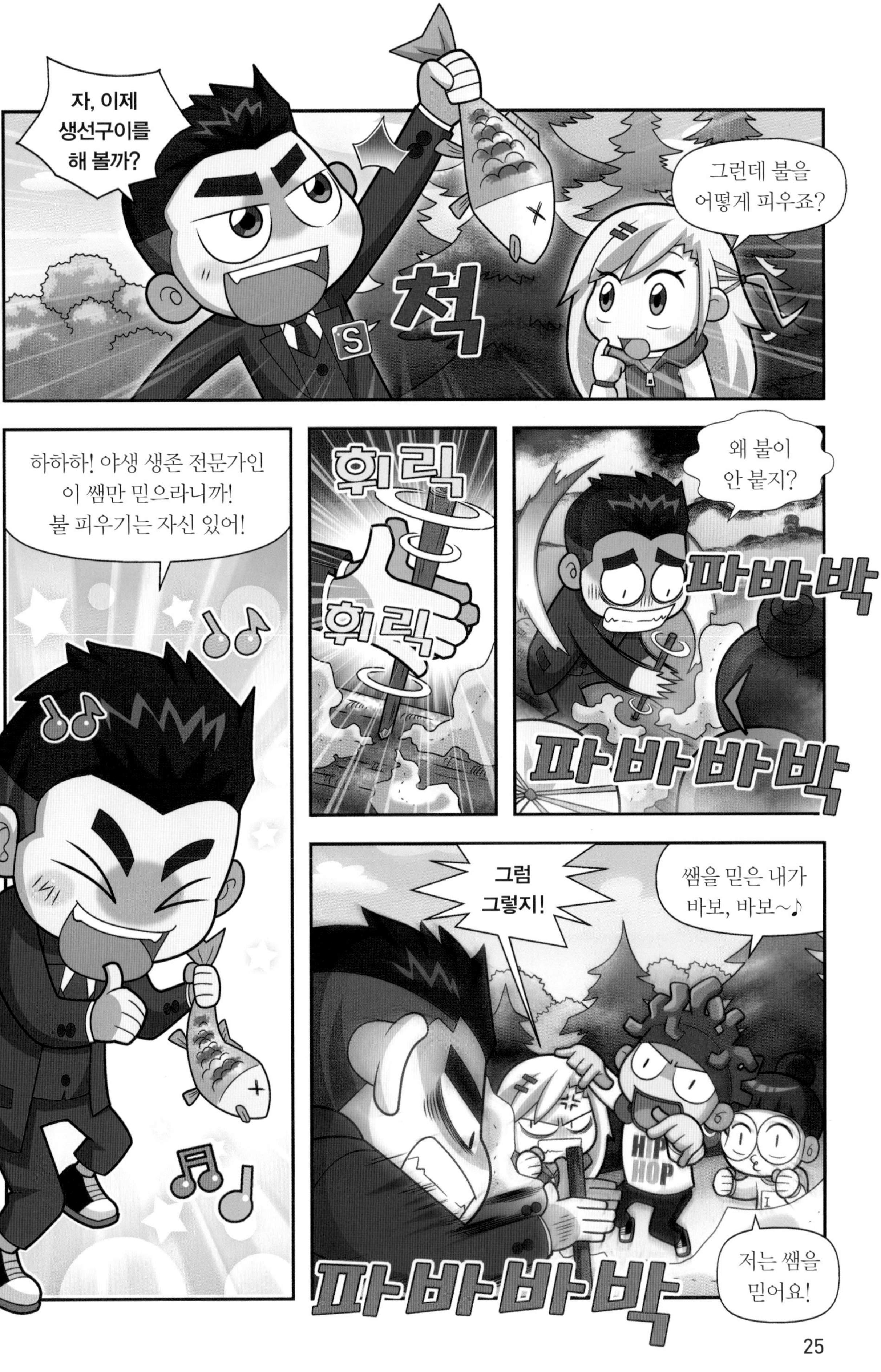

자, 이제 생선구이를 해 볼까?
척
그런데 불을 어떻게 피우죠?
하하하! 야생 생존 전문가인 이 쌤만 믿으라니까! 불 피우기는 자신 있어!
휘릭
휘릭
왜 불이 안 붙지?
파바박
파바바박
그럼 그렇지!
쌤을 믿은 내가 바보, 바보~♪
HIP HOP
파바바박
저는 쌤을 믿어요!

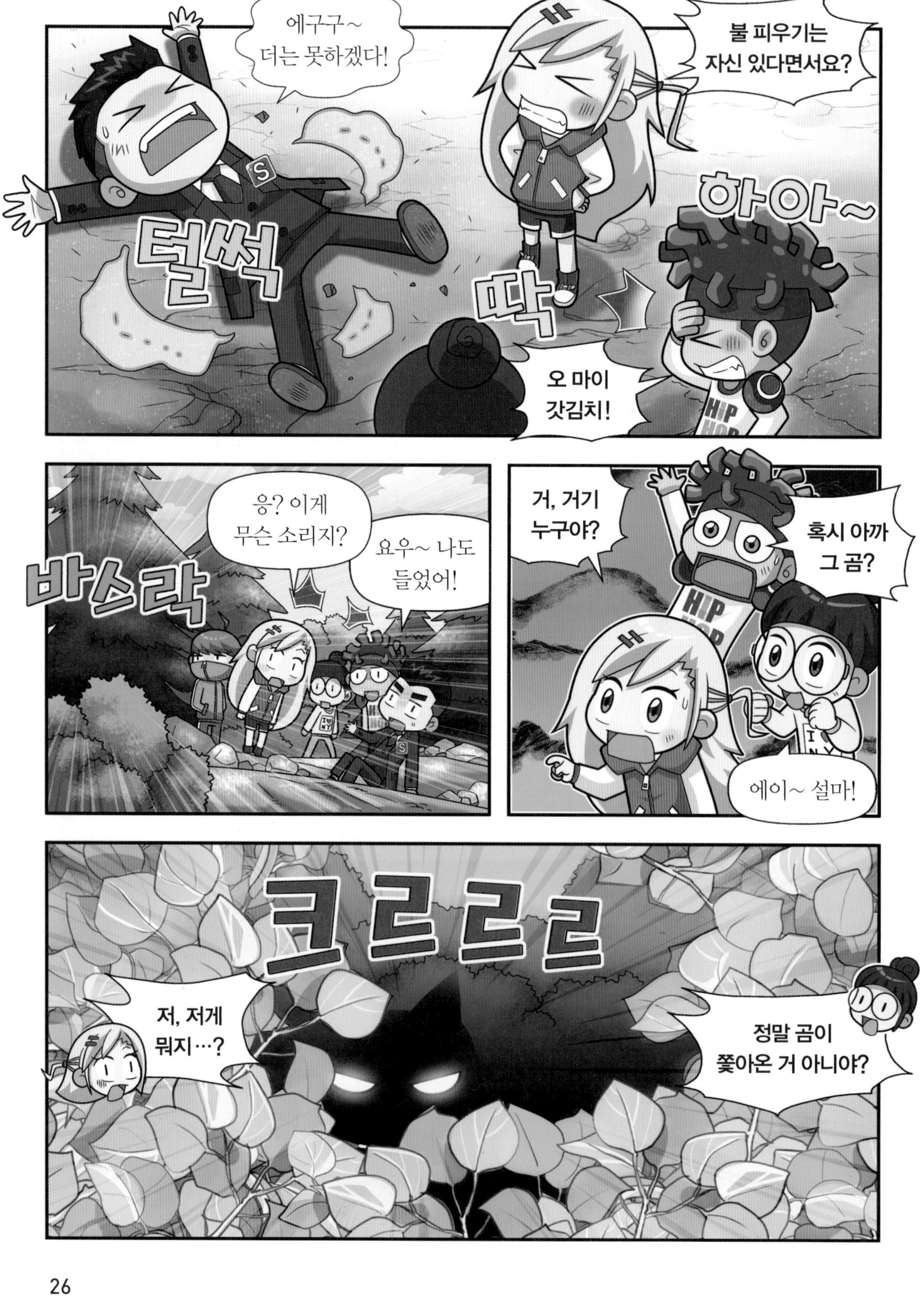
에구구~ 더는 못하겠다!
불 피우기는 자신 있다면서요?
털썩
하아~
딱
오 마이 갓김치!
바스락
응? 이게 무슨 소리지?
요우~ 나도 들었어!
거, 거기 누구야?
혹시 아까 그 곰?
에이~ 설마!
크르르르
저, 저게 뭐지…?
정말 곰이 쫓아온 거 아니야?

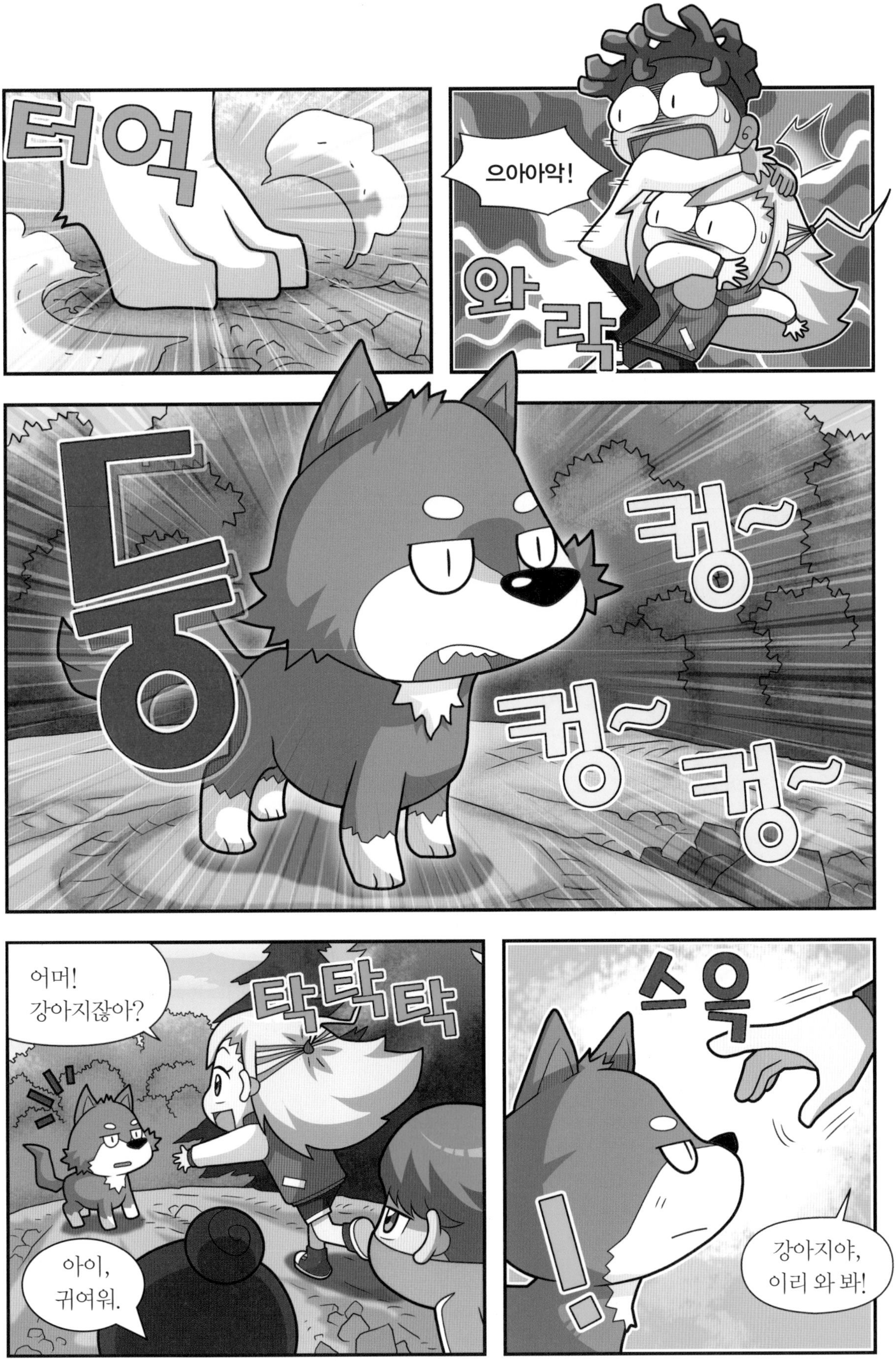

터억
으아아악!
와락
둥
컹~
컹~
컹~
어머!
강아지잖아?
탁탁탁
아이,
귀여워.
스윽
!
강아지야,
이리 와 봐!

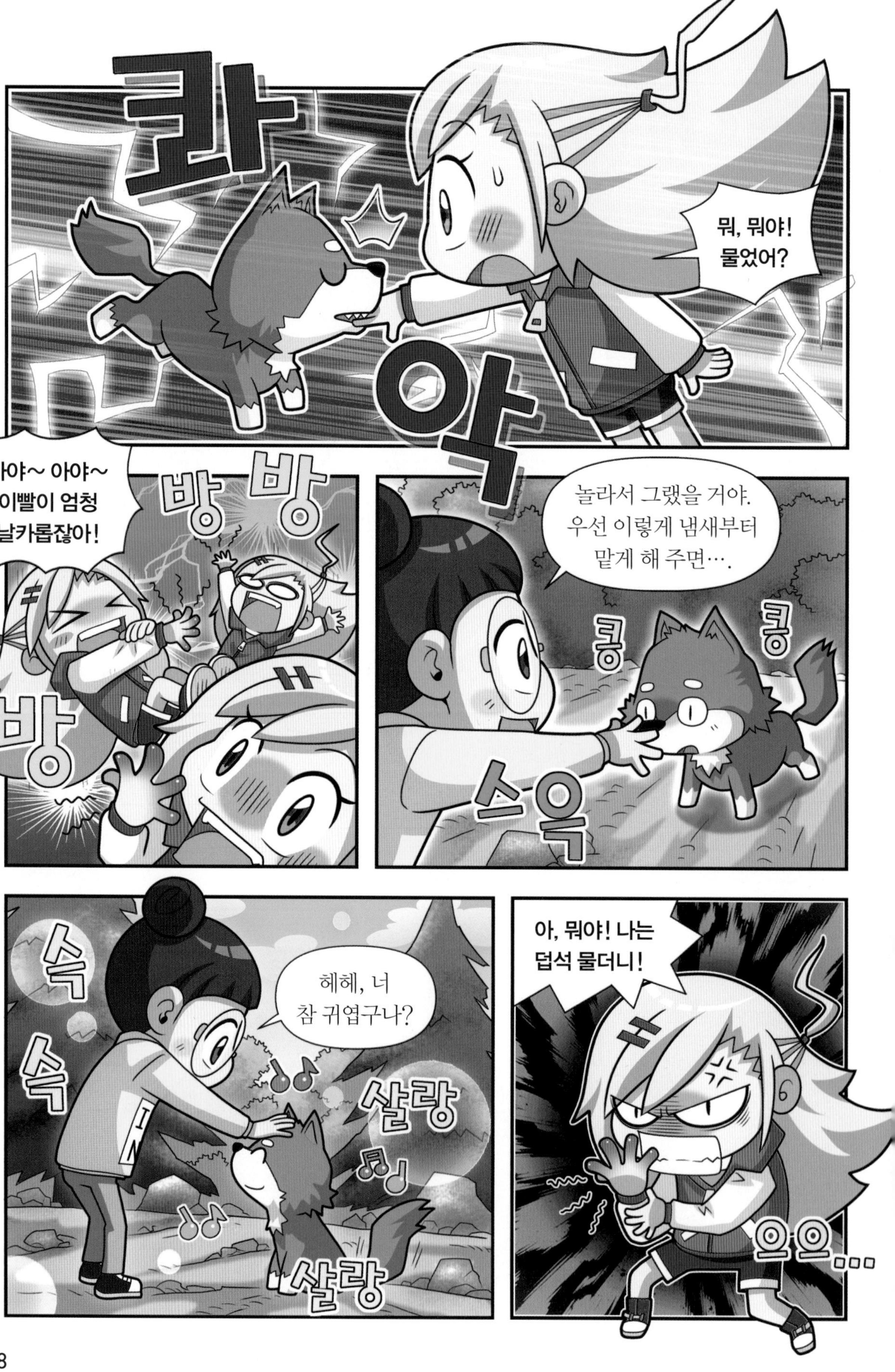
콰
뭐, 뭐야! 물었어?
악
아야~ 아야~ 이빨이 엄청 날카롭잖아!
방 방
방
놀라서 그랬을 거야. 우선 이렇게 냄새부터 맡게 해 주면….
쿵 쿵
스윽
속
속
헤헤, 너 참 귀엽구나?
살랑
살랑
아, 뭐야! 나는 덥석 물더니!
으으…

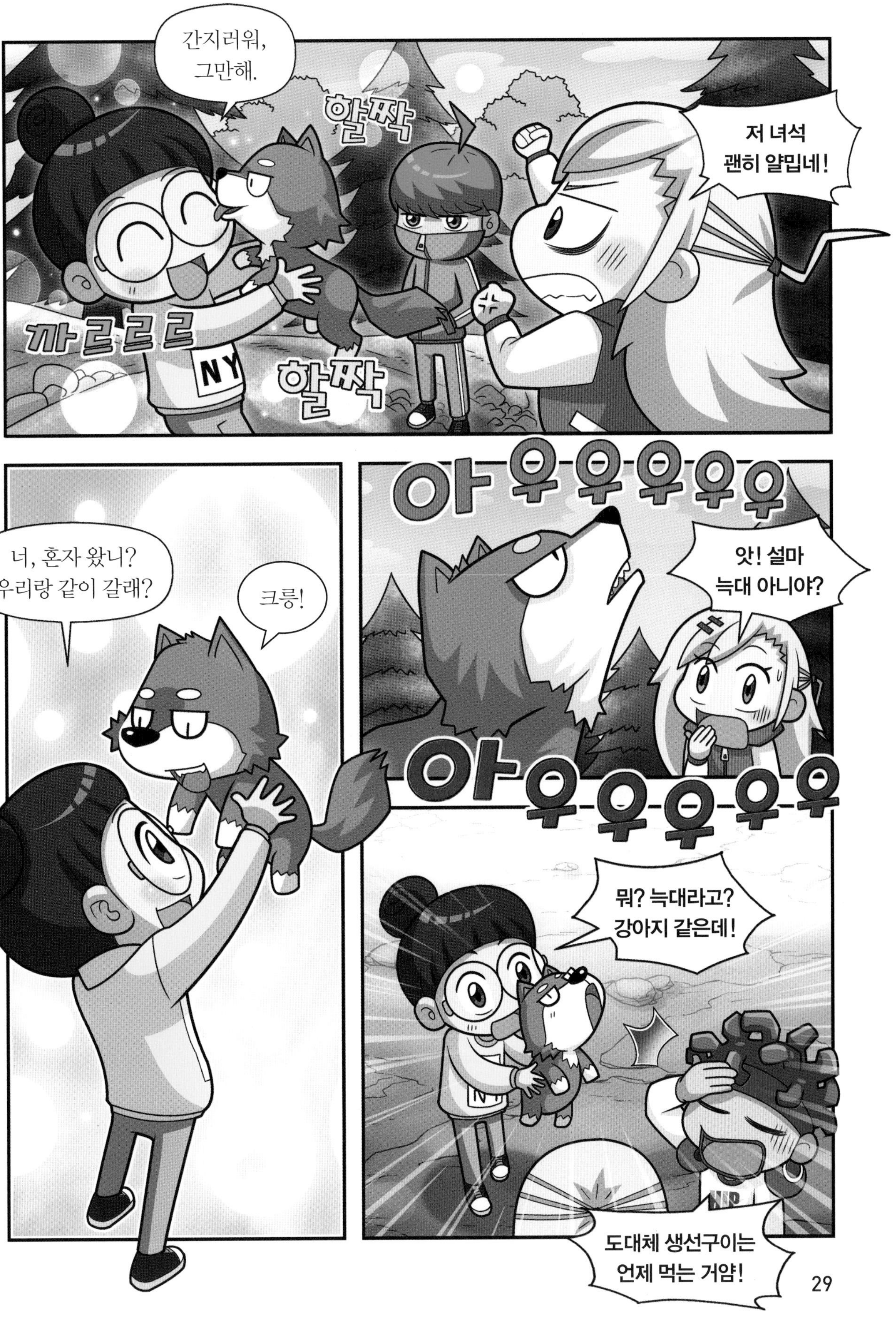
간지러워,
그만해.
할짝
저 녀석
괜히 얄밉네!
까르르르
할짝
너, 혼자 왔니?
우리랑 같이 갈래?
크릉!
아우우우우우
앗! 설마
늑대 아니야?
아우우우우우
뭐? 늑대라고?
강아지 같은데!
도대체 생선구이는
언제 먹는 거얌!

Chapter 2

# 토토의 정체

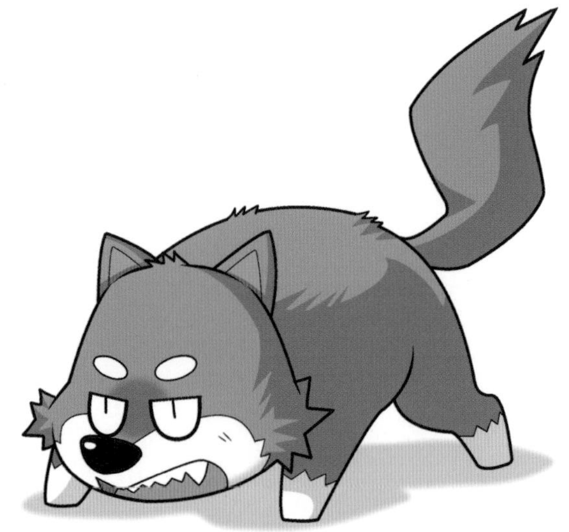

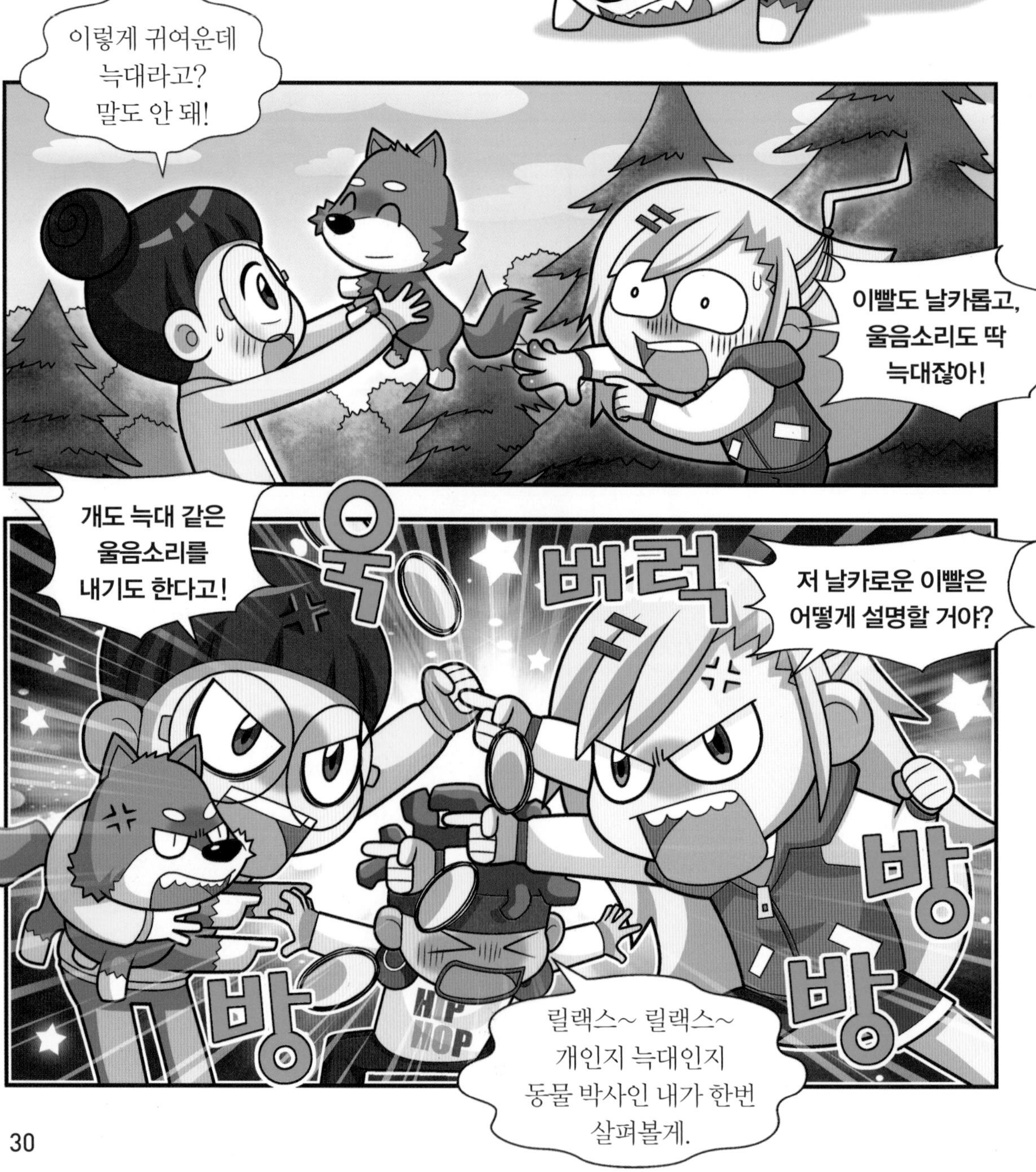

이렇게 귀여운데
늑대라고?
말도 안 돼!
이빨도 날카롭고,
울음소리도 딱
늑대잖아!
개도 늑대 같은
울음소리를
내기도 한다고!
욱
버럭
저 날카로운 이빨은
어떻게 설명할 거야?
방
방
방
HIP HOP
릴랙스~ 릴랙스~
개인지 늑대인지
동물 박사인 내가 한번
살펴볼게.

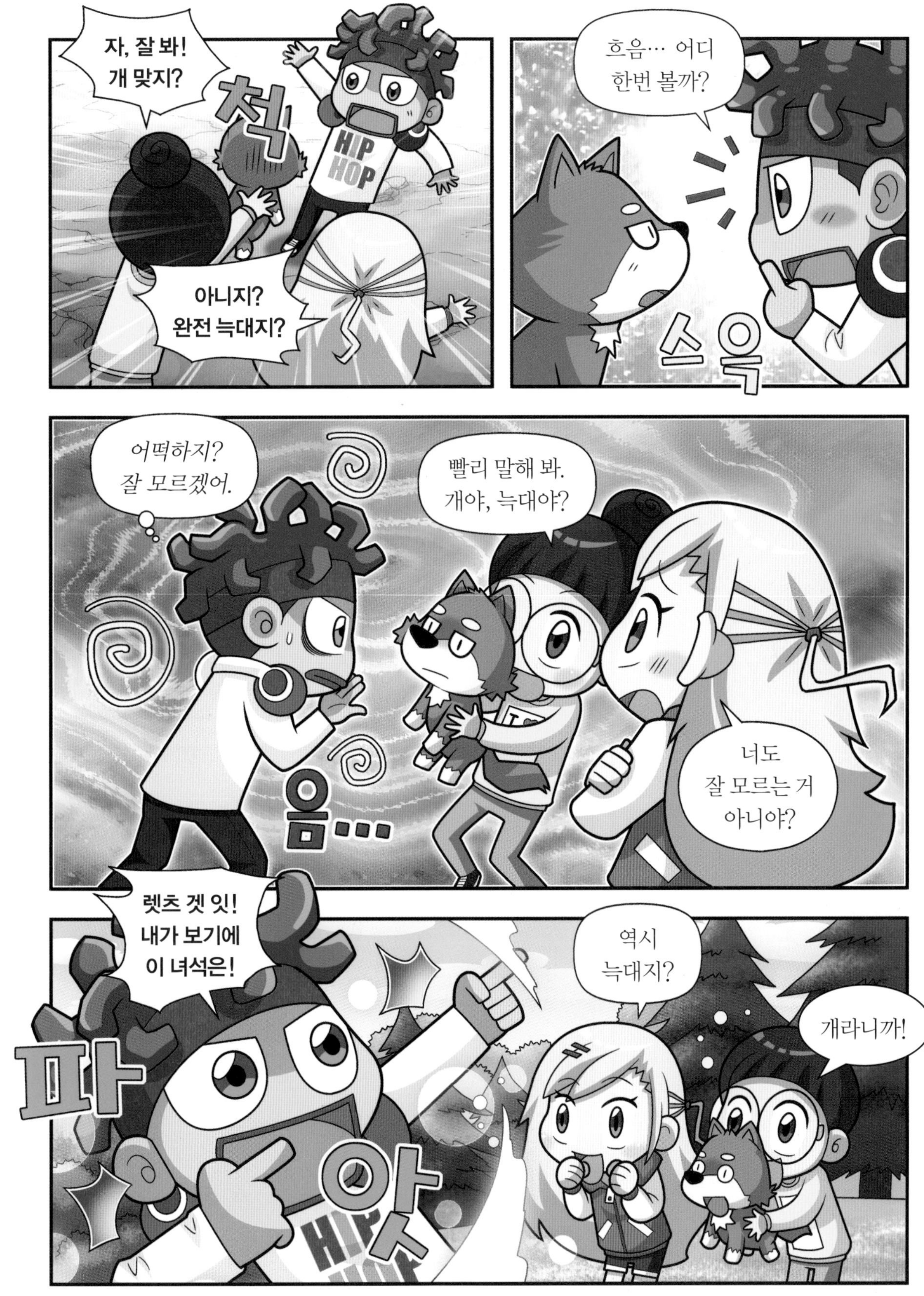
자, 잘 봐!
개 맞지?
척
아니지?
완전 늑대지?
흐음… 어디
한번 볼까?
스윽
어떡하지?
잘 모르겠어.
빨리 말해 봐.
개야, 늑대야?
음...
너도
잘 모르는 거
아니야?
렛츠 겟 잇!
내가 보기에
이 녀석은!
파
아
역시
늑대지?
개라니까!

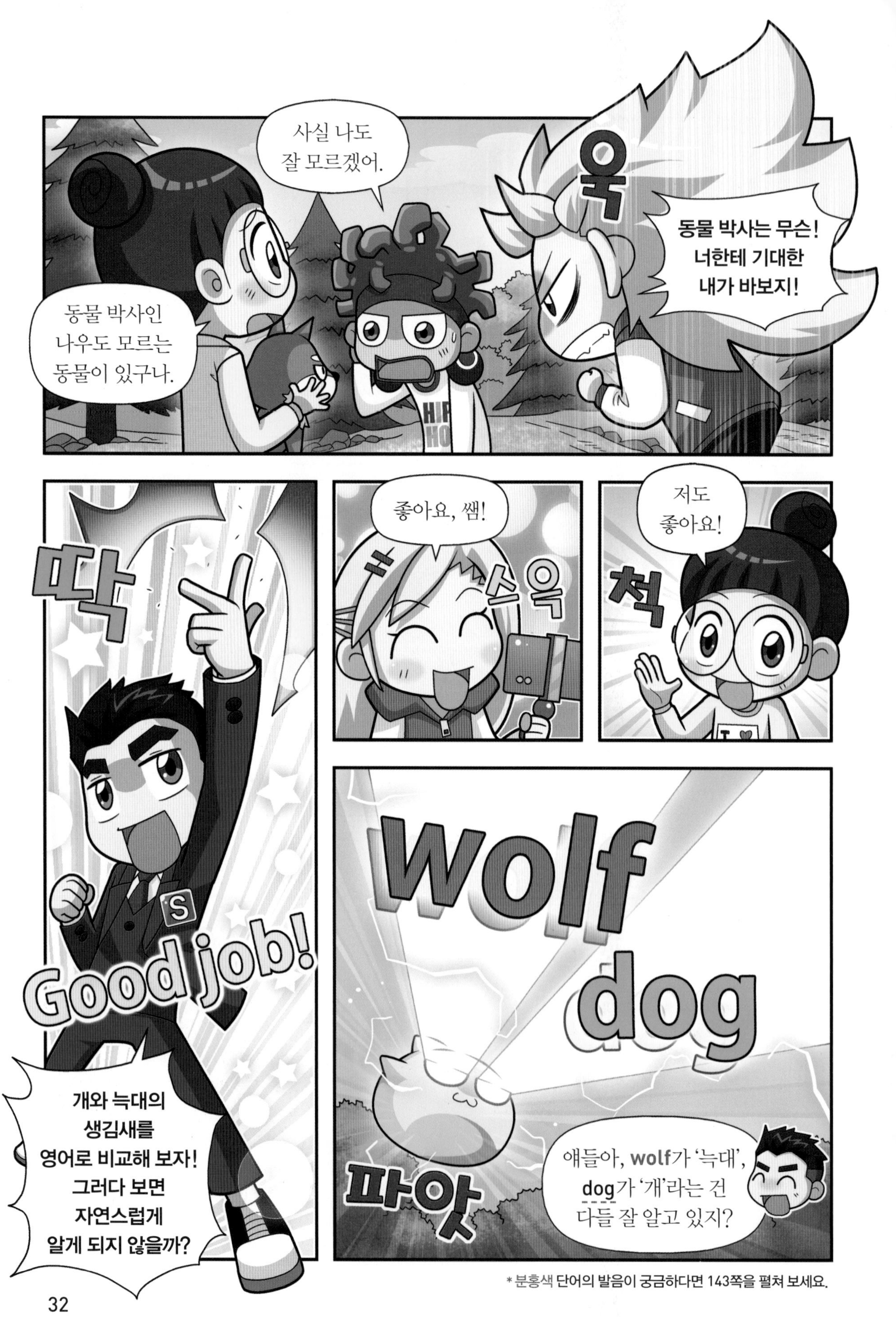
동물 박사인
나우도 모르는
동물이 있구나.
사실 나도
잘 모르겠어.
욱
동물 박사는 무슨!
너한테 기대한
내가 바보지!
HIP
HO
딱
Good job!
개와 늑대의
생김새를
영어로 비교해 보자!
그러다 보면
자연스럽게
알게 되지 않을까?
좋아요, 쌤!
스윽
저도
좋아요!
척
wolf
dog
파앗
얘들아, wolf가 '늑대',
dog가 '개'라는 건
다들 잘 알고 있지?

* 분홍색 단어의 발음이 궁금하다면 143쪽을 펼쳐 보세요.

슬라고! 개와 늑대의 생김새에 관한 영어 단어를 보여 주렴!

먼저 발 크기를 비교해 볼까? 늑대는 big feet 을 개는 small feet 으로 차이가 있단다.

big은 '큰', small은 '작은'이란 뜻인 거 알지?

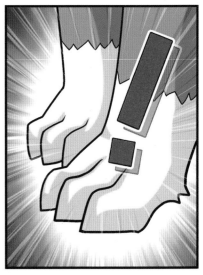

쌤! 발이 큰 거 같아요. big feet 인데요?

그러네. 아직 새끼인데 발은 크다!

그럼 늑대에 조금 가깝겠구나.

33

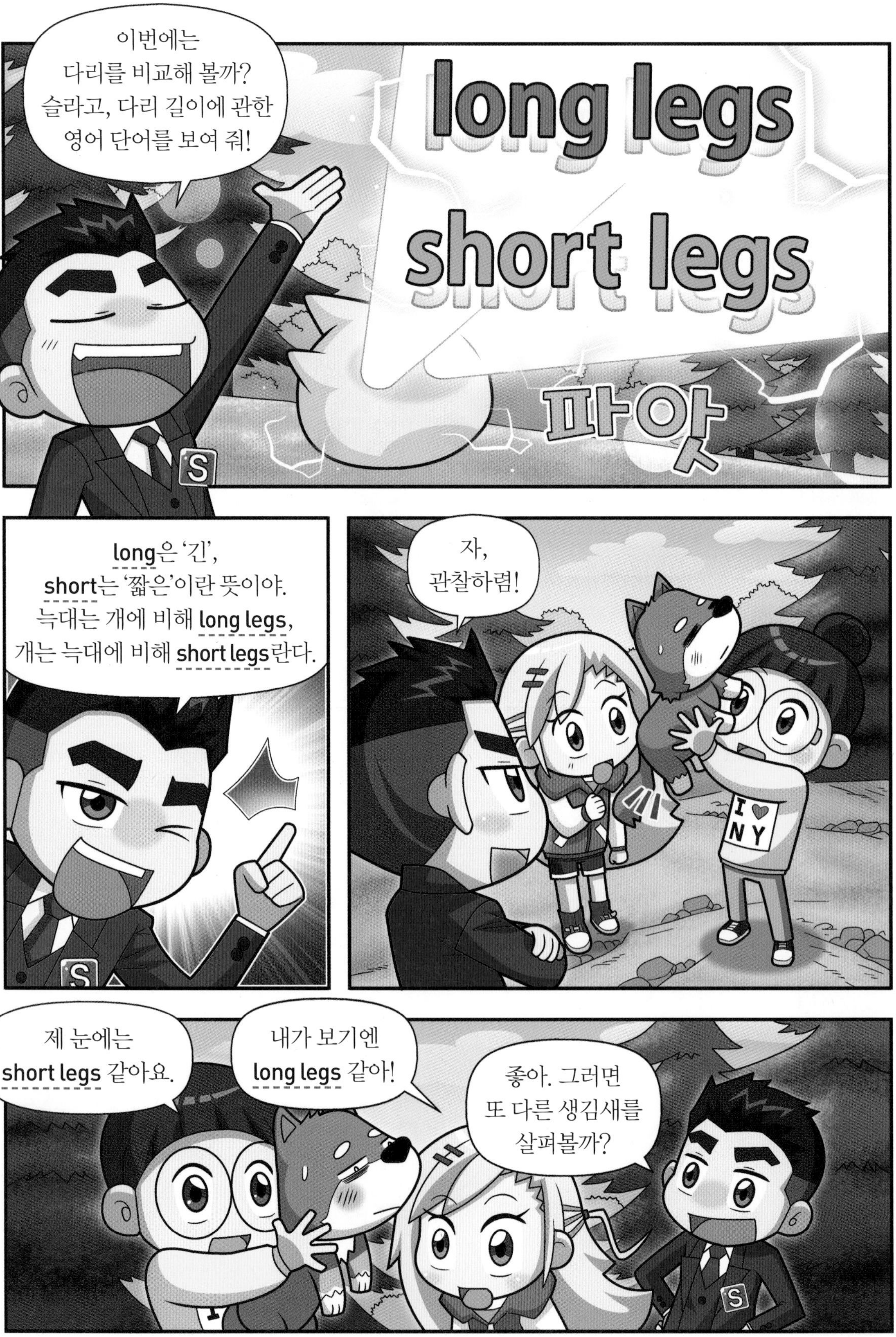
이번에는
다리를 비교해 볼까?
슬라고, 다리 길이에 관한
영어 단어를 보여 줘!
long legs
short legs
파앗
long은 '긴',
short는 '짧은'이란 뜻이야.
늑대는 개에 비해 long legs,
개는 늑대에 비해 short legs란다.
자,
관찰하렴!
I ♥ NY
제 눈에는
short legs 같아요.
내가 보기엔
long legs 같아!
좋아. 그러면
또 다른 생김새를
살펴볼까?

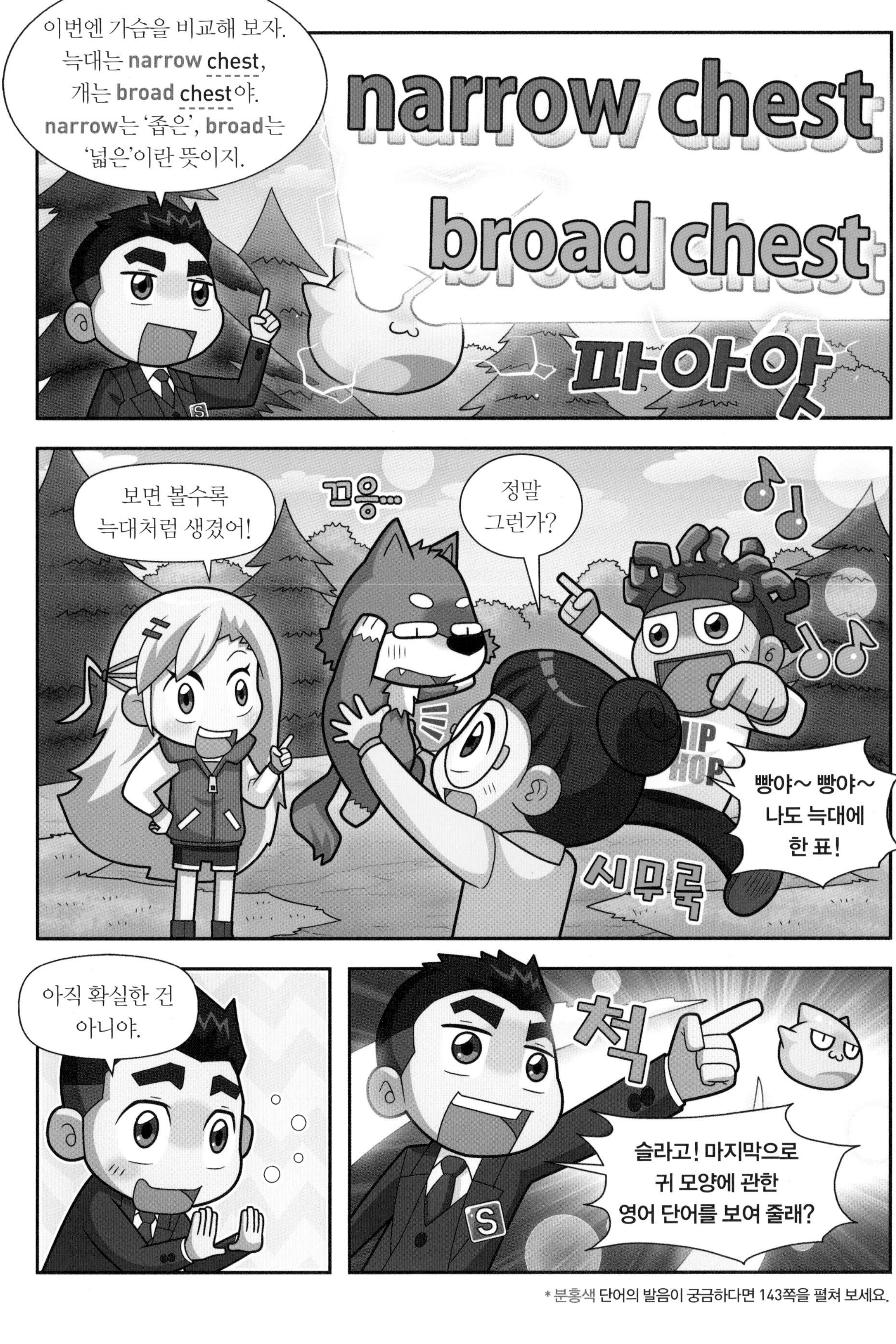
이번엔 가슴을 비교해 보자.
늑대는 narrow chest,
개는 broad chest야.
narrow는 '좁은', broad는
'넓은'이란 뜻이지.
narrow chest
broad chest
파아앗
보면 볼수록
늑대처럼 생겼어!
끄응...
정말
그런가?
빵야~ 빵야~
나도 늑대에
한 표!
시무룩
아직 확실한 건
아니야.
척
슬라고! 마지막으로
귀 모양에 관한
영어 단어를 보여 줄래?

* 분홍색 단어의 발음이 궁금하다면 143쪽을 펼쳐 보세요.

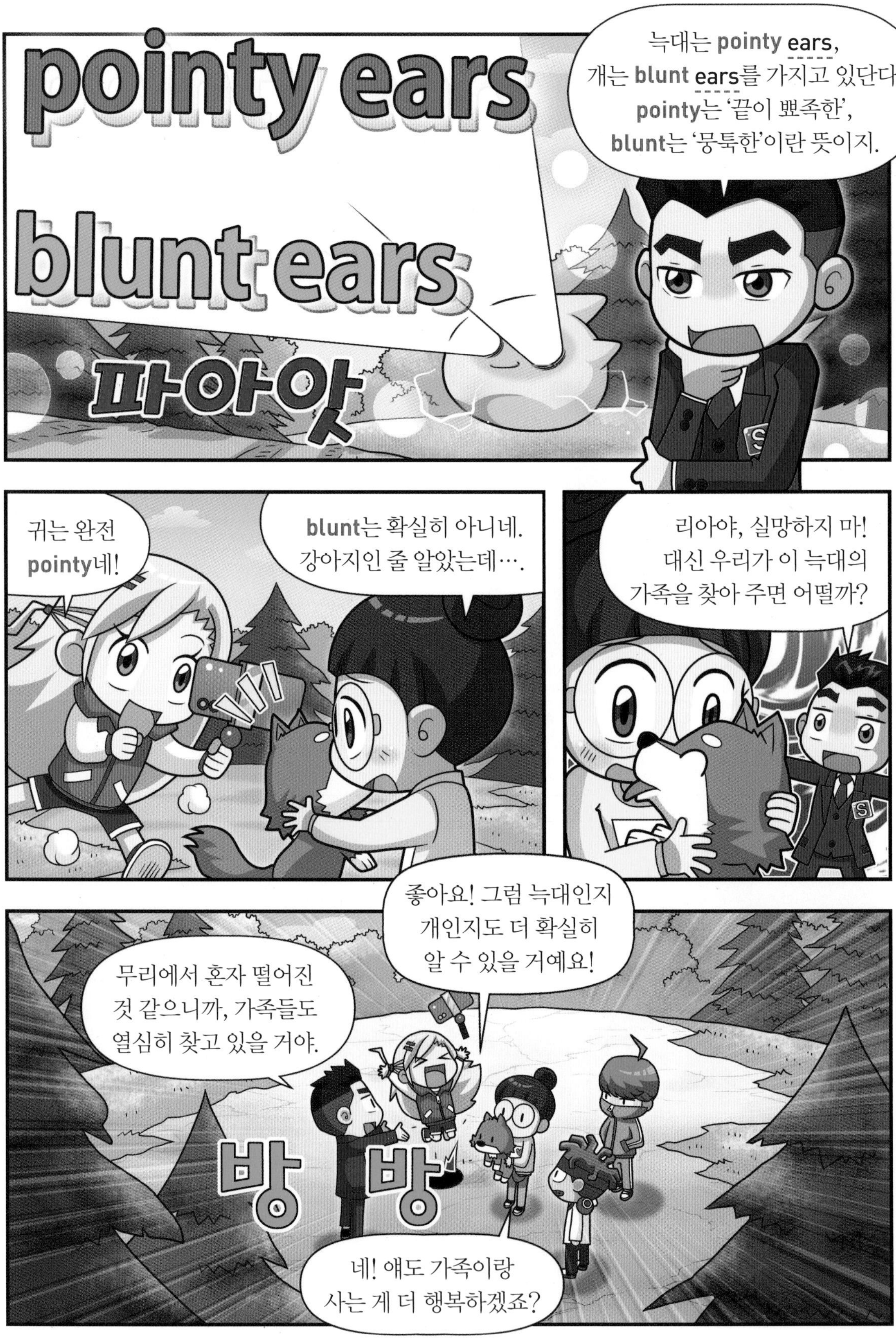
pointy ears
blunt ears
파아아앗
늑대는 pointy ears,
개는 blunt ears를 가지고 있단다.
pointy는 '끝이 뾰족한',
blunt는 '뭉툭한'이란 뜻이지.
귀는 완전
pointy네!
blunt는 확실히 아니네.
강아지인 줄 알았는데….
리아야, 실망하지 마!
대신 우리가 이 늑대의
가족을 찾아 주면 어떨까?
좋아요! 그럼 늑대인지
개인지도 더 확실히
알 수 있을 거예요!
무리에서 혼자 떨어진
것 같으니까, 가족들도
열심히 찾고 있을 거야.
방 방
네! 얘도 가족이랑
사는 게 더 행복하겠죠?

* 분홍색 단어의 발음이 궁금하다면 143쪽을 펼쳐 보세요.

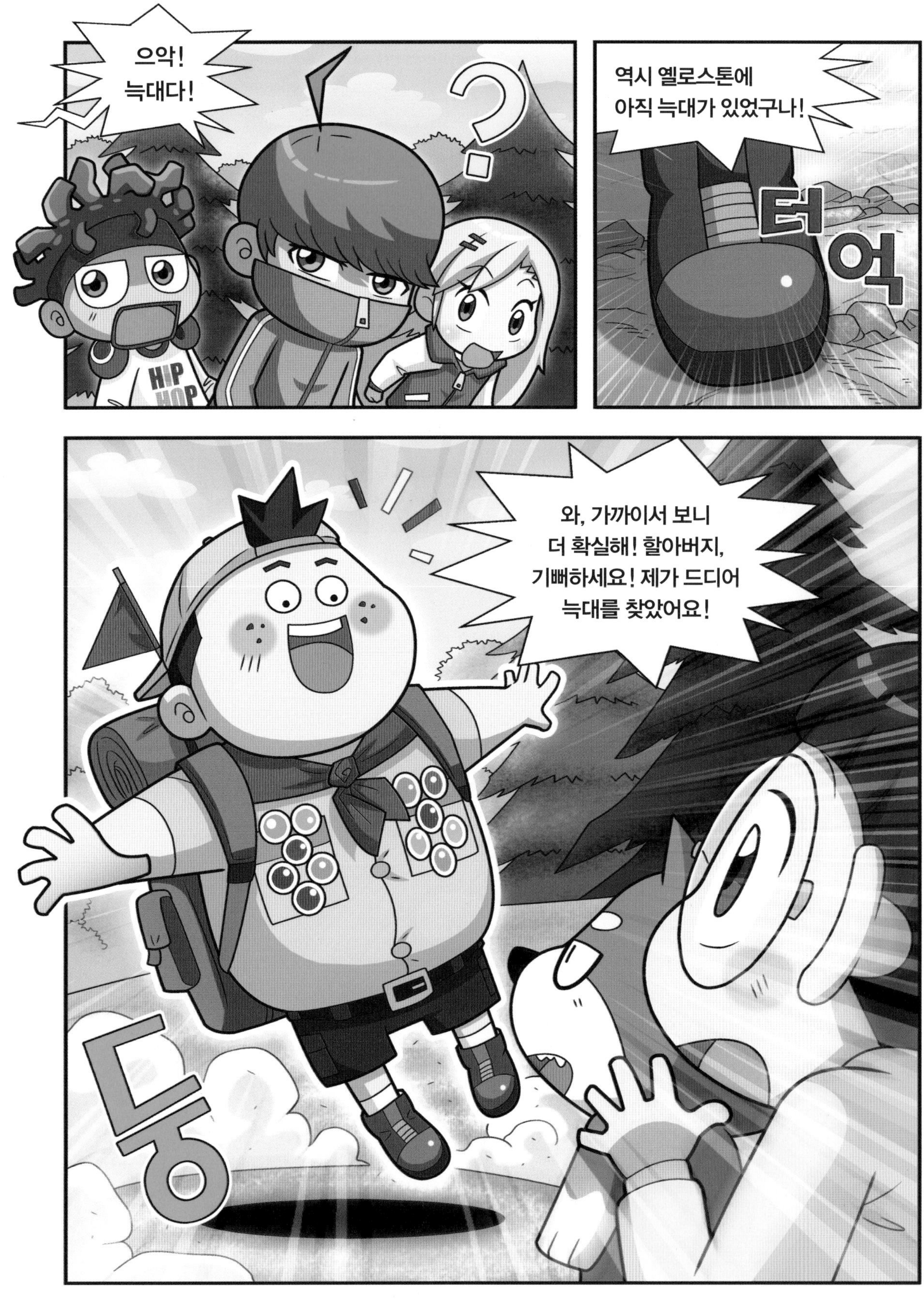
으악!
늑대다!
역시 옐로스톤에
아직 늑대가 있었구나!
터억
와, 가까이서 보니
더 확실해! 할아버지,
기뻐하세요! 제가 드디어
늑대를 찾았어요!
둥

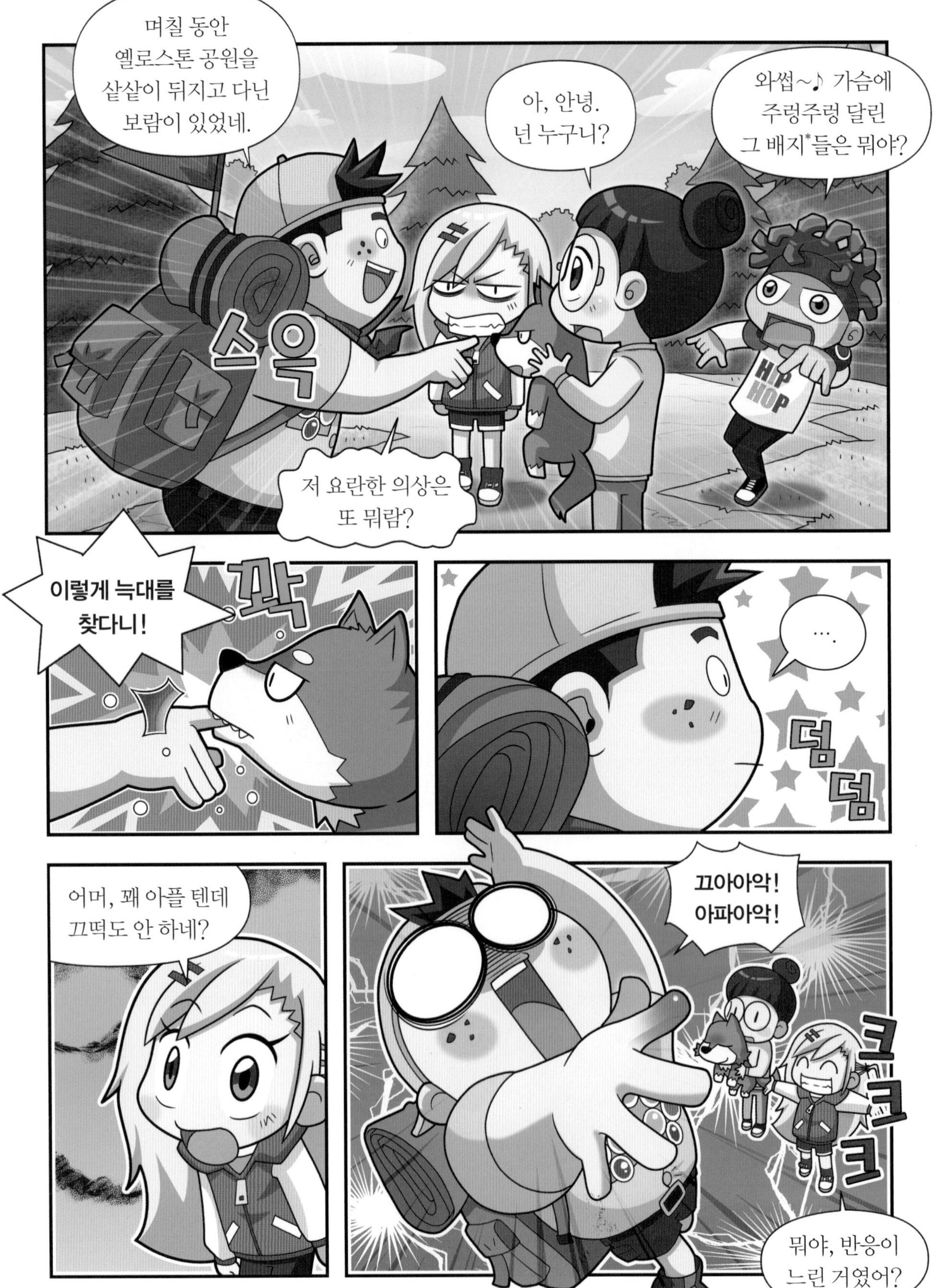
며칠 동안 옐로스톤 공원을 샅샅이 뒤지고 다닌 보람이 있었네.
아, 안녕. 넌 누구니?
와썹~♪ 가슴에 주렁주렁 달린 그 배지*들은 뭐야?
스윽
저 요란한 의상은 또 뭐람?
이렇게 늑대를 찾다니!
꽉
....
덤덤
어머, 꽤 아플 텐데 끄떡도 안 하네?
끄아아악! 아파아악!
크크크
뭐야, 반응이 느린 거였어?

* badge[bædʒ]: 신분을 나타내거나 어떠한 것을 기념하기 위해 옷이나 모자에 붙이는 물건.

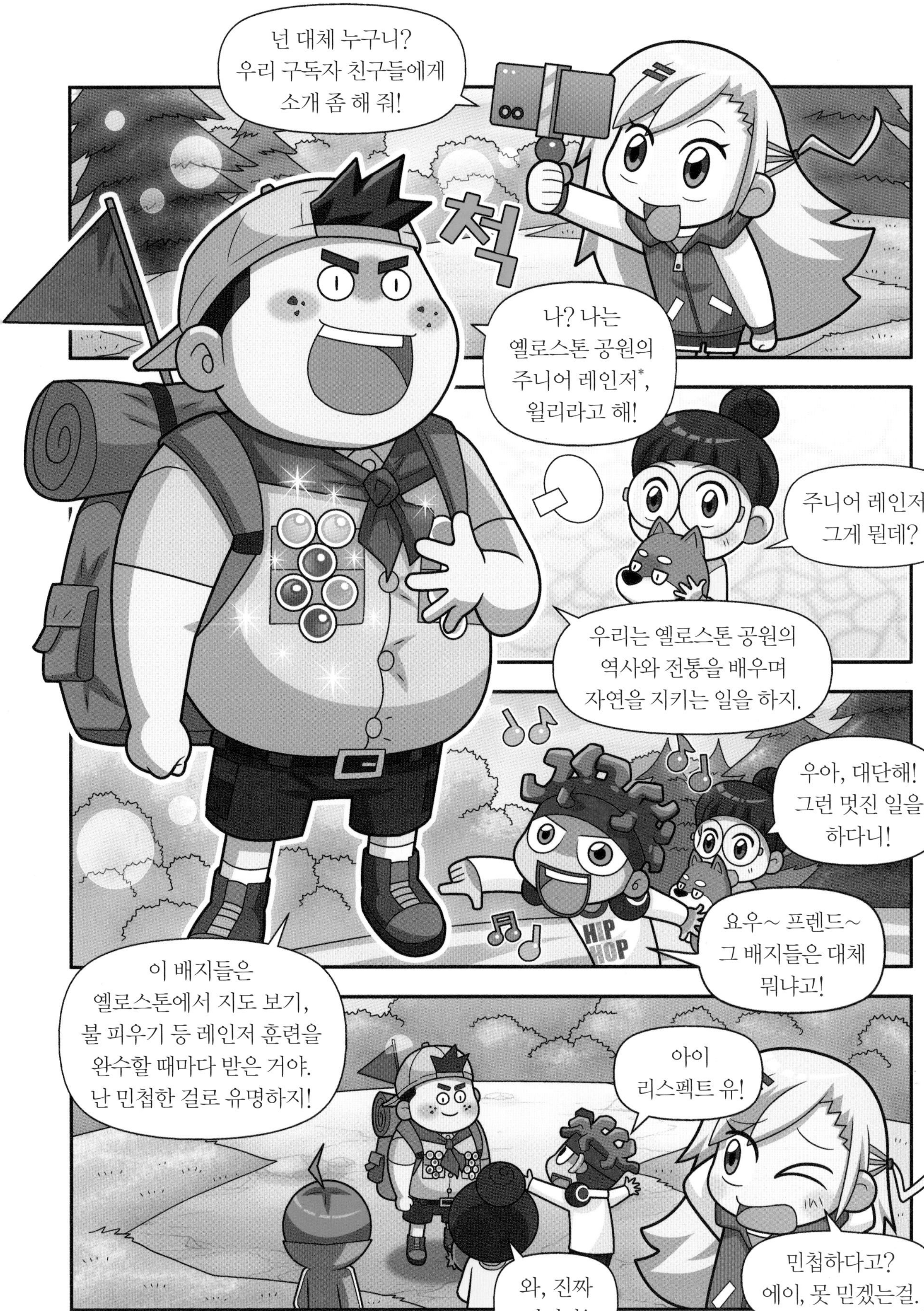
넌 대체 누구니?
우리 구독자 친구들에게
소개 좀 해 줘!
척
나? 나는
옐로스톤 공원의
주니어 레인저*,
윌리라고 해!
주니어 레인저?
그게 뭔데?
우리는 옐로스톤 공원의
역사와 전통을 배우며
자연을 지키는 일을 하지.
우아, 대단해!
그런 멋진 일을
하다니!
요우~ 프렌드~
그 배지들은 대체
뭐냐고!
HIP HOP
이 배지들은
옐로스톤에서 지도 보기,
불 피우기 등 레인저 훈련을
완수할 때마다 받은 거야.
난 민첩한 걸로 유명하지!
아이
리스펙트 유!
와, 진짜
멋지다!
민첩하다고?
에이, 못 믿겠는걸.

* ranger[ˈreɪndʒər]: 공원 관리원.

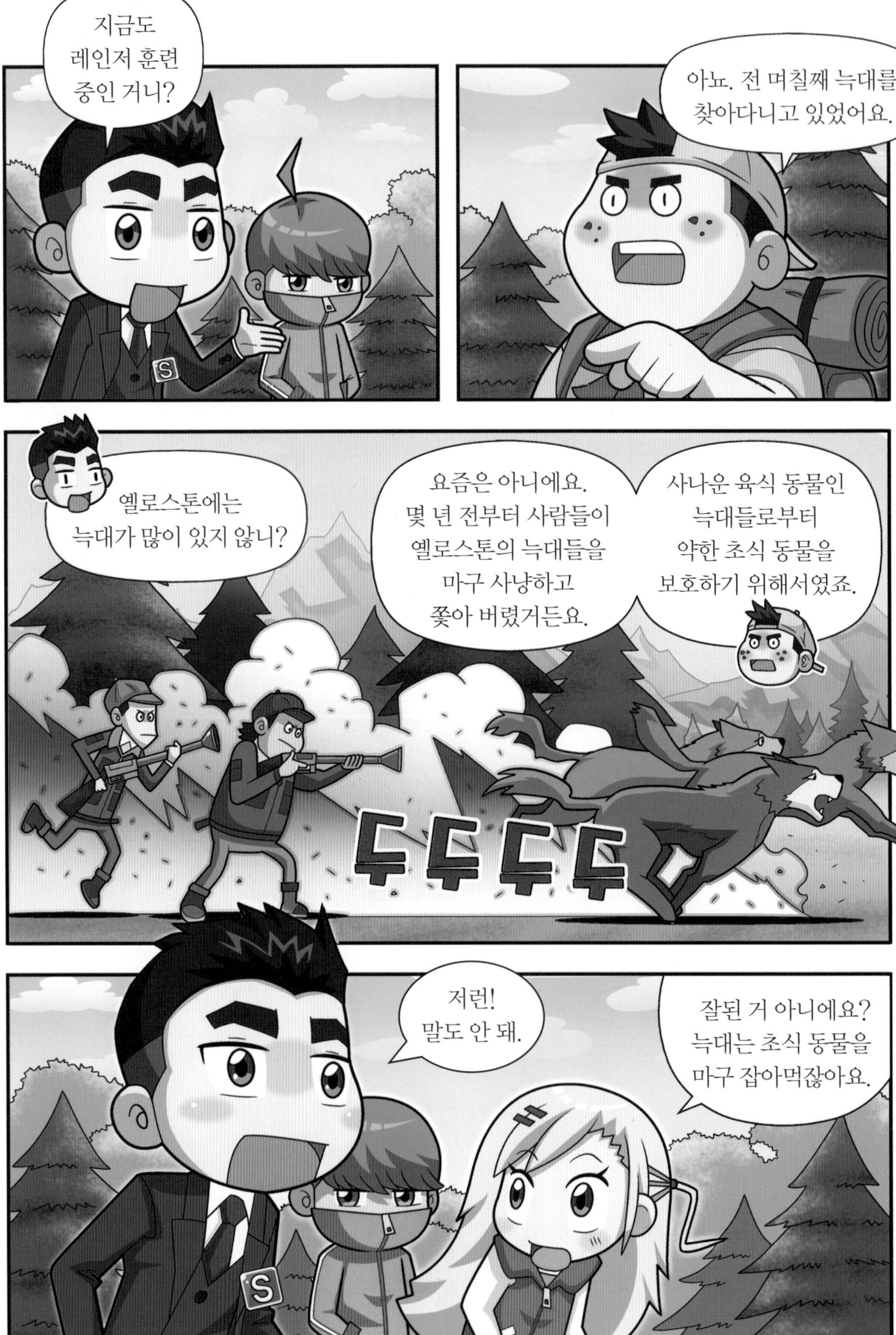
지금도 레인저 훈련 중인 거니?
아뇨. 전 며칠째 늑대를 찾아다니고 있었어요.
옐로스톤에는 늑대가 많이 있지 않니?
요즘은 아니에요. 몇 년 전부터 사람들이 옐로스톤의 늑대들을 마구 사냥하고 쫓아 버렸거든요.
사나운 육식 동물인 늑대들로부터 약한 초식 동물을 보호하기 위해서였죠.
두두두두
저런! 말도 안 돼.
잘된 거 아니에요? 늑대는 초식 동물을 마구 잡아먹잖아요.

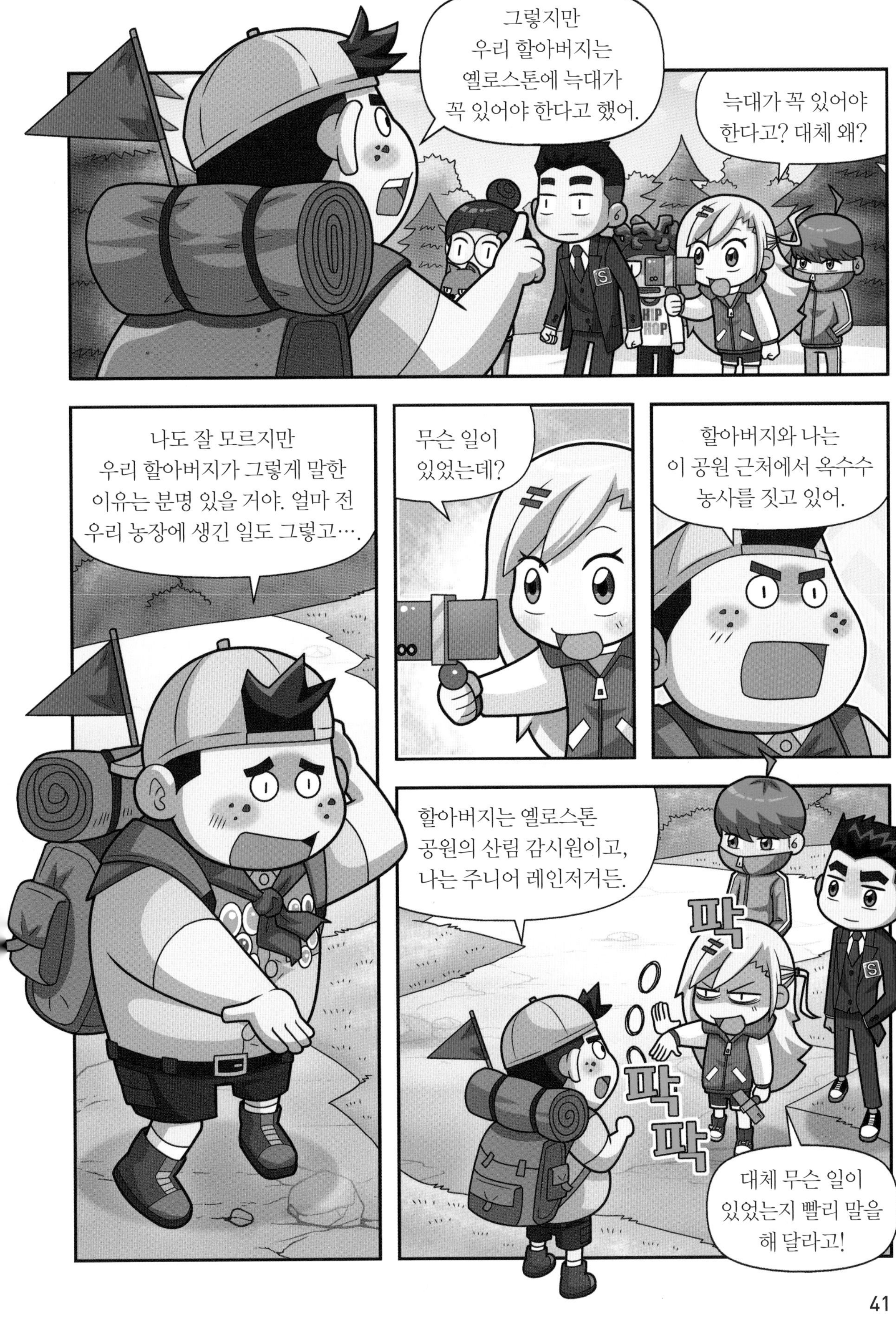
그렇지만
우리 할아버지는
옐로스톤에 늑대가
꼭 있어야 한다고 했어.
늑대가 꼭 있어야
한다고? 대체 왜?
나도 잘 모르지만
우리 할아버지가 그렇게 말한
이유는 분명 있을 거야. 얼마 전
우리 농장에 생긴 일도 그렇고….
무슨 일이
있었는데?
할아버지와 나는
이 공원 근처에서 옥수수
농사를 짓고 있어.
할아버지는 옐로스톤
공원의 산림 감시원이고,
나는 주니어 레인저거든.
팍
팍
팍
대체 무슨 일이
있었는지 빨리 말을
해 달라고!

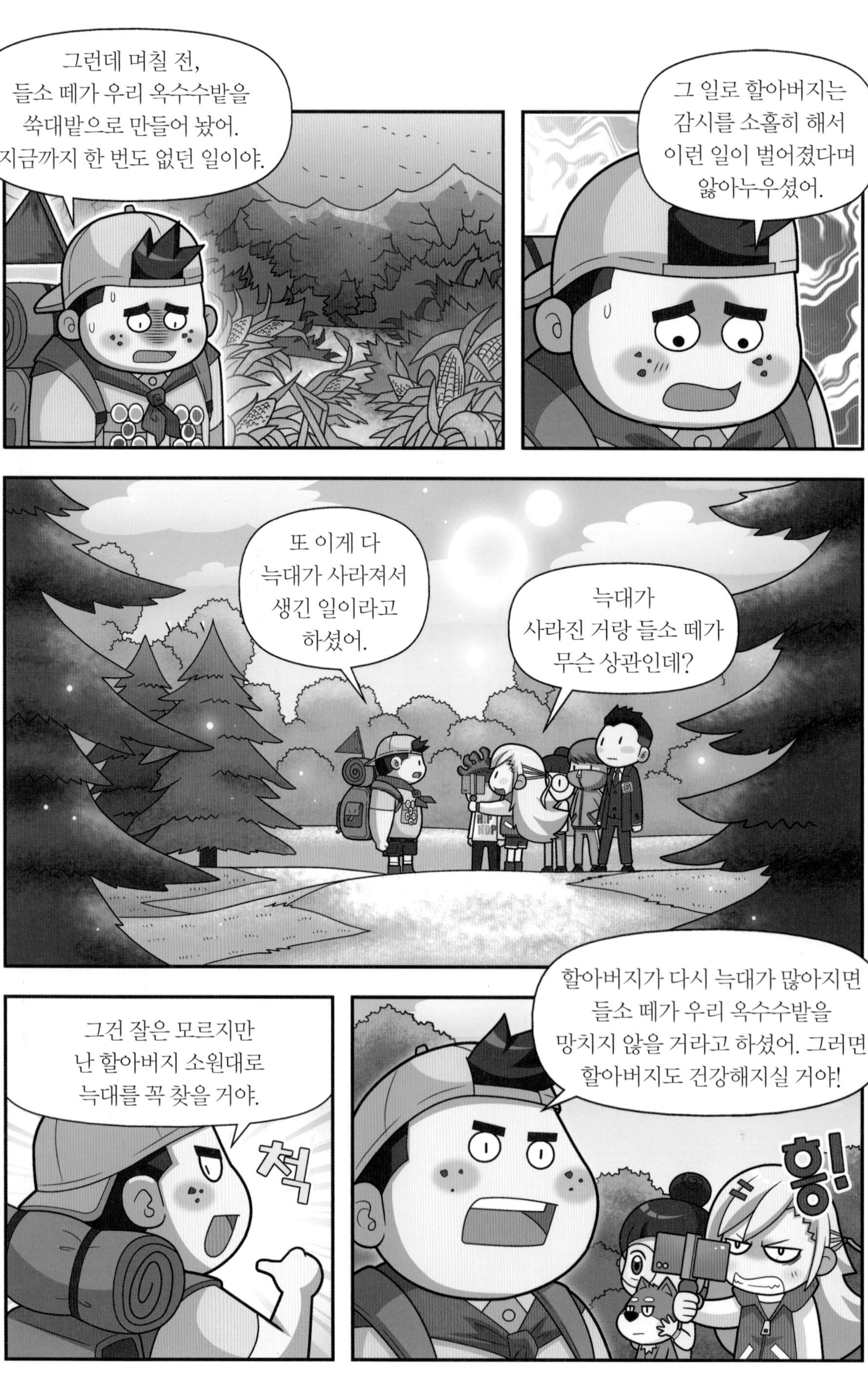
그런데 며칠 전, 들소 떼가 우리 옥수수밭을 쑥대밭으로 만들어 놨어. 지금까지 한 번도 없던 일이야.
그 일로 할아버지는 감시를 소홀히 해서 이런 일이 벌어졌다며 앓아누우셨어.
또 이게 다 늑대가 사라져서 생긴 일이라고 하셨어.
늑대가 사라진 거랑 들소 떼가 무슨 상관인데?
그건 잘은 모르지만 난 할아버지 소원대로 늑대를 꼭 찾을 거야.
척
할아버지가 다시 늑대가 많아지면 들소 떼가 우리 옥수수밭을 망치지 않을 거라고 하셨어. 그러면 할아버지도 건강해지실 거야!
흥!

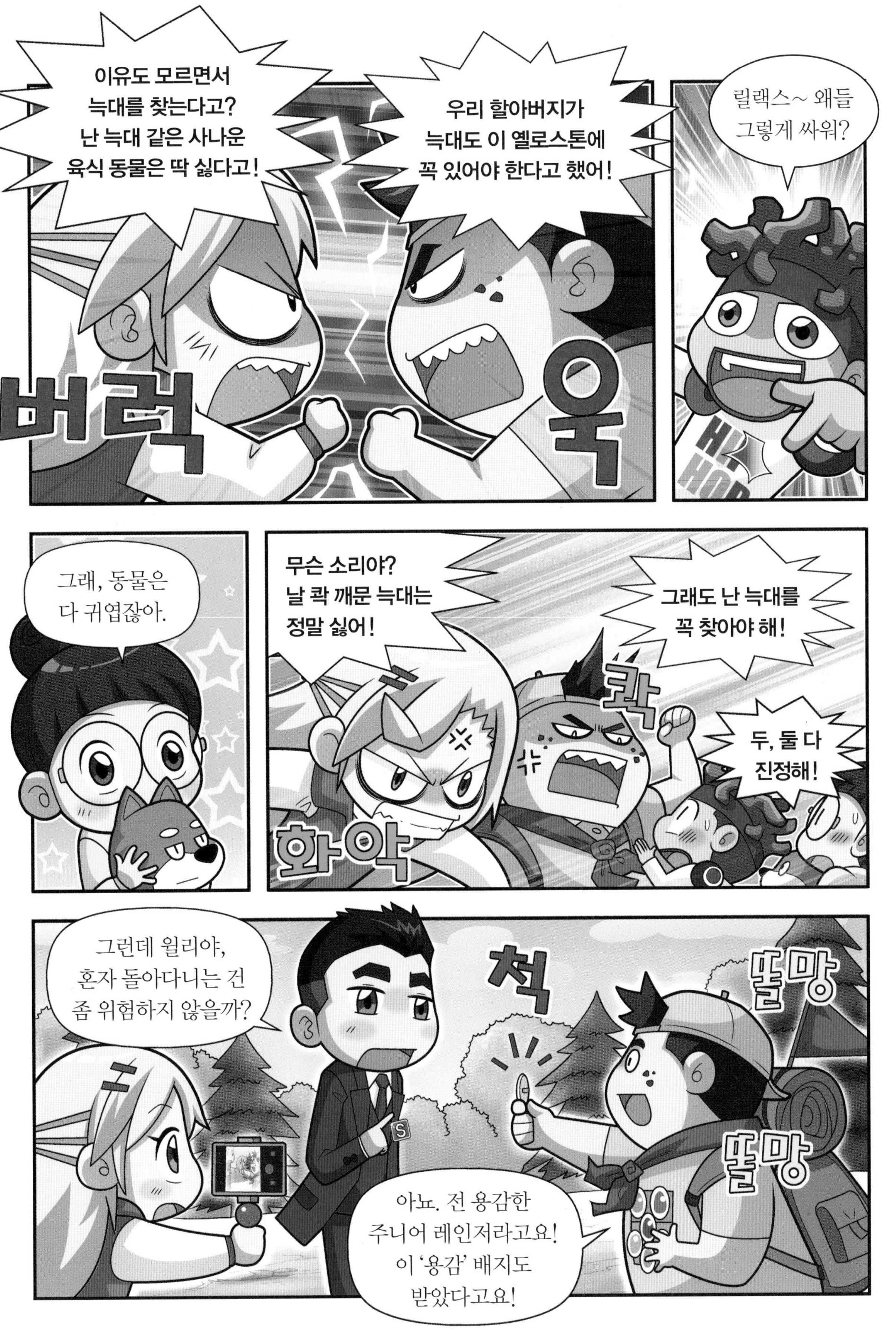
이유도 모르면서 늑대를 찾는다고? 난 늑대 같은 사나운 육식 동물은 딱 싫다고!
우리 할아버지가 늑대도 이 옐로스톤에 꼭 있어야 한다고 했어!
버럭
욱
릴랙스~ 왜들 그렇게 싸워?
그래, 동물은 다 귀엽잖아.
무슨 소리야? 날 콱 깨문 늑대는 정말 싫어!
그래도 난 늑대를 꼭 찾아야 해!
콱
두, 둘 다 진정해!
화악
그런데 윌리야, 혼자 돌아다니는 건 좀 위험하지 않을까?
척
똘망
똘망
아뇨. 전 용감한 주니어 레인저라고요! 이 '용감' 배지도 받았다고요!

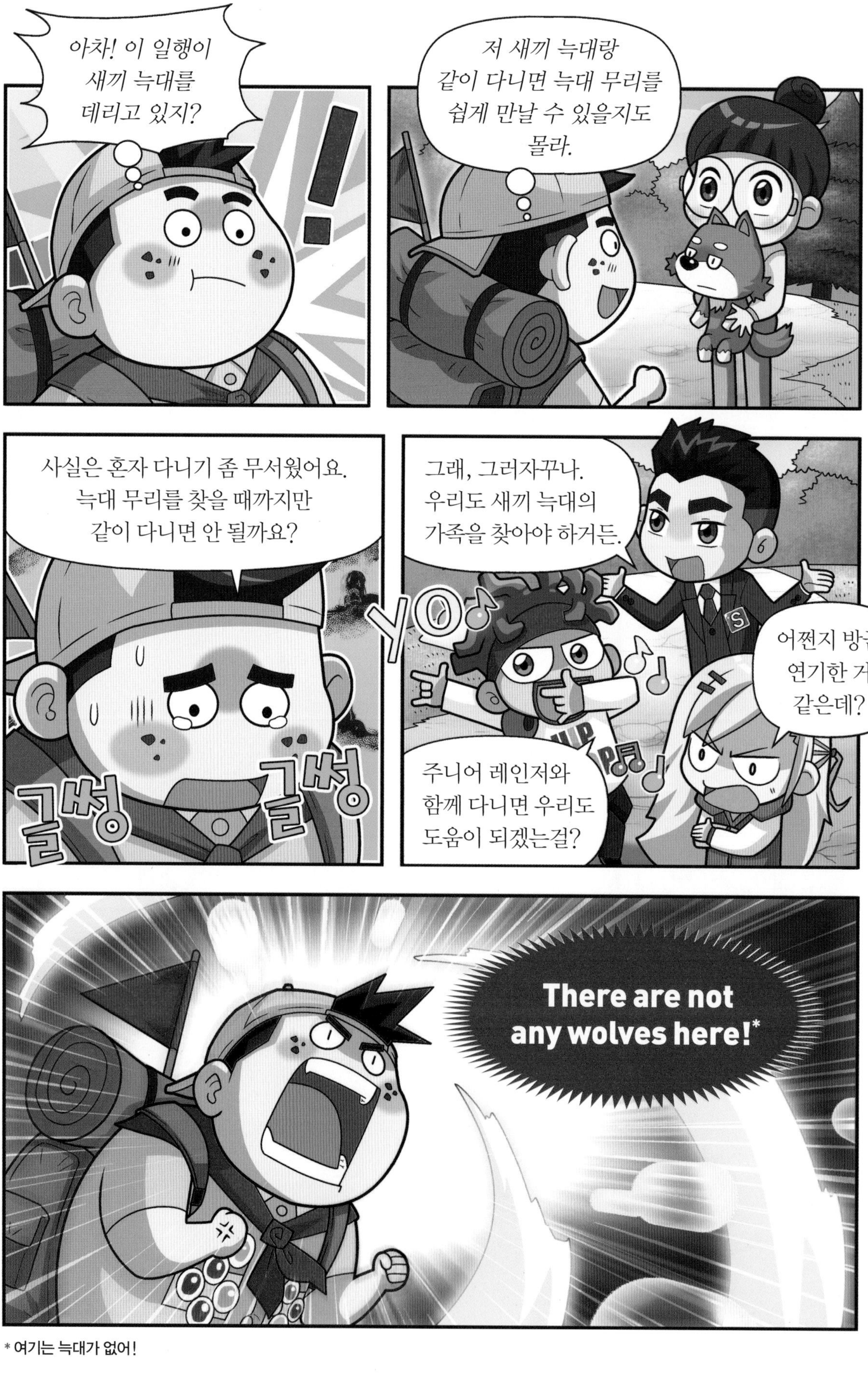
아차! 이 일행이 새끼 늑대를 데리고 있지?
저 새끼 늑대랑 같이 다니면 늑대 무리를 쉽게 만날 수 있을지도 몰라.
사실은 혼자 다니기 좀 무서웠어요. 늑대 무리를 찾을 때까지만 같이 다니면 안 될까요?
글썽 글썽
그래, 그러자꾸나. 우리도 새끼 늑대의 가족을 찾아야 하거든.
YO
어쩐지 방금 연기한 거 같은데?
주니어 레인저와 함께 다니면 우리도 도움이 되겠는걸?
There are not any wolves here!*

* 여기는 늑대가 없어!

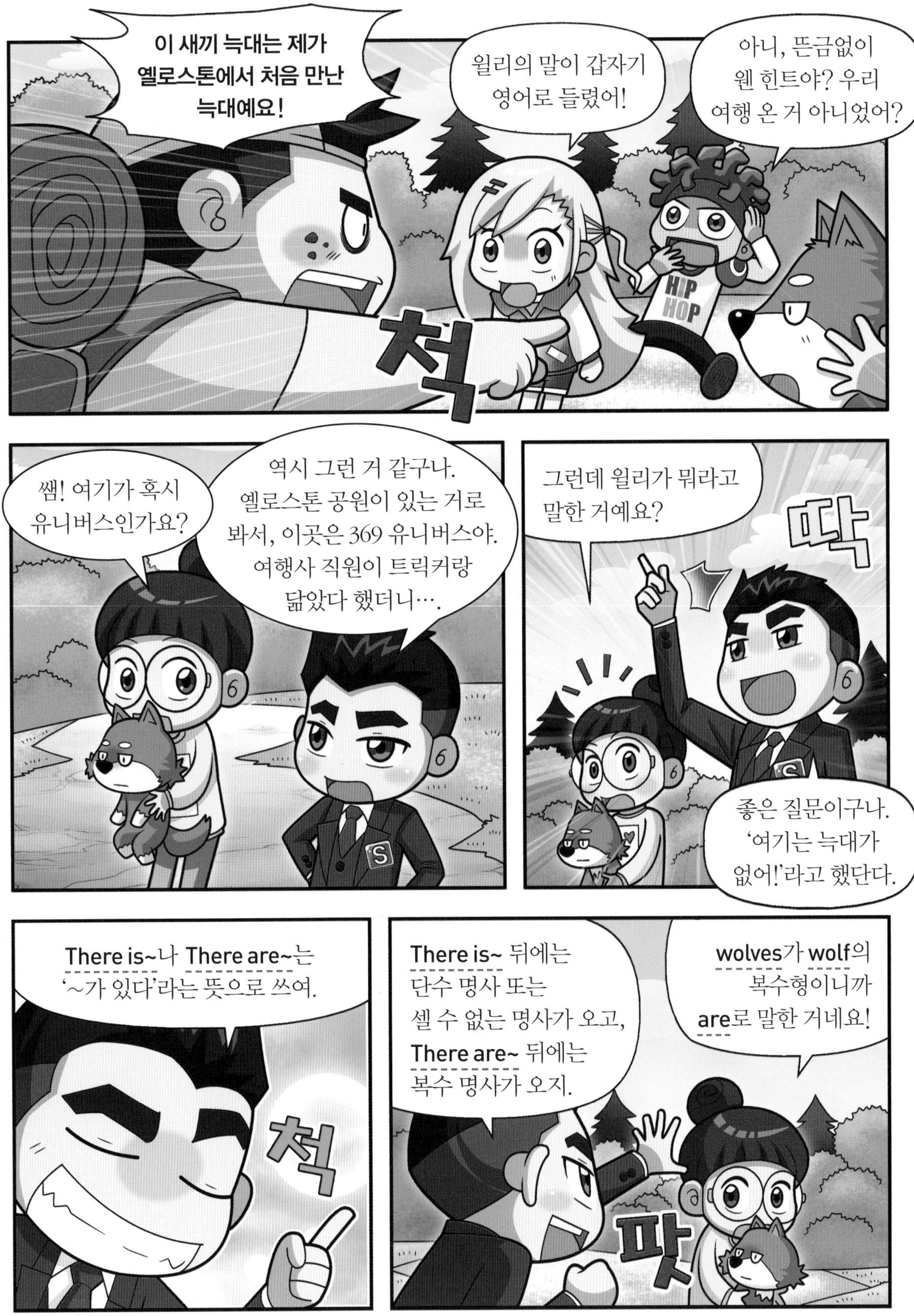
이 새끼 늑대는 제가 옐로스톤에서 처음 만난 늑대예요!
척
윌리의 말이 갑자기 영어로 들렸어!
아니, 뜬금없이 웬 힌트야? 우리 여행 온 거 아니었어?
HIP HOP
쌤! 여기가 혹시 유니버스인가요?
역시 그런 거 같구나. 옐로스톤 공원이 있는 거로 봐서, 이곳은 369 유니버스야. 여행사 직원이 트릭커랑 닮았다 했더니….
그런데 윌리가 뭐라고 말한 거예요?
딱
좋은 질문이구나. '여기는 늑대가 없어!'라고 했단다.
There is~나 There are~는 '~가 있다'라는 뜻으로 쓰여.
척
There is~ 뒤에는 단수 명사 또는 셀 수 없는 명사가 오고, There are~ 뒤에는 복수 명사가 오지.
wolves가 wolf의 복수형이니까 are로 말한 거네요!
팟

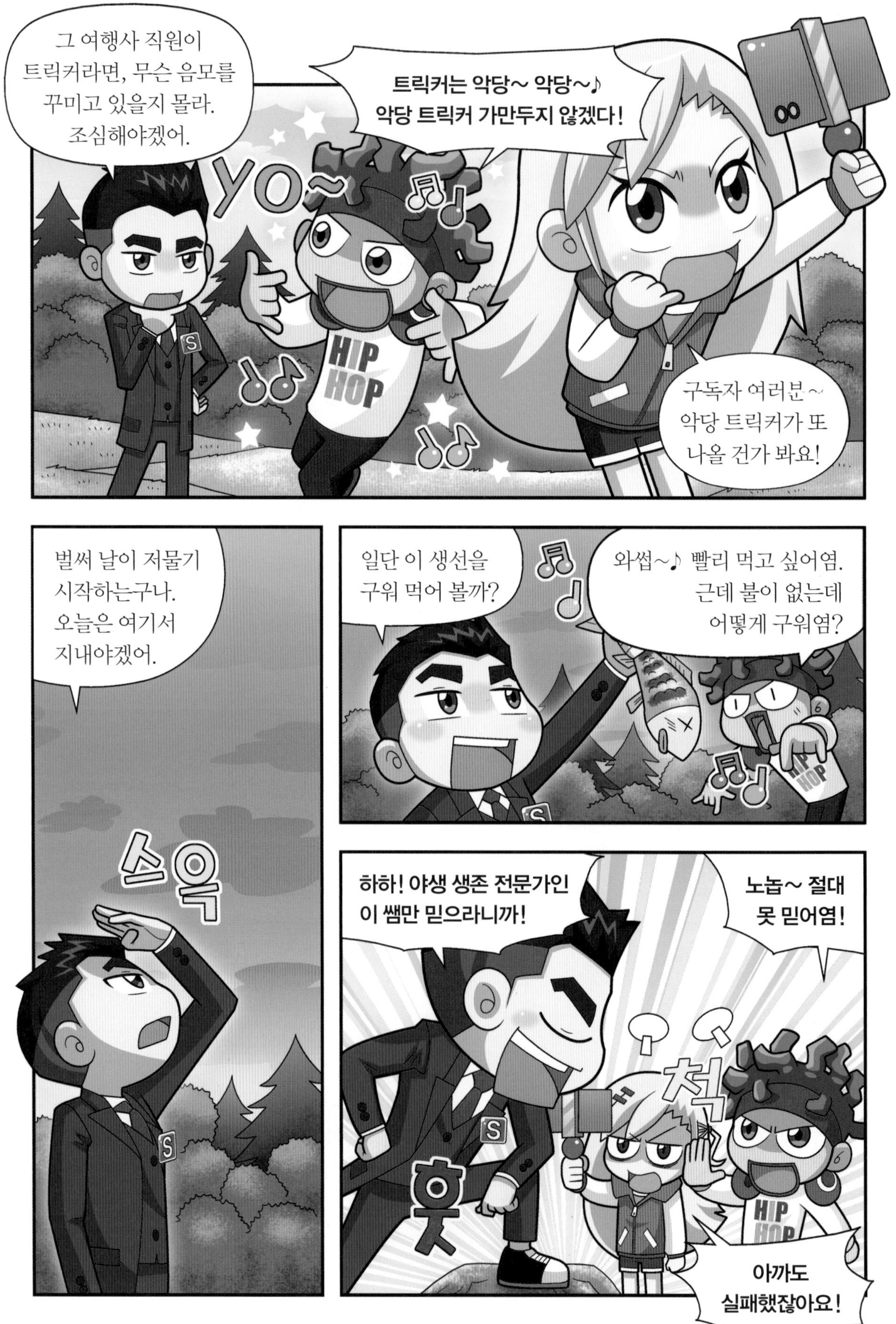
그 여행사 직원이 트릭커라면, 무슨 음모를 꾸미고 있을지 몰라. 조심해야겠어.
트릭커는 악당~ 악당~♪ 악당 트릭커 가만두지 않겠다!
YO~
구독자 여러분~ 악당 트릭커가 또 나올 건가 봐요!
HIP HOP
벌써 날이 저물기 시작하는구나. 오늘은 여기서 지내야겠어.
스윽
일단 이 생선을 구워 먹어 볼까?
와썹~♪ 빨리 먹고 싶어염. 근데 불이 없는데 어떻게 구워염?
하하! 야생 생존 전문가인 이 쌤만 믿으라니까!
노놉~ 절대 못 믿어염!
척
훗
아까도 실패했잖아요!

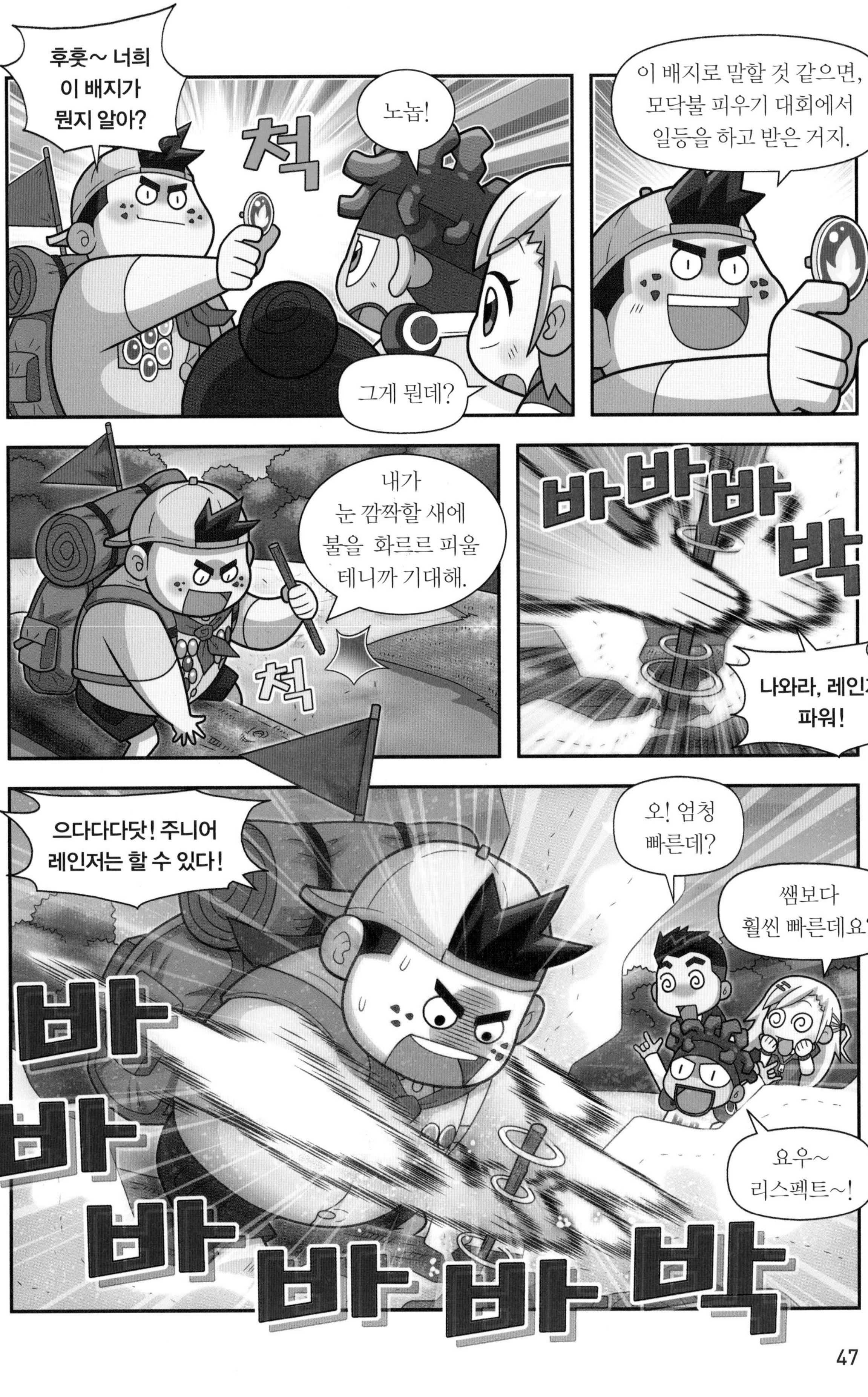

후훗~ 너희 이 배지가 뭔지 알아?
척
노놉!
그게 뭔데?
이 배지로 말할 것 같으면, 모닥불 피우기 대회에서 일등을 하고 받은 거지.
내가 눈 깜짝할 새에 불을 화르르 피울 테니까 기대해.
척
바바바박
나와라, 레인저 파워!
으다다다닷! 주니어 레인저는 할 수 있다!
오! 엄청 빠른데?
쌤보다 훨씬 빠른데요?
요우~ 리스펙트~!
바바바바바박

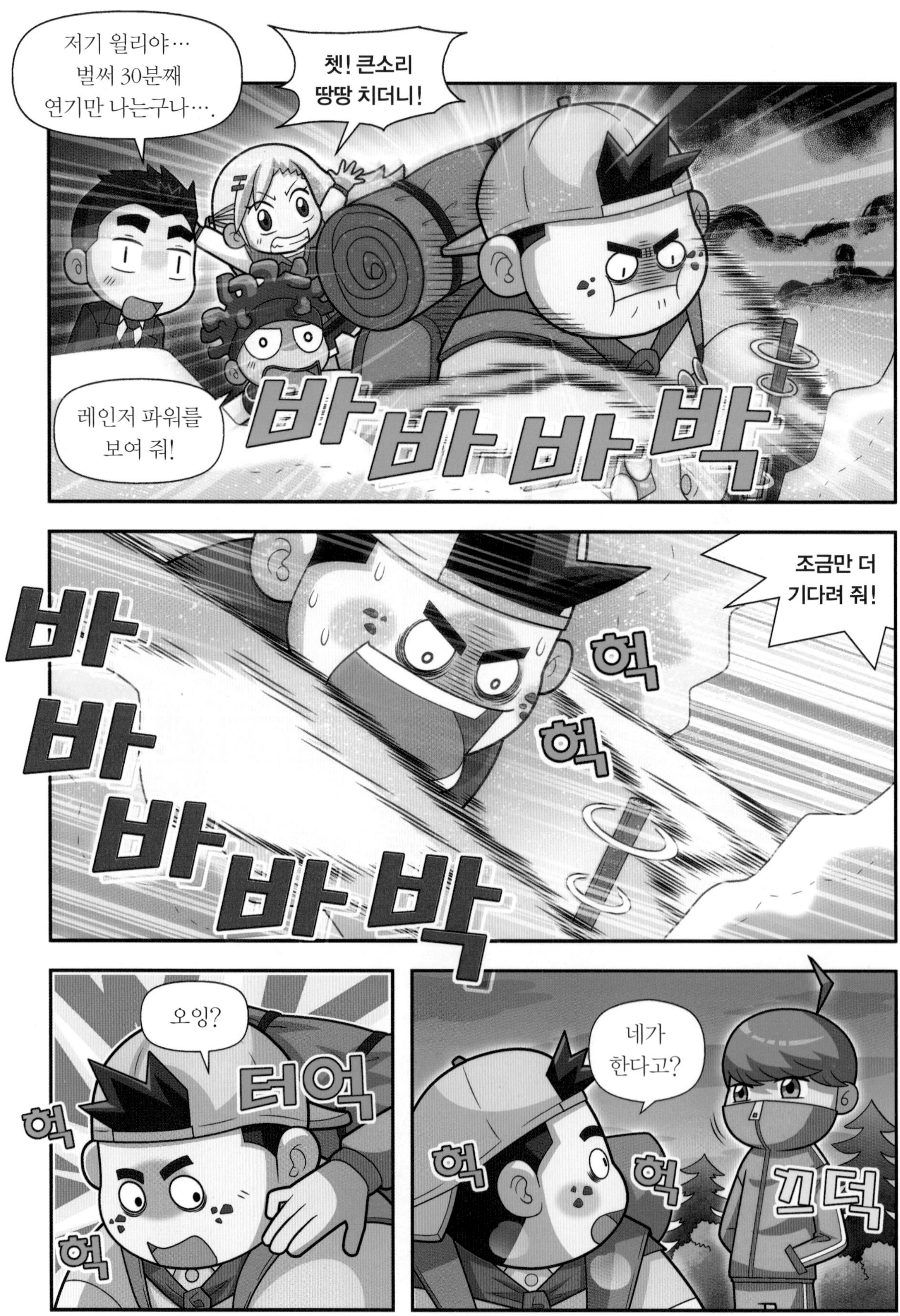

저기 윌리야…
벌써 30분째
연기만 나는구나….
쳇! 큰소리
땅땅 치더니!
레인저 파워를
보여 줘!
바바바박
조금만 더
기다려 줘!
바
바
바바박
헉
헉
오잉?
터억
헉
헉
네가
한다고?
헉
헉
끄덕

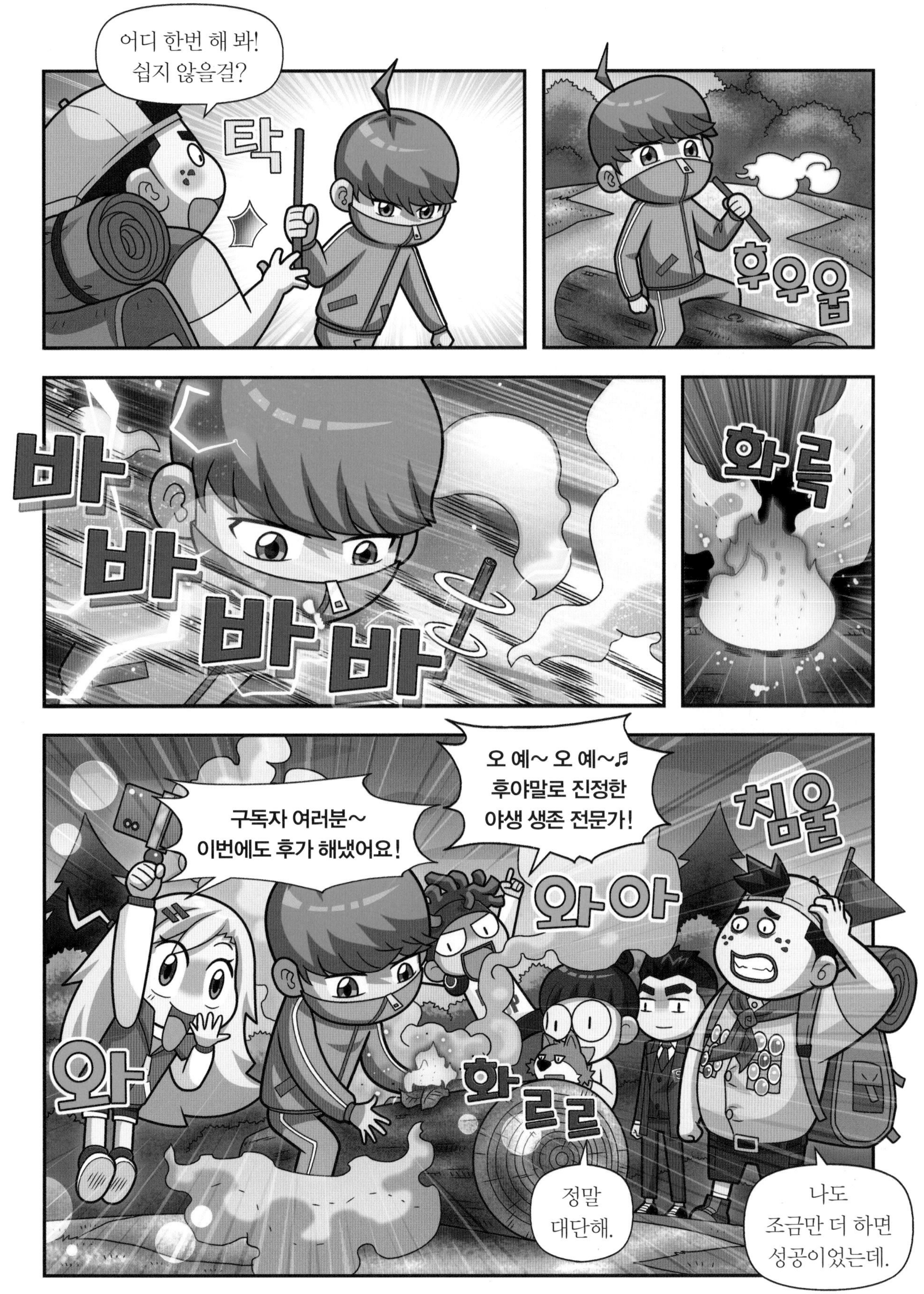

어디 한번 해 봐! 쉽지 않을걸?
탁
후우웁
바바바바
화륵
구독자 여러분~ 이번에도 후가 해냈어요!
오 예~ 오 예~♬ 후야말로 진정한 야생 생존 전문가!
칭울
와아
와
화르르
정말 대단해.
나도 조금만 더 하면 성공이었는데.

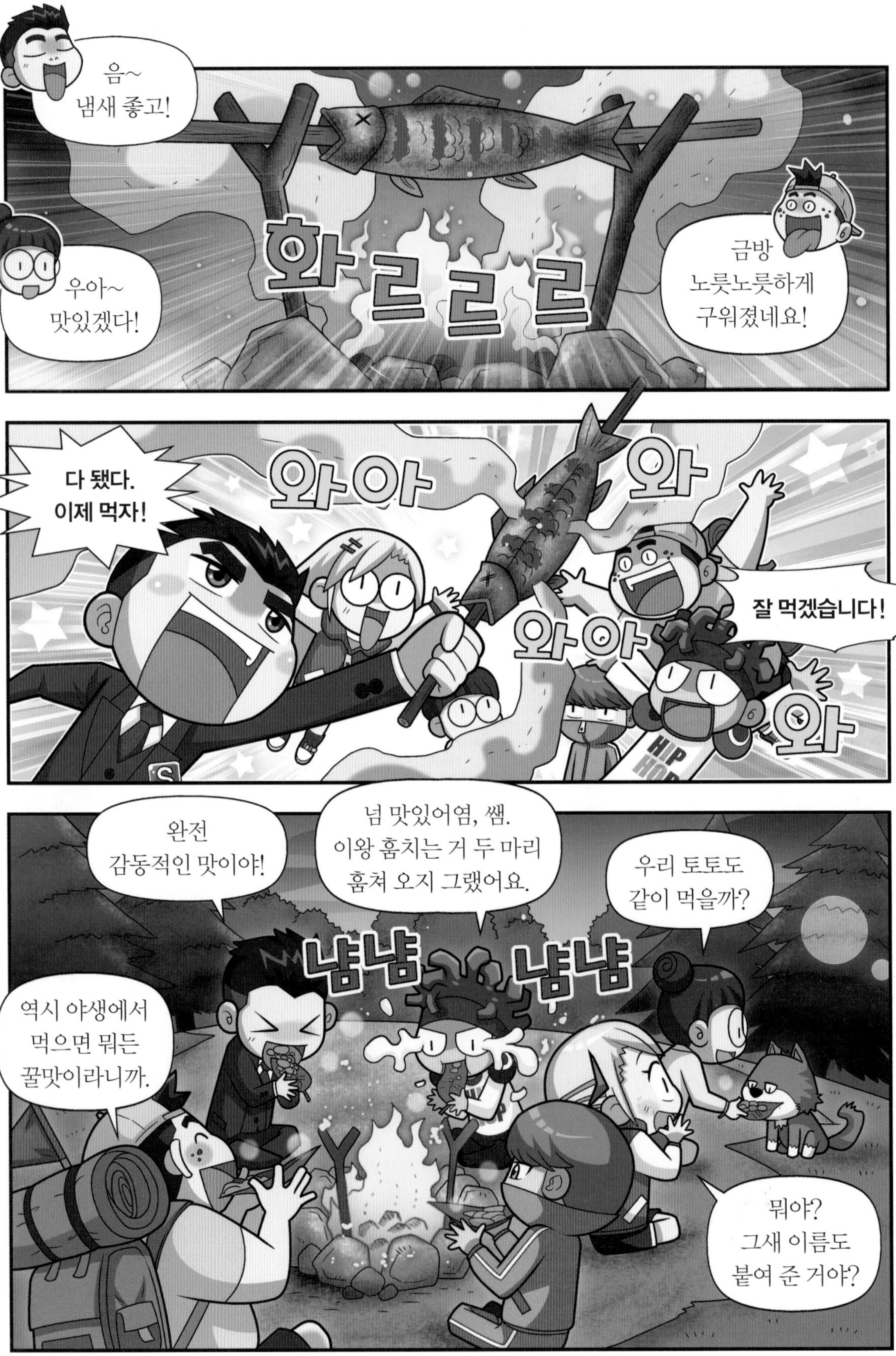
음~
냄새 좋고!
우아~
맛있겠다!
화르르르
금방
노릇노릇하게
구워졌네요!
다 됐다.
이제 먹자!
와아
와
와아
잘 먹겠습니다!
와
HIP HOP
완전
감동적인 맛이야!
넘 맛있어염, 쌤.
이왕 훔치는 거 두 마리
훔쳐 오지 그랬어요.
우리 토토도
같이 먹을까?
냠냠 냠냠
역시 야생에서
먹으면 뭐든
꿀맛이라니까.
뭐야?
그새 이름도
붙여 준 거야?

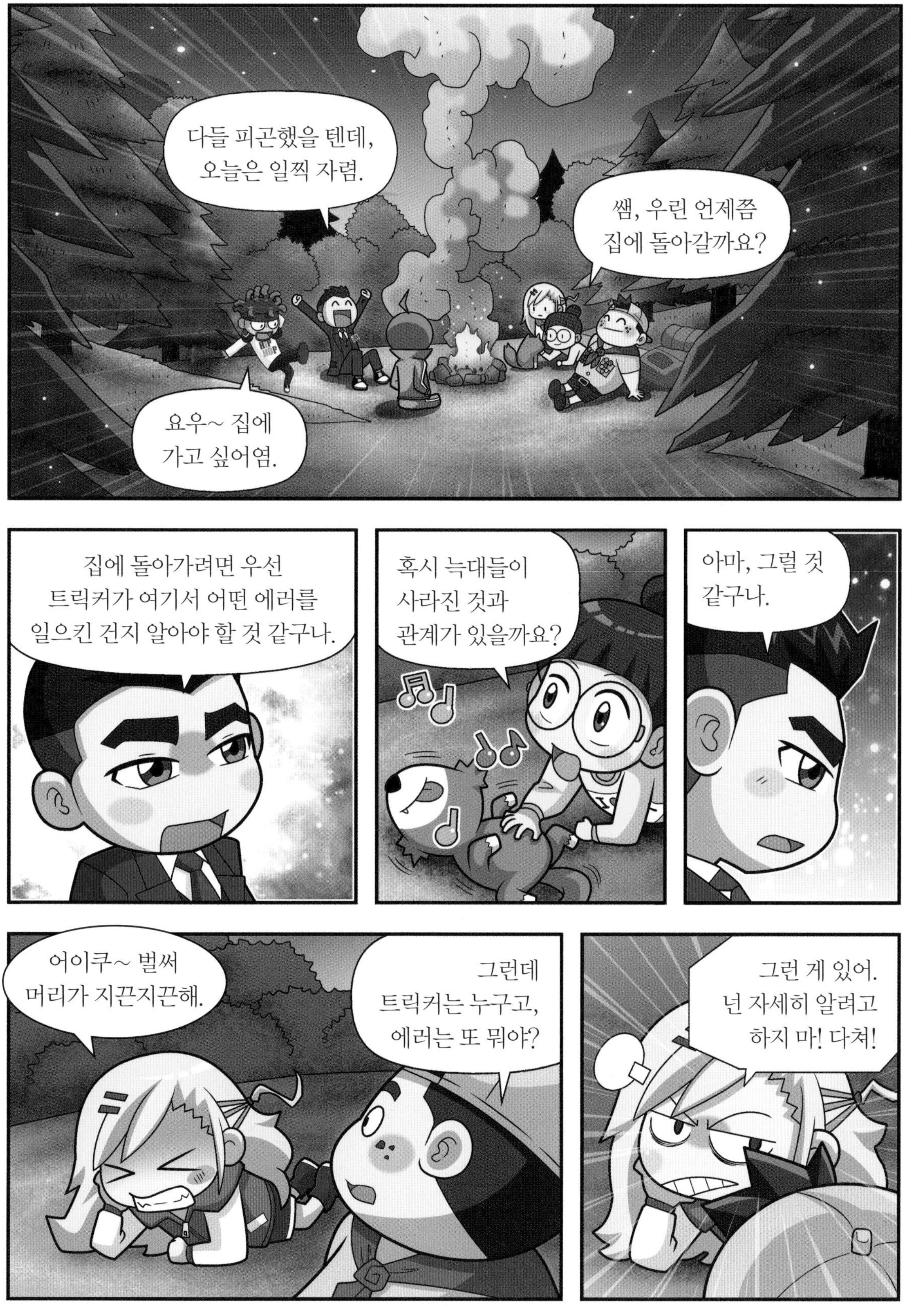
다들 피곤했을 텐데, 오늘은 일찍 자렴.
쌤, 우린 언제쯤 집에 돌아갈까요?
요우~ 집에 가고 싶어염.
집에 돌아가려면 우선 트릭커가 여기서 어떤 에러를 일으킨 건지 알아야 할 것 같구나.
혹시 늑대들이 사라진 것과 관계가 있을까요?
아마, 그럴 것 같구나.
어이쿠~ 벌써 머리가 지끈지끈해.
그런데 트릭커는 누구고, 에러는 또 뭐야?
그런 게 있어. 넌 자세히 알려고 하지 마! 다쳐!

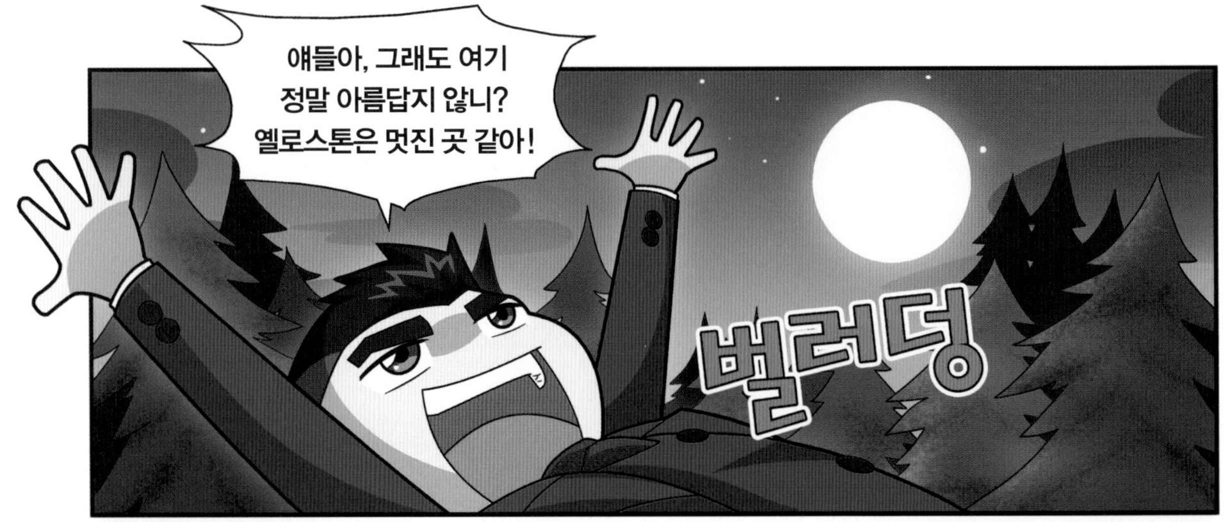

얘들아, 그래도 여기
정말 아름답지 않니?
옐로스톤은 멋진 곳 같아!
벌러덩


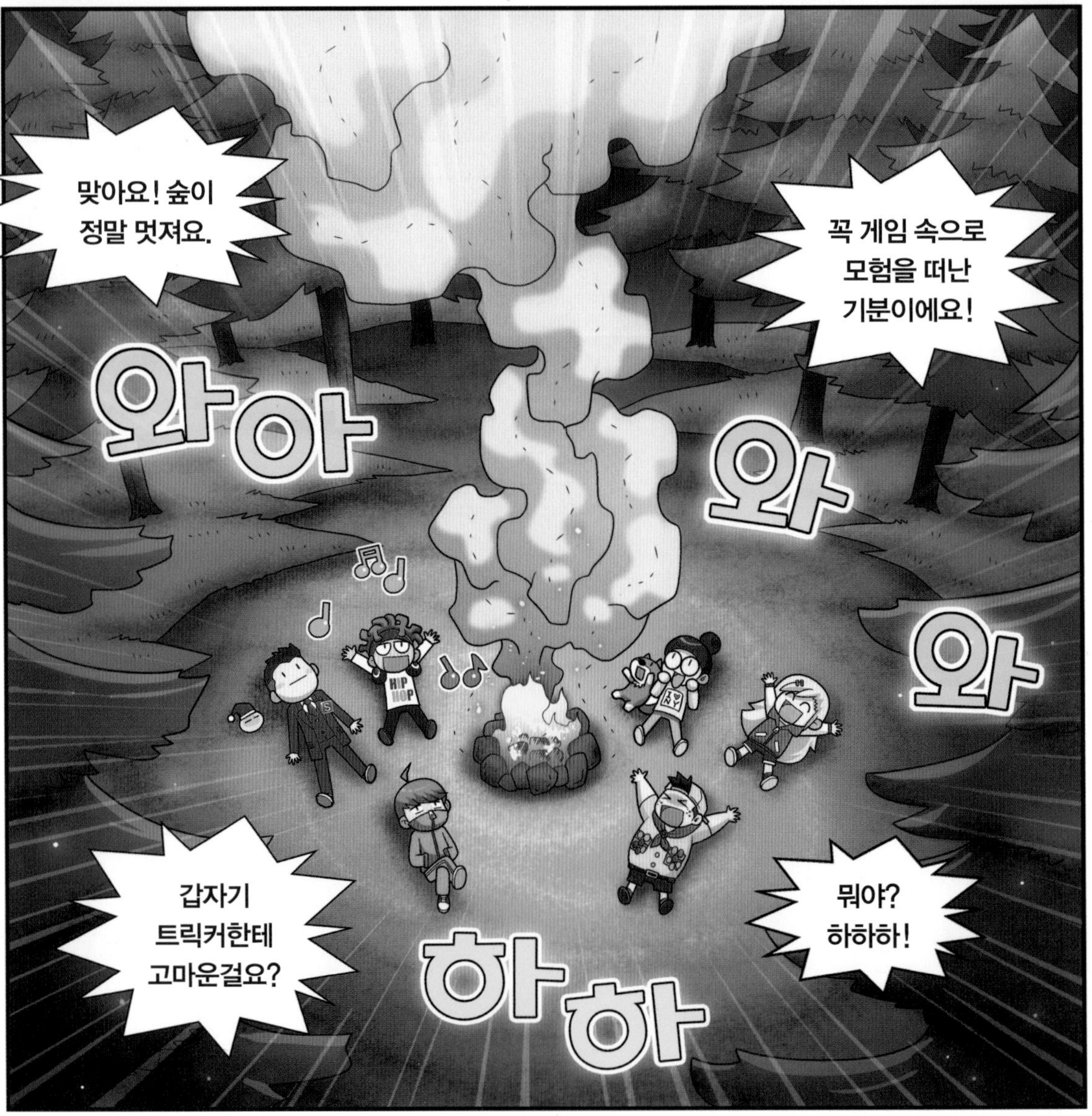

맞아요! 숲이
정말 멋져요.
꼭 게임 속으로
모험을 떠난
기분이에요!
와아
와
와
갑자기
트릭커한테
고마운걸요?
뭐야?
하하하!
하하

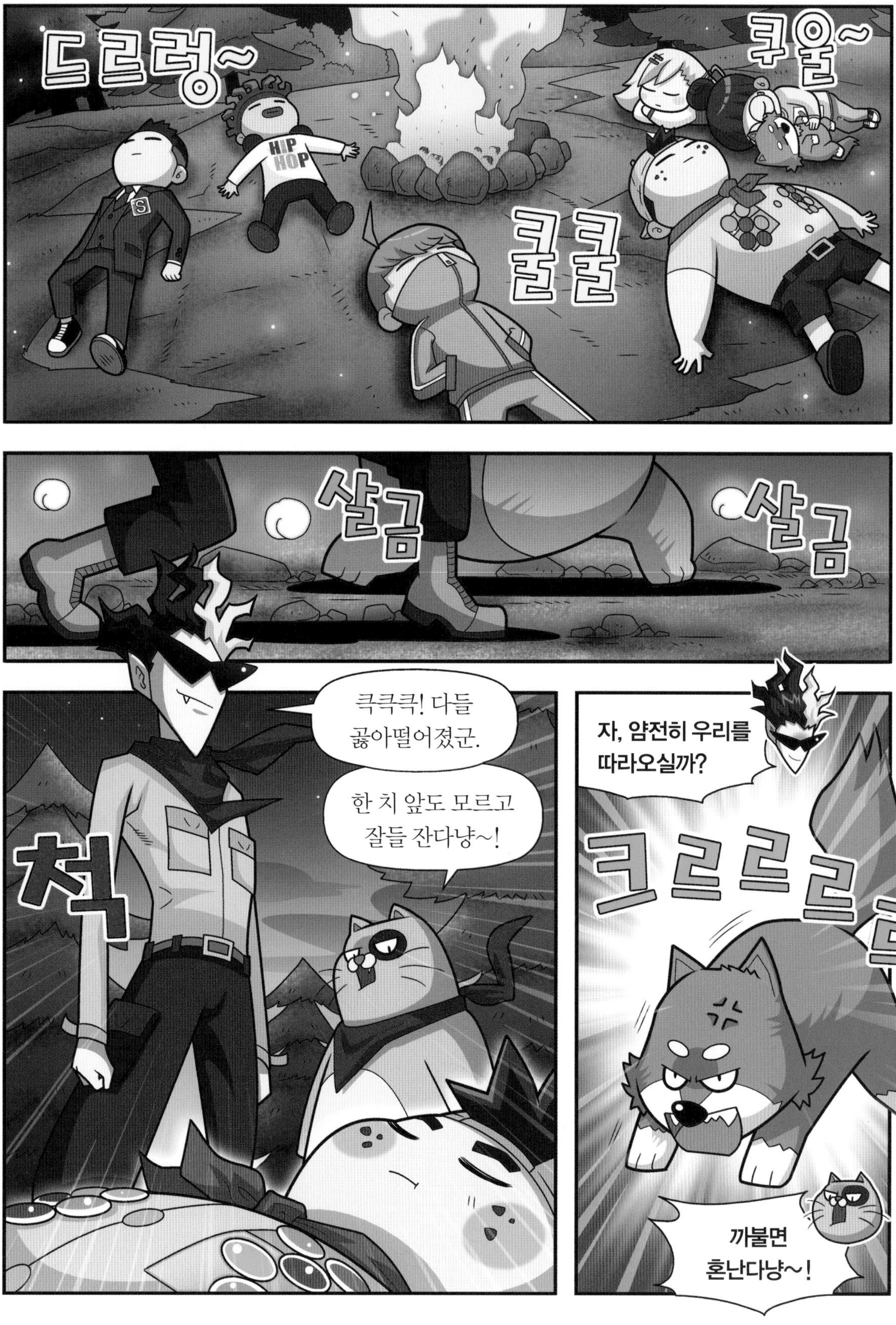
드르렁~
쿠울~
쿨쿨
살금
살금
척
크크크! 다들
곯아떨어졌군.
한 치 앞도 모르고
잘들 잔다냥~!
자, 얌전히 우리를
따라오실까?
크르르르르르
까불면
혼난다냥~!

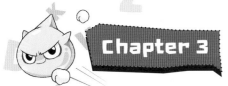

## Chapter 3

# 엉망이 된 옐로스톤

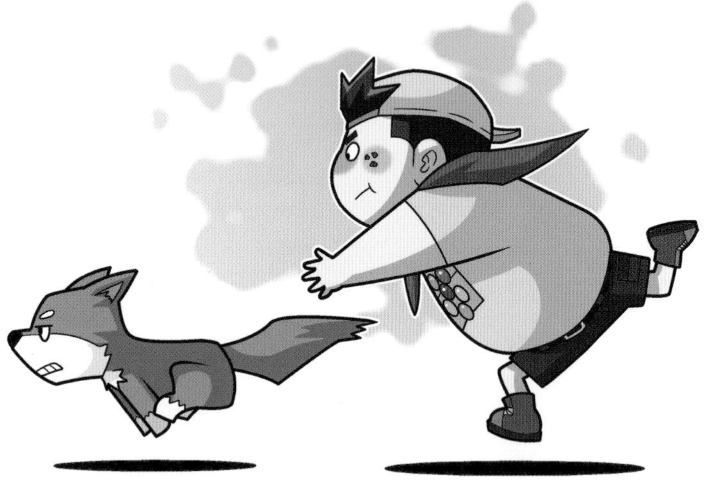

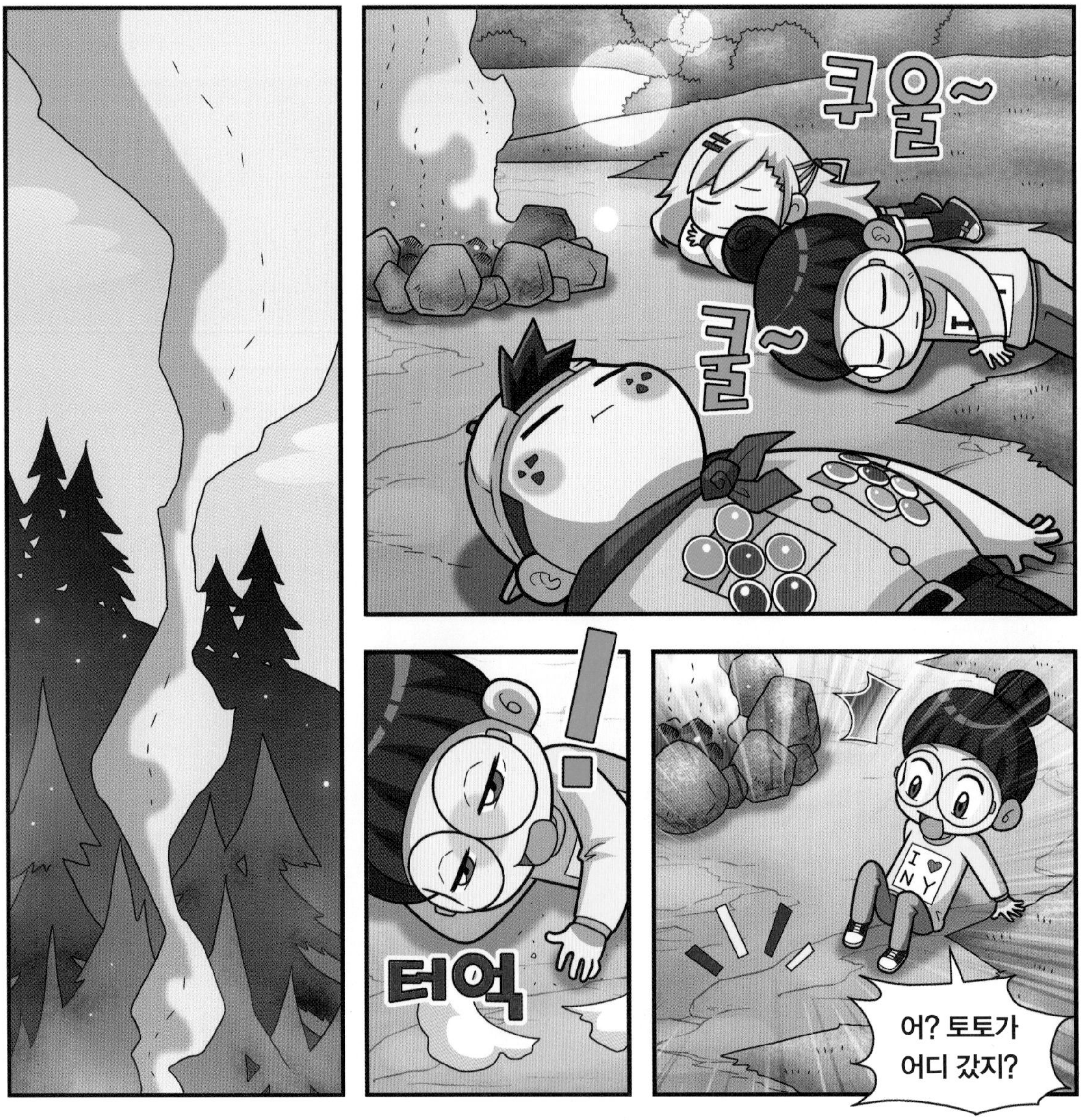

쿠울~
쿨~
터억
어? 토토가 어디 갔지?

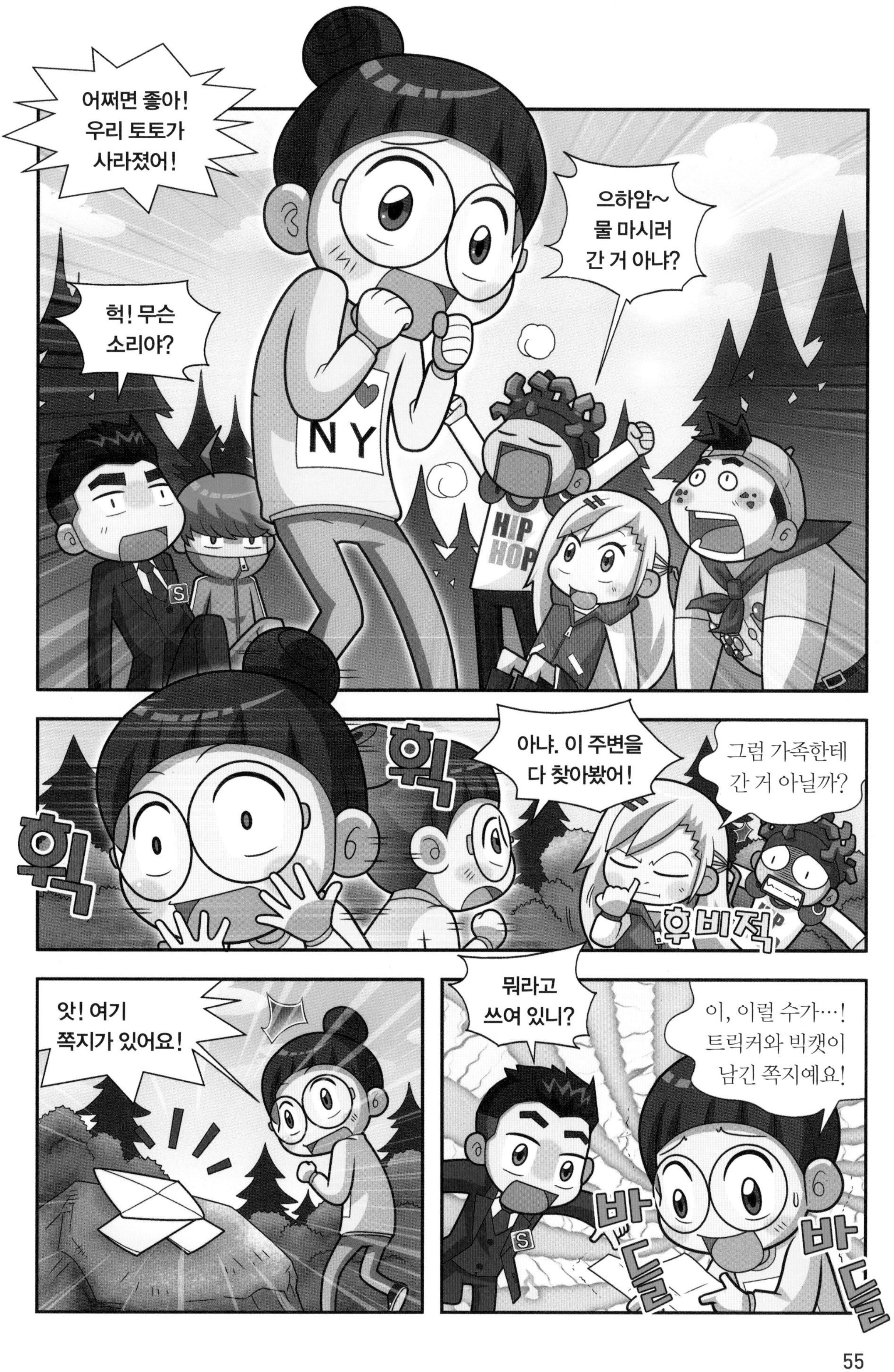
어쩌면 좋아!
우리 토토가
사라졌어!
으하암~
물 마시러
간 거 아냐?
헉! 무슨
소리야?
NY
HIP HOP
아냐. 이 주변을
다 찾아봤어!
휙
휙
그럼 가족한테
간 거 아닐까?
후비적
앗! 여기
쪽지가 있어요!
뭐라고
쓰여 있니?
이, 이럴 수가…!
트릭커와 빅캣이
남긴 쪽지예요!
바들
바들

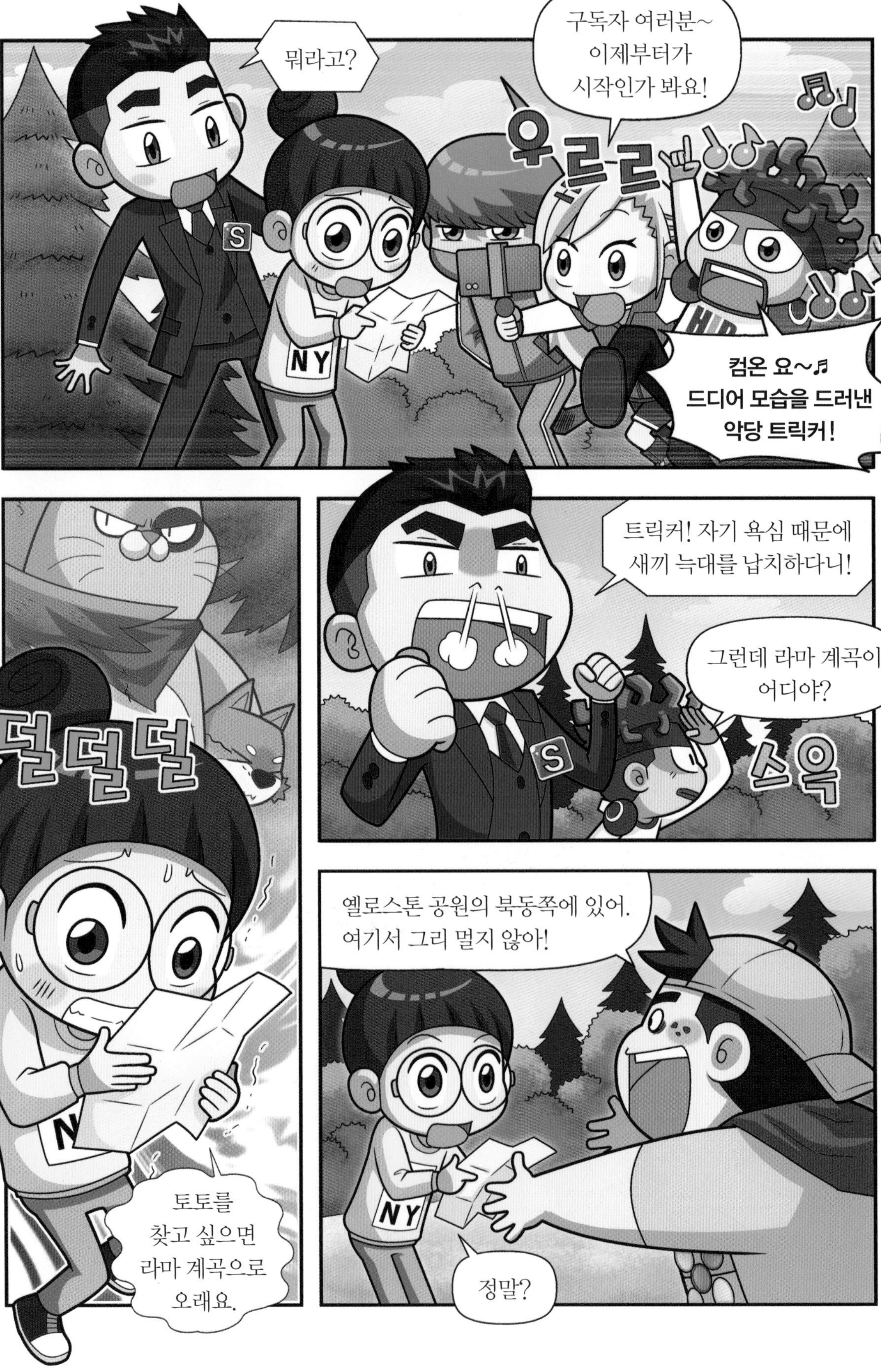
뭐라고?
구독자 여러분~ 이제부터가 시작인가 봐요!
우르르
컴온 요~♬ 드디어 모습을 드러낸 악당 트릭커!
덜덜덜
토토를 찾고 싶으면 라마 계곡으로 오래요.
트릭커! 자기 욕심 때문에 새끼 늑대를 납치하다니!
그런데 라마 계곡이 어디야?
스윽
옐로스톤 공원의 북동쪽에 있어. 여기서 그리 멀지 않아!
정말?

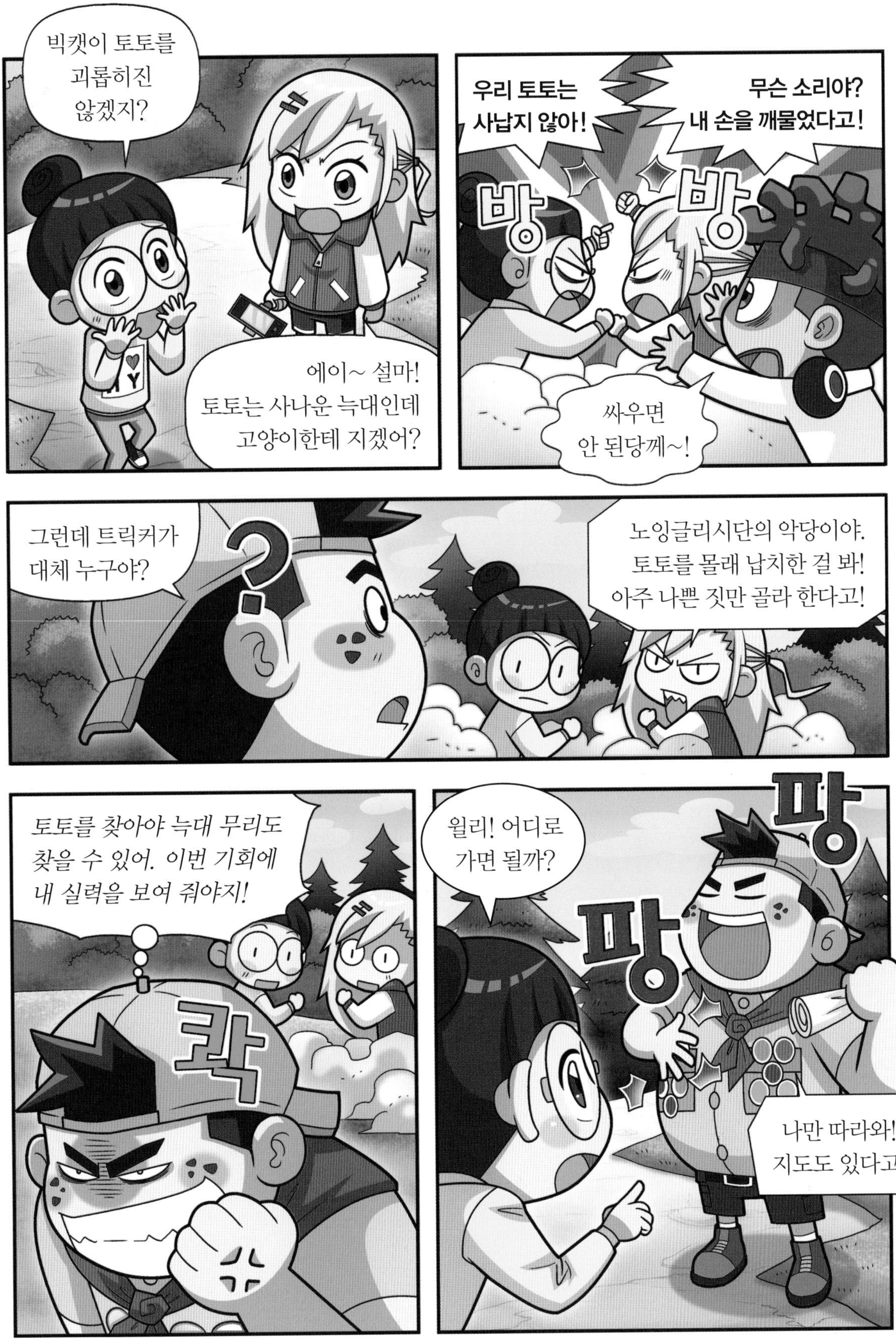
빅캣이 토토를 괴롭히진 않겠지?
에이~ 설마! 토토는 사나운 늑대인데 고양이한테 지겠어?
우리 토토는 사납지 않아!
무슨 소리야? 내 손을 깨물었다고!
방
방
싸우면 안 된당께~!
그런데 트릭커가 대체 누구야?
노잉글리시단의 악당이야. 토토를 몰래 납치한 걸 봐! 아주 나쁜 짓만 골라 한다고!
토토를 찾아야 늑대 무리도 찾을 수 있어. 이번 기회에 내 실력을 보여 줘야지!
콱
윌리! 어디로 가면 될까?
팡
팡
나만 따라와! 지도도 있다고!

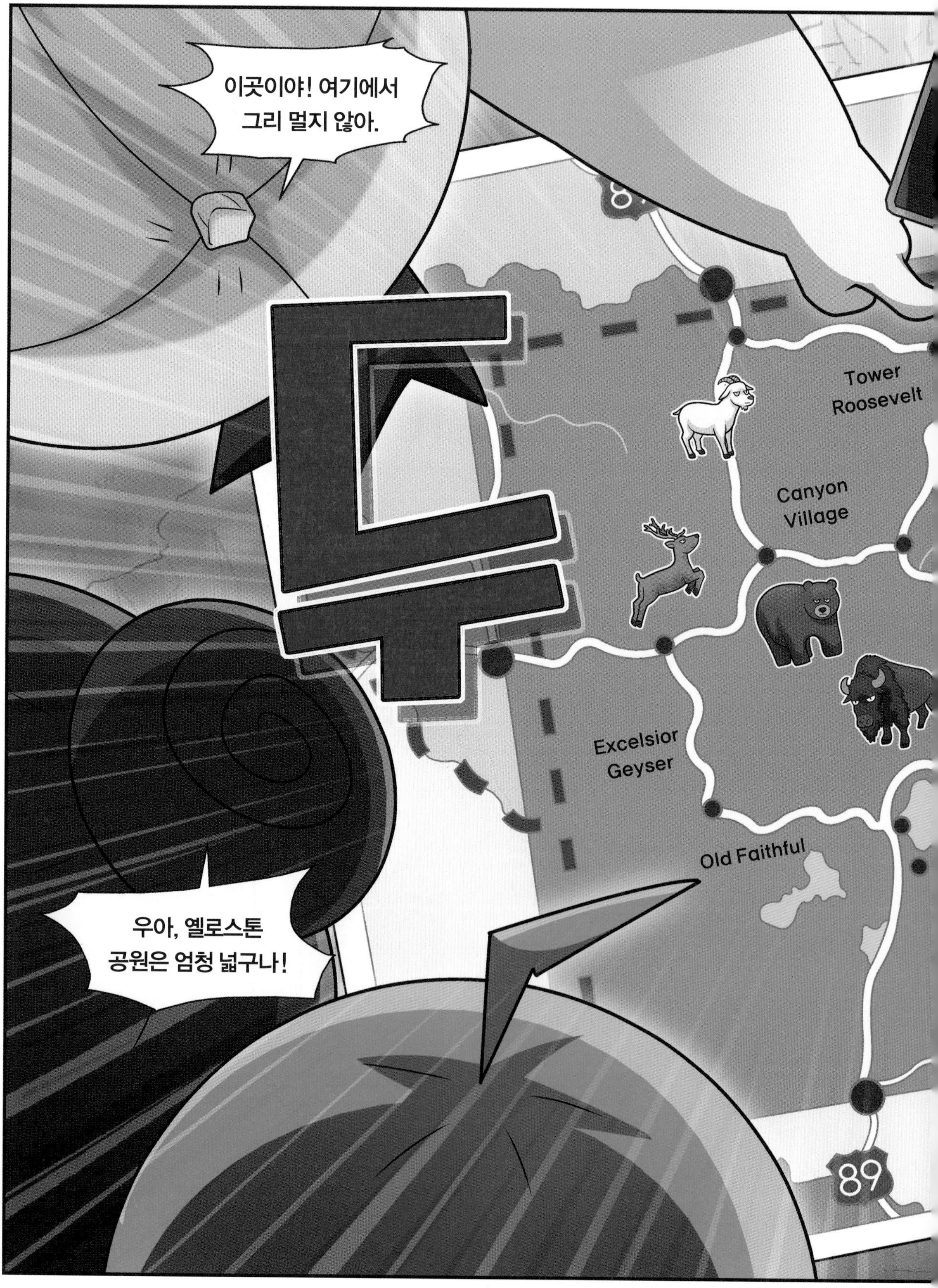
이곳이야! 여기에서 그리 멀지 않아.
두
Tower Roosevelt
Canyon Village
Excelsior Geyser
Old Faithful
89
우아, 옐로스톤 공원은 엄청 넓구나!

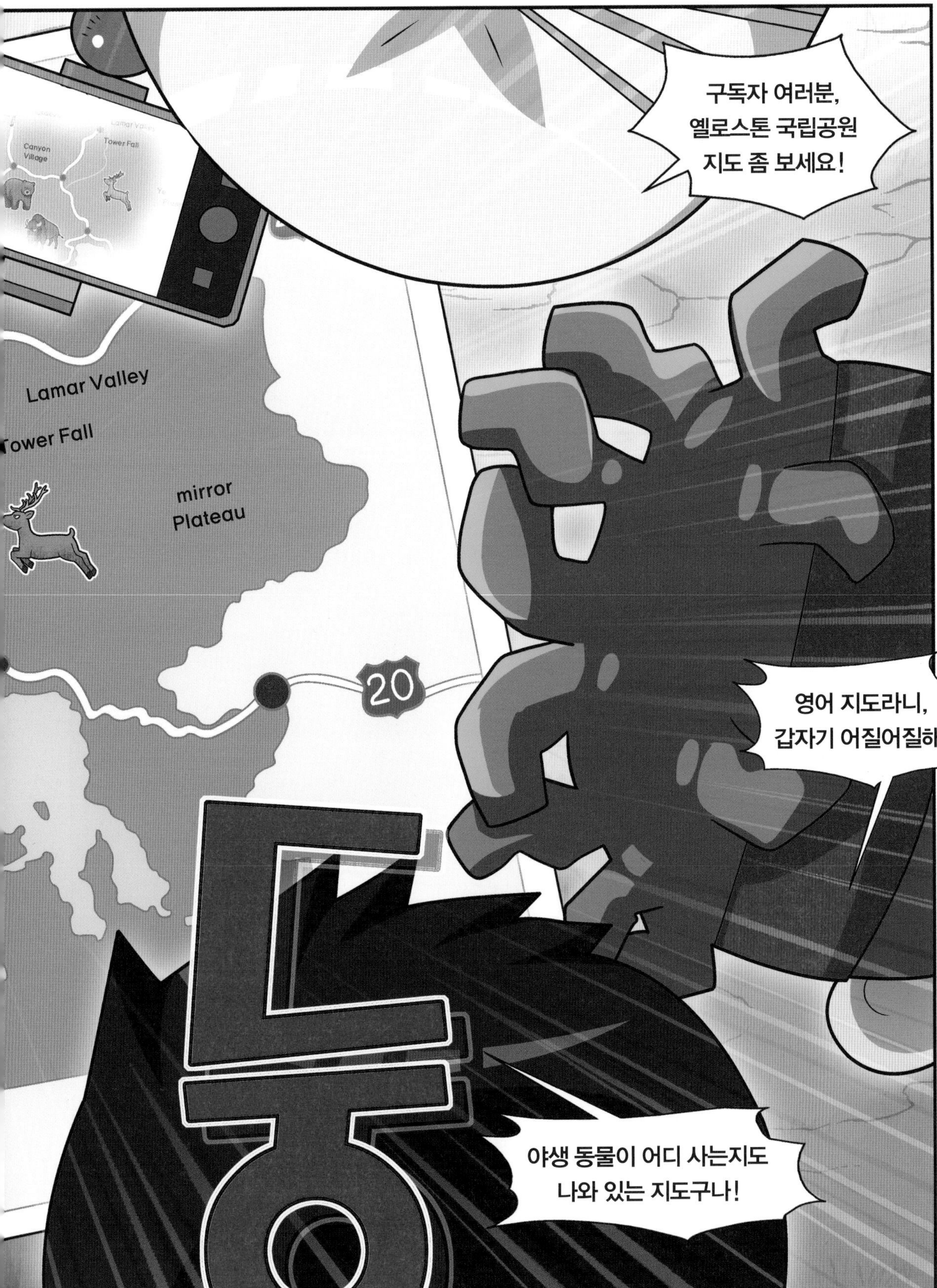
구독자 여러분,
옐로스톤 국립공원
지도 좀 보세요!
Lamar Valley
Tower Fall
mirror
Plateau
20
영어 지도라니,
갑자기 어질어질해.
동
야생 동물이 어디 사는지도
나와 있는 지도구나!

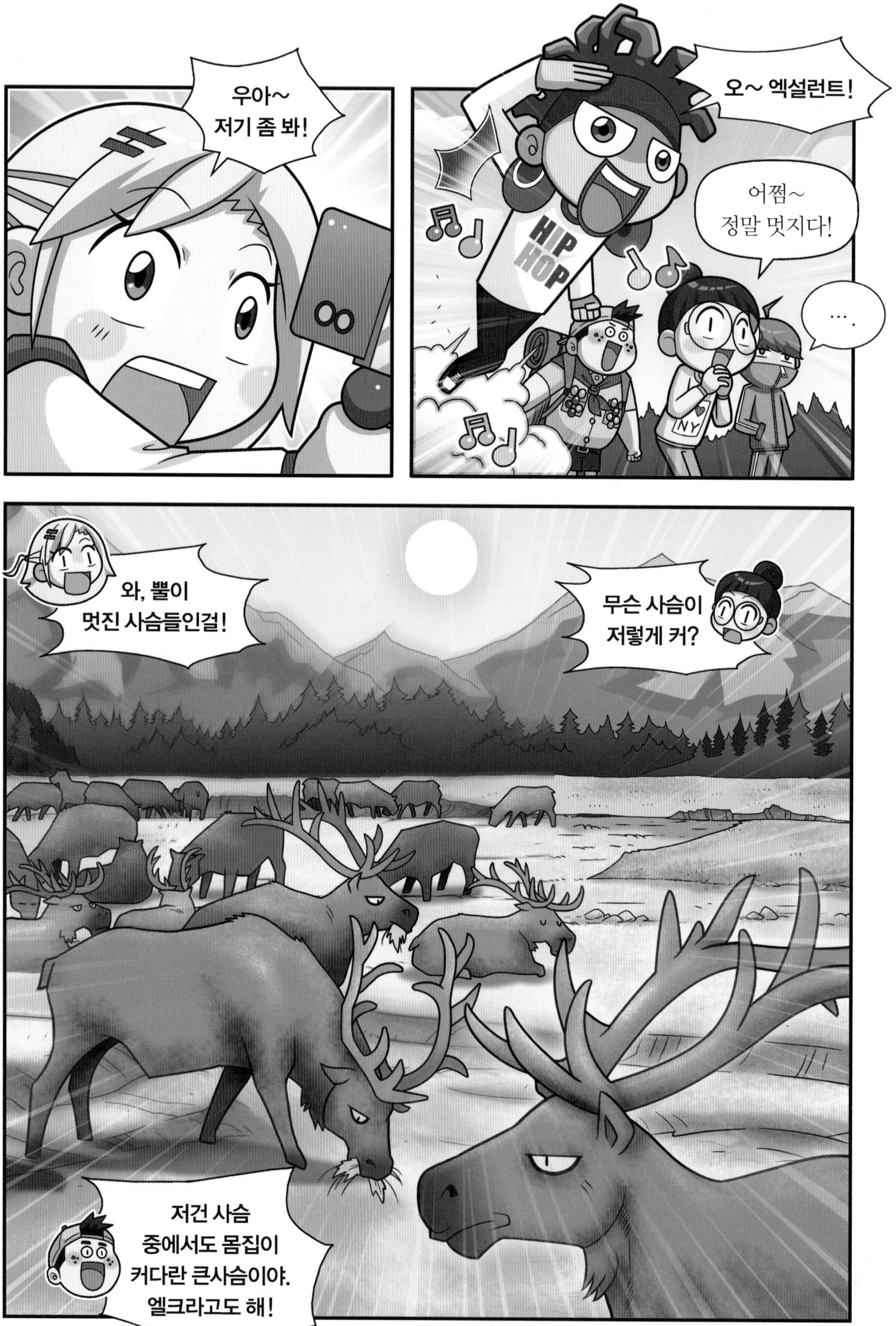
우아~ 저기 좀 봐!
오~ 엑설런트!
어쩜~ 정말 멋지다!
….
와, 뿔이 멋진 사슴들인걸!
무슨 사슴이 저렇게 커?
저건 사슴 중에서도 몸집이 커다란 큰사슴이야. 엘크라고도 해!

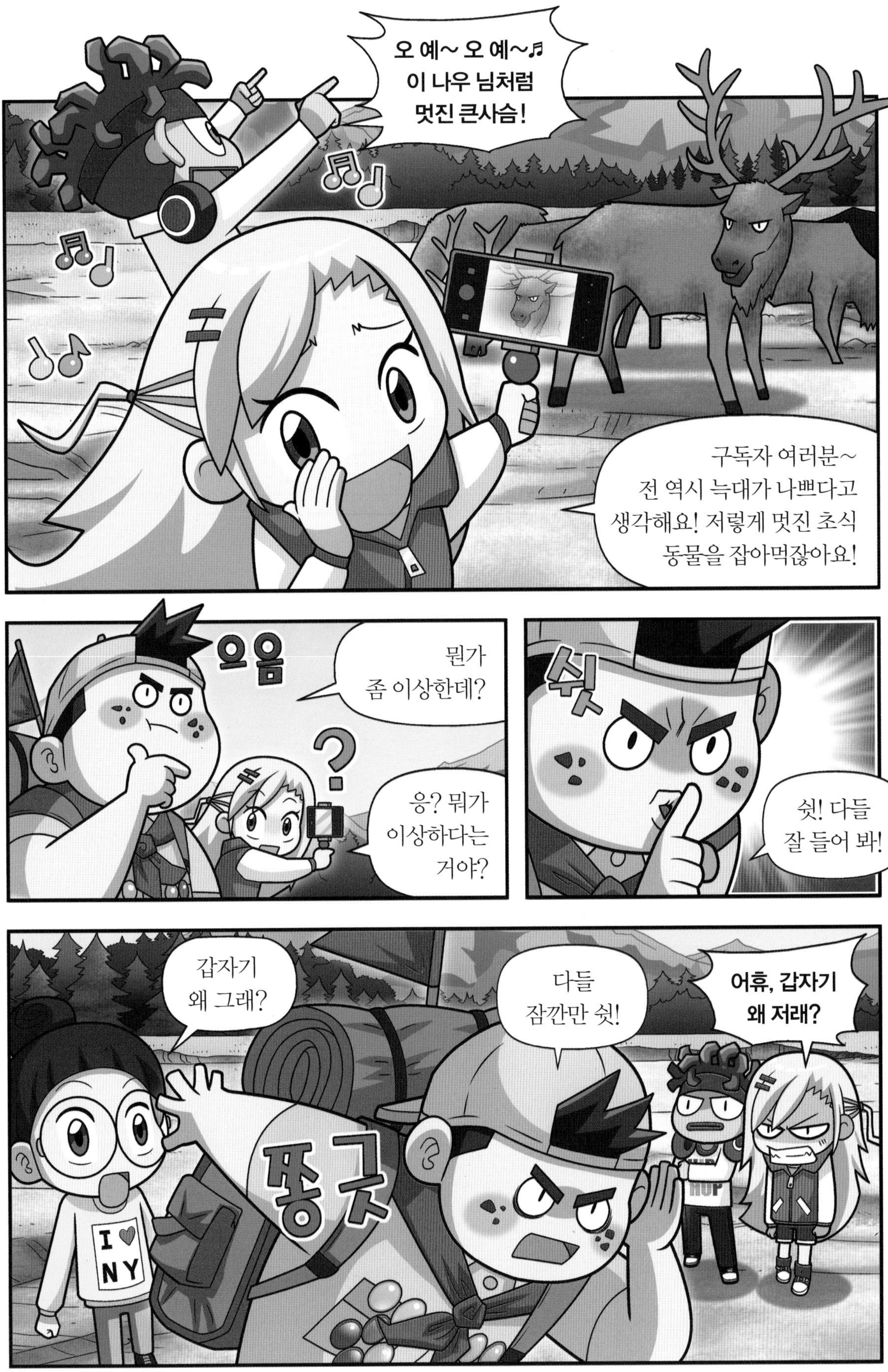
오 예~ 오 예~♬
이 나우 님처럼
멋진 큰사슴!
구독자 여러분~
전 역시 늑대가 나쁘다고
생각해요! 저렇게 멋진 초식
동물을 잡아먹잖아요!
으음
뭔가
좀 이상한데?
응? 뭐가
이상하다는
거야?
쉿
쉿! 다들
잘 들어 봐!
갑자기
왜 그래?
다들
잠깐만 쉿!
쫑긋
어휴, 갑자기
왜 저래?

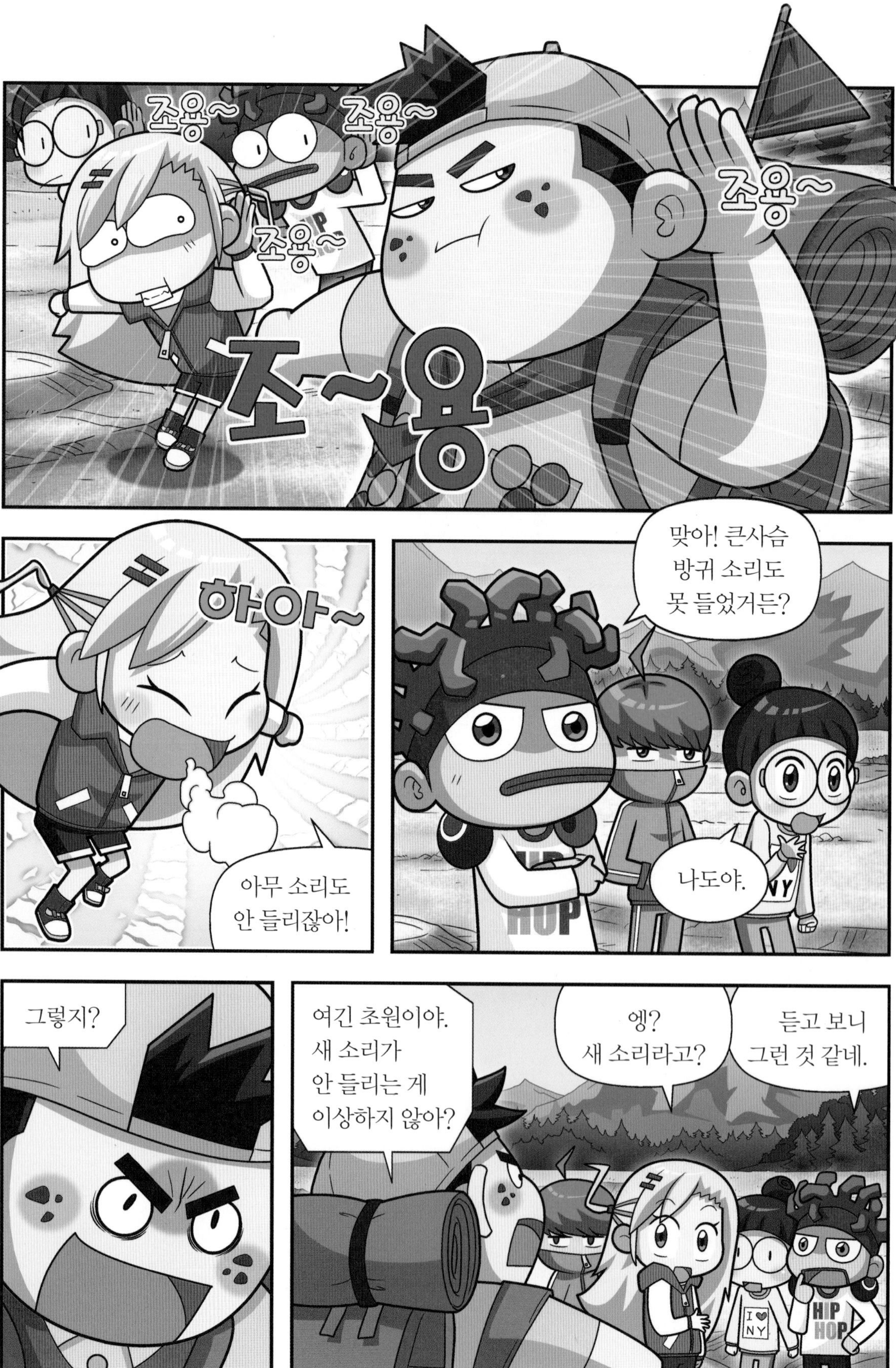
조용~
조용~
조용~
조용~
조~용
하아~
아무 소리도 안 들리잖아!
맞아! 큰사슴 방귀 소리도 못 들었거든?
나도야.
그렇지?
여긴 초원이야. 새 소리가 안 들리는 게 이상하지 않아?
엥? 새 소리라고?
듣고 보니 그런 것 같네.

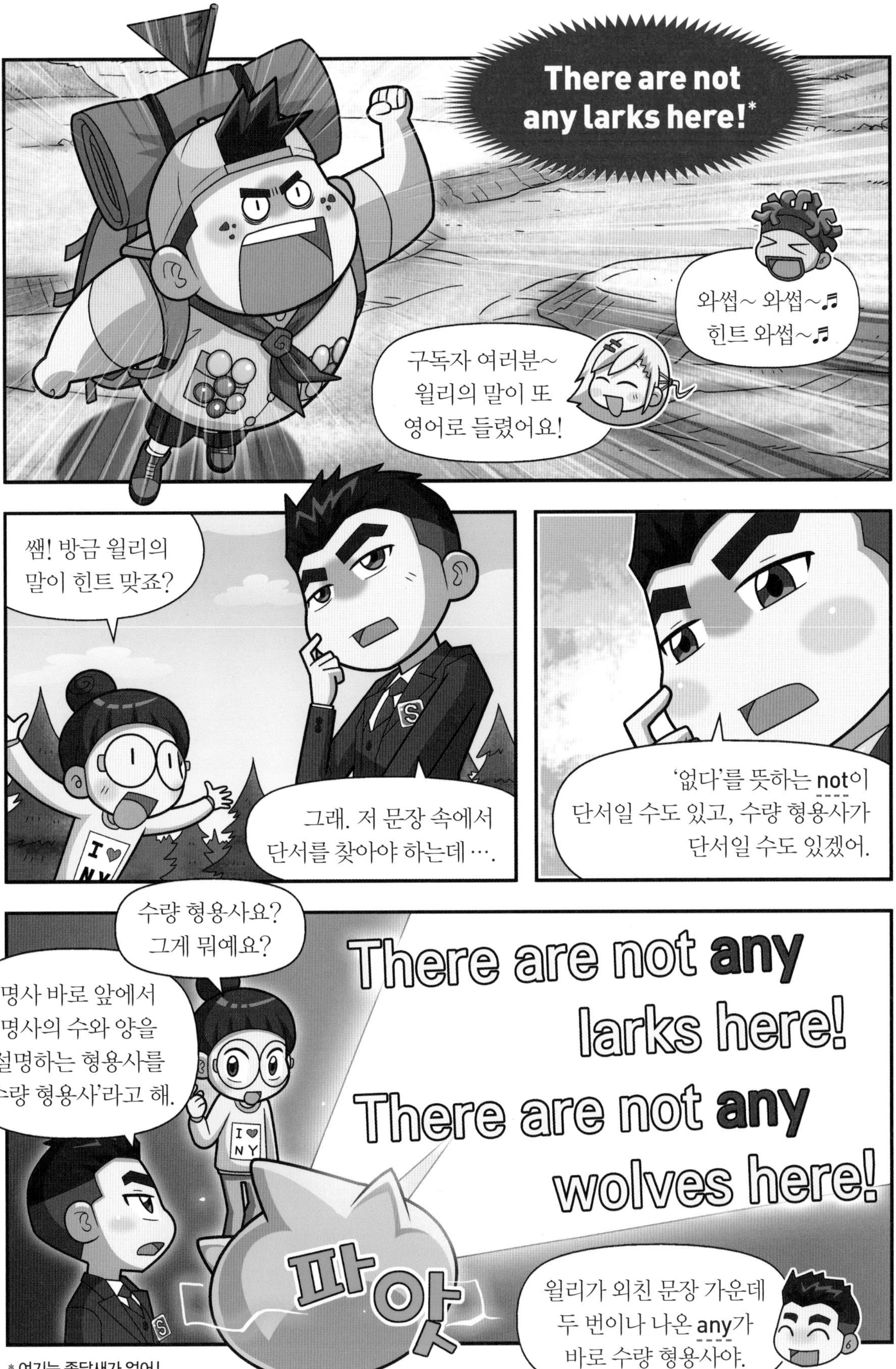
There are not any larks here!*
와썹~ 와썹~♬ 힌트 와썹~♬
구독자 여러분~ 윌리의 말이 또 영어로 들렸어요!
쌤! 방금 윌리의 말이 힌트 맞죠?
그래. 저 문장 속에서 단서를 찾아야 하는데….
'없다'를 뜻하는 not이 단서일 수도 있고, 수량 형용사가 단서일 수도 있겠어.
수량 형용사요? 그게 뭐예요?
명사 바로 앞에서 명사의 수와 양을 설명하는 형용사를 '수량 형용사'라고 해.
There are not any larks here!
There are not any wolves here!
파앗
윌리가 외친 문장 가운데 두 번이나 나온 any가 바로 수량 형용사야.

* 여기는 종달새가 없어!

* 이시원 선생님이 직접 가르쳐 주는 강의를 확인하고 싶다면 145쪽을 펼쳐 보세요.

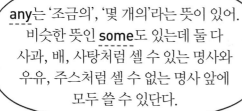

any는 '조금의', '몇 개의'라는 뜻이 있어. 비슷한 뜻인 some도 있는데 둘 다 사과, 배, 사탕처럼 셀 수 있는 명사와 우유, 주스처럼 셀 수 없는 명사 앞에 모두 쓸 수 있단다.

하지만 some은 주로 긍정문, any는 부정문이나 의문문에 쓴다는 점이 다르지!

윌리는 not이 들어간 부정문을 말했으니까 any를 쓴 거군요?

Good job!

따악

바로 그거야! 윌리는 any를 써서 '여기는 종달새가 없어!'라고 말한 거지.

그런데 종달새들은 다 어디로 가 버린 거야?

둠칫~ 둠칫~♪ 단체로 파티에 갔나?

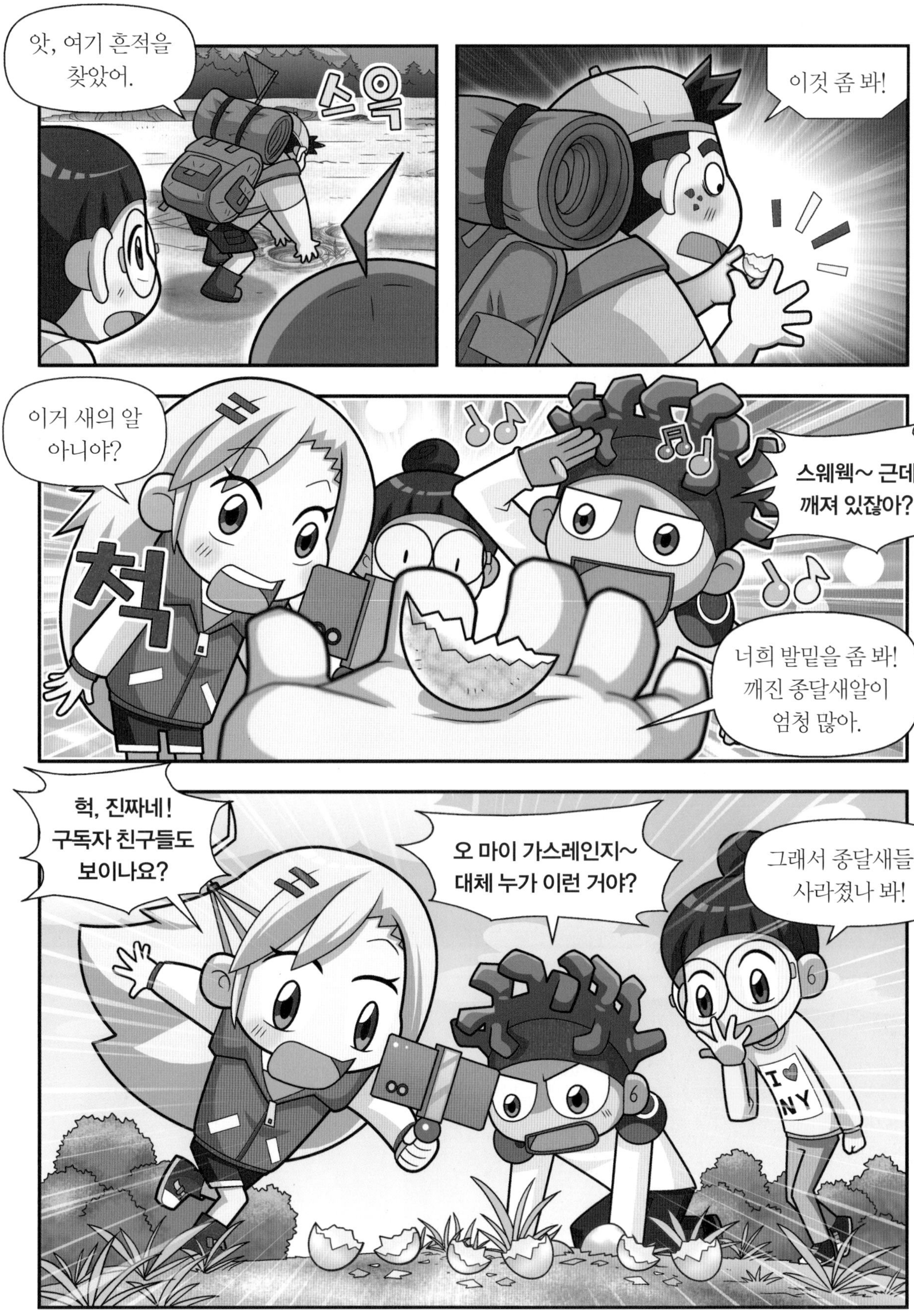
앗, 여기 흔적을 찾았어.
스윽
이것 좀 봐!
이거 새의 알 아니야?
척
스웨웩~ 근데 깨져 있잖아?
너희 발밑을 좀 봐! 깨진 종달새알이 엄청 많아.
헉, 진짜네! 구독자 친구들도 보이나요?
오 마이 가스레인지~ 대체 누가 이런 거야?
그래서 종달새들이 사라졌나 봐!
I NY

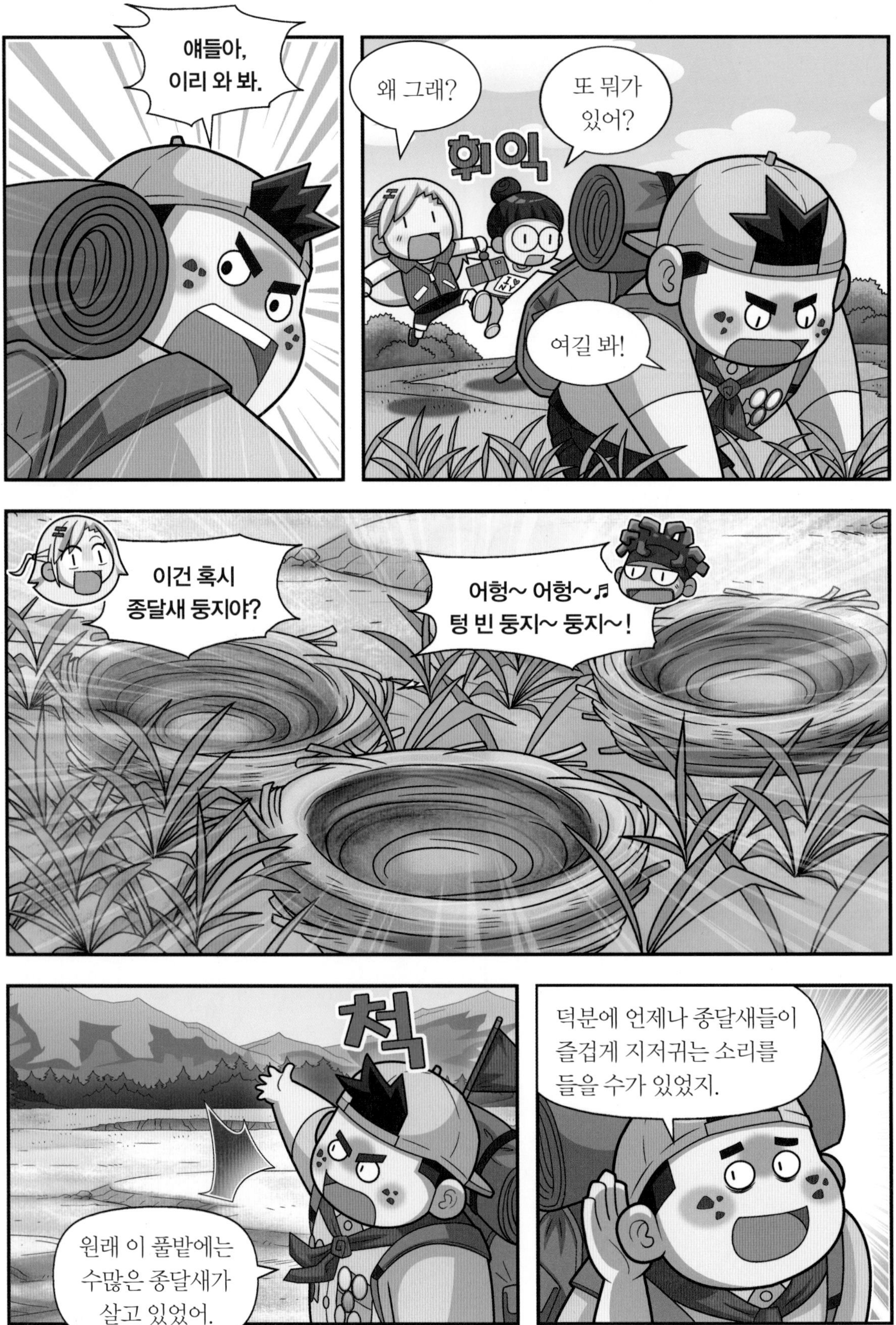
얘들아,
이리 와 봐.
왜 그래?
또 뭐가
있어?
휘익
여길 봐!
이건 혹시
종달새 둥지야?
어헝~ 어헝~♬
텅 빈 둥지~ 둥지~!
척
원래 이 풀밭에는
수많은 종달새가
살고 있었어.
덕분에 언제나 종달새들이
즐겁게 지저귀는 소리를
들을 수가 있었지.

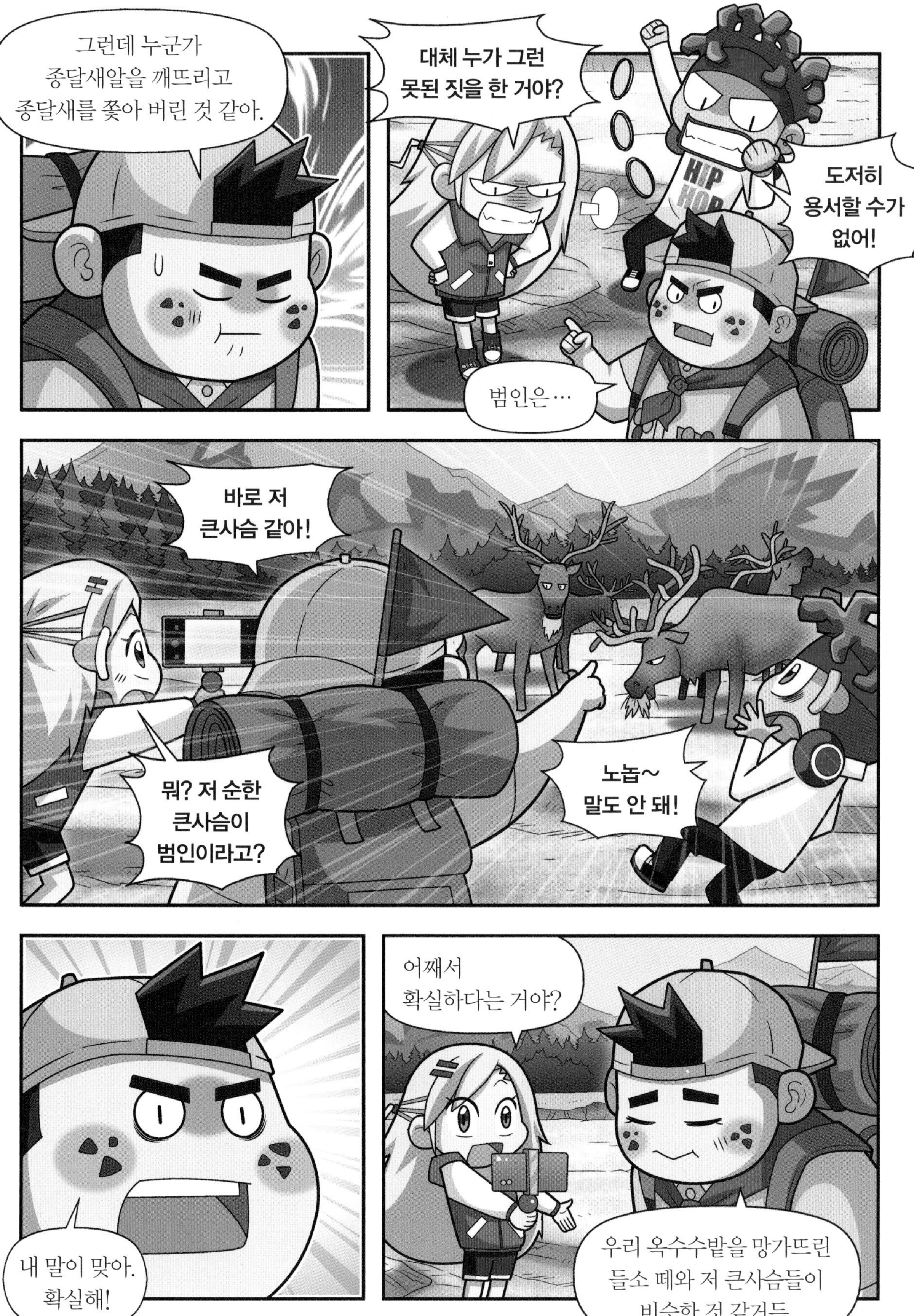
그런데 누군가 종달새알을 깨뜨리고 종달새를 쫓아 버린 것 같아.
대체 누가 그런 못된 짓을 한 거야?
도저히 용서할 수가 없어!
범인은…
바로 저 큰사슴 같아!
뭐? 저 순한 큰사슴이 범인이라고?
노놉~ 말도 안 돼!
내 말이 맞아. 확실해!
어째서 확실하다는 거야?
우리 옥수수밭을 망가뜨린 들소 떼와 저 큰사슴들이 비슷한 것 같거든.

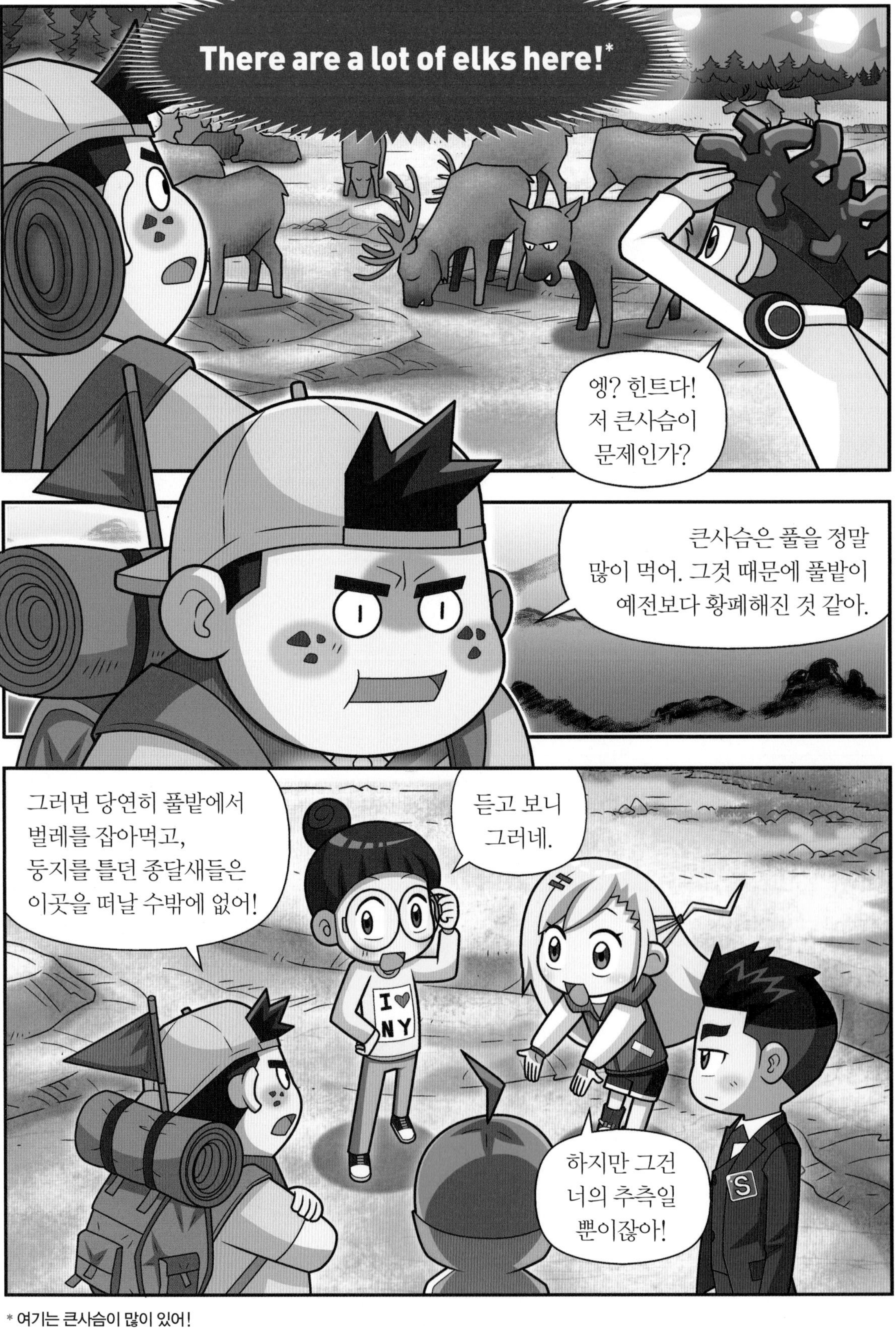
There are a lot of elks here!*
엥? 힌트다! 저 큰사슴이 문제인가?
큰사슴은 풀을 정말 많이 먹어. 그것 때문에 풀밭이 예전보다 황폐해진 것 같아.
그러면 당연히 풀밭에서 벌레를 잡아먹고, 둥지를 틀던 종달새들은 이곳을 떠날 수밖에 없어!
듣고 보니 그러네.
하지만 그건 너의 추측일 뿐이잖아!
I NY
S

* 여기는 큰사슴이 많이 있어!

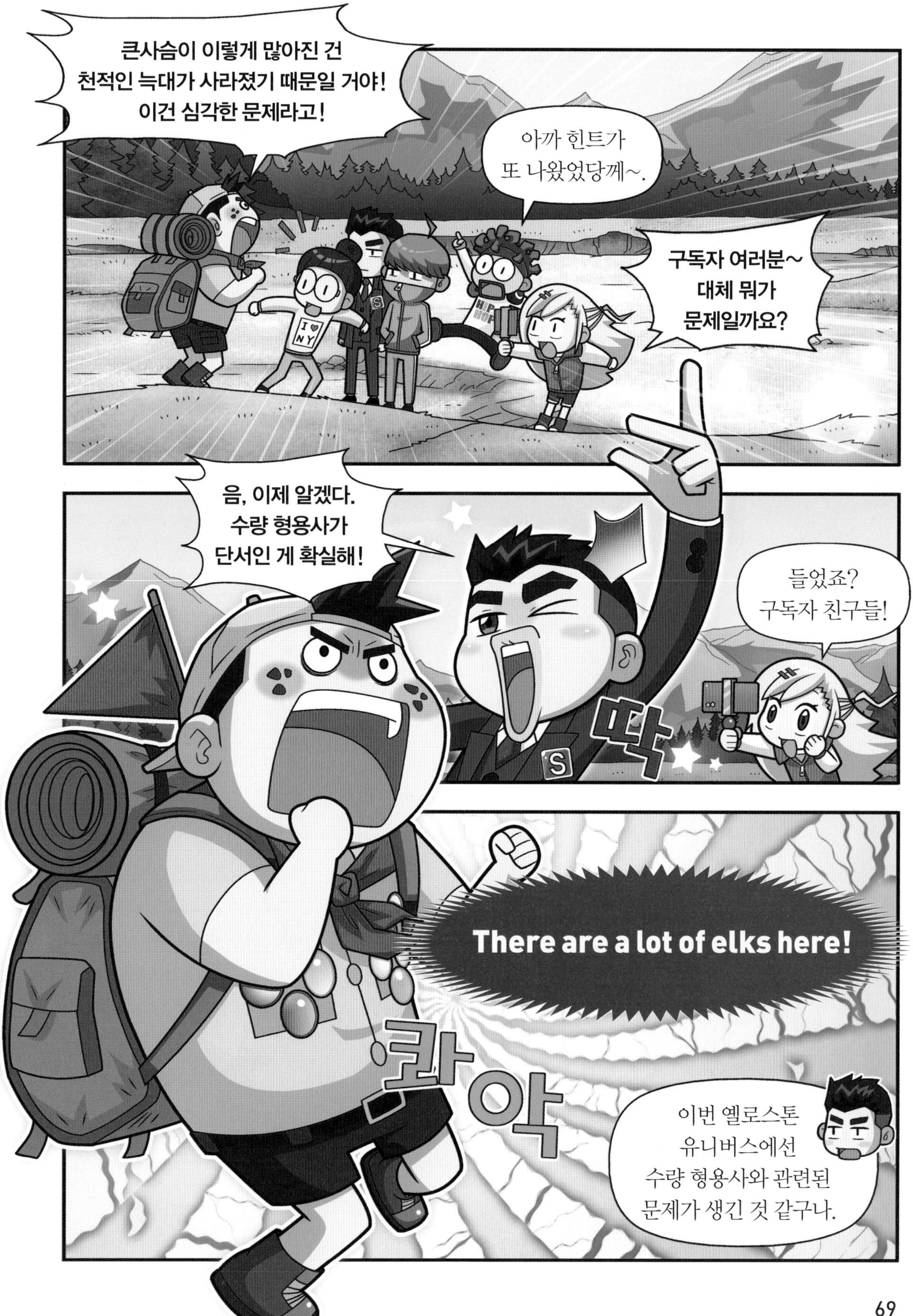

큰사슴이 이렇게 많아진 건
천적인 늑대가 사라졌기 때문일 거야!
이건 심각한 문제라고!
아까 힌트가
또 나왔었당께~.
구독자 여러분~
대체 뭐가
문제일까요?
음, 이제 알겠다.
수량 형용사가
단서인 게 확실해!
딱
들었죠?
구독자 친구들!
There are a lot of elks here!
콰악
이번 옐로스톤
유니버스에선
수량 형용사와 관련된
문제가 생긴 것 같구나.

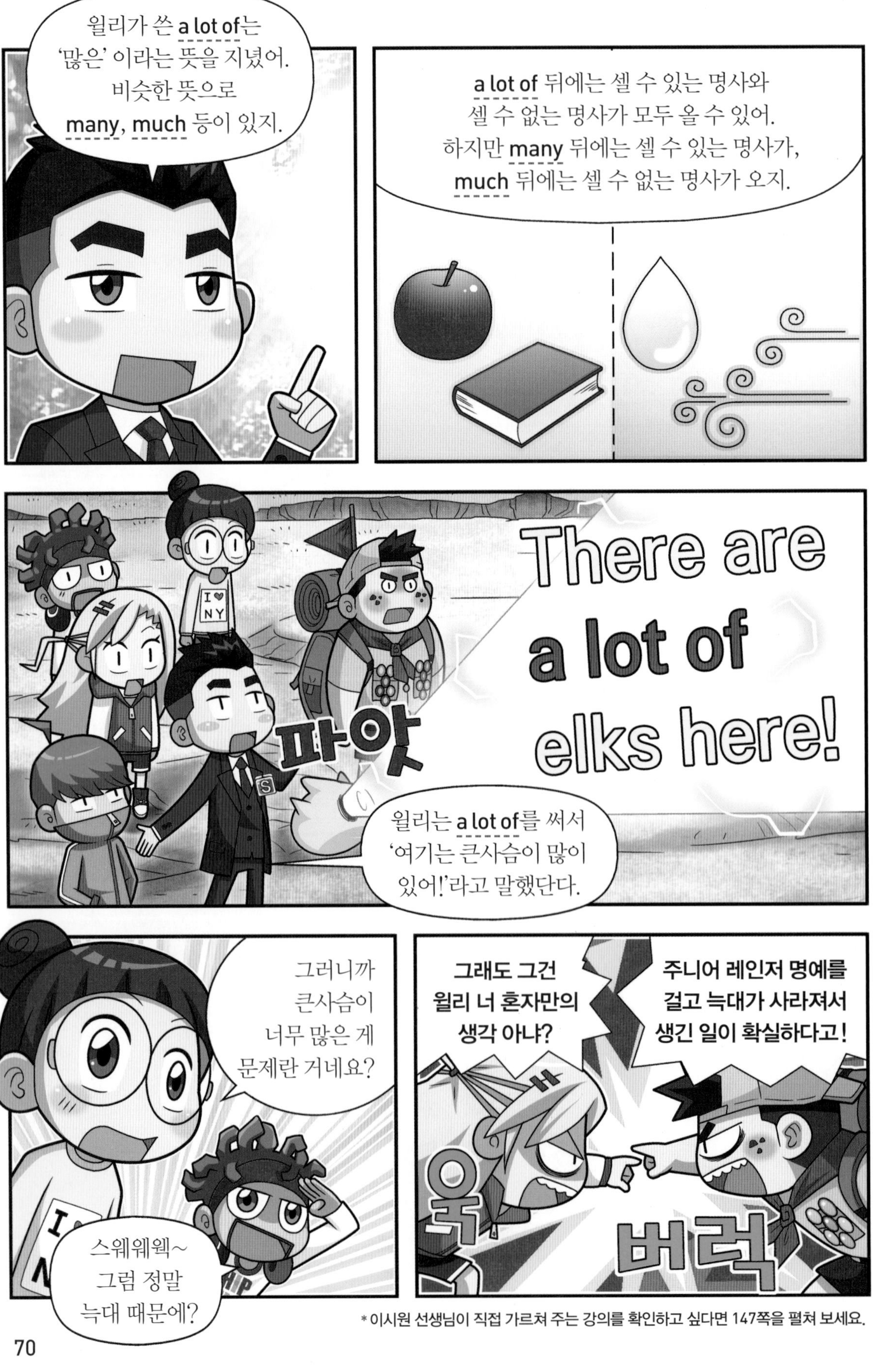

윌리가 쓴 a lot of는 '많은' 이라는 뜻을 지녔어. 비슷한 뜻으로 many, much 등이 있지.
a lot of 뒤에는 셀 수 있는 명사와 셀 수 없는 명사가 모두 올 수 있어. 하지만 many 뒤에는 셀 수 있는 명사가, much 뒤에는 셀 수 없는 명사가 오지.
I ♥ NY
There are a lot of elks here!
파앗
윌리는 a lot of를 써서 '여기는 큰사슴이 많이 있어!'라고 말했단다.
그러니까 큰사슴이 너무 많은 게 문제란 거네요?
스웨웨웩~ 그럼 정말 늑대 때문에?
그래도 그건 윌리 너 혼자만의 생각 아냐?
주니어 레인저 명예를 걸고 늑대가 사라져서 생긴 일이 확실하다고!
욱
버럭


* 이시원 선생님이 직접 가르쳐 주는 강의를 확인하고 싶다면 147쪽을 펼쳐 보세요.

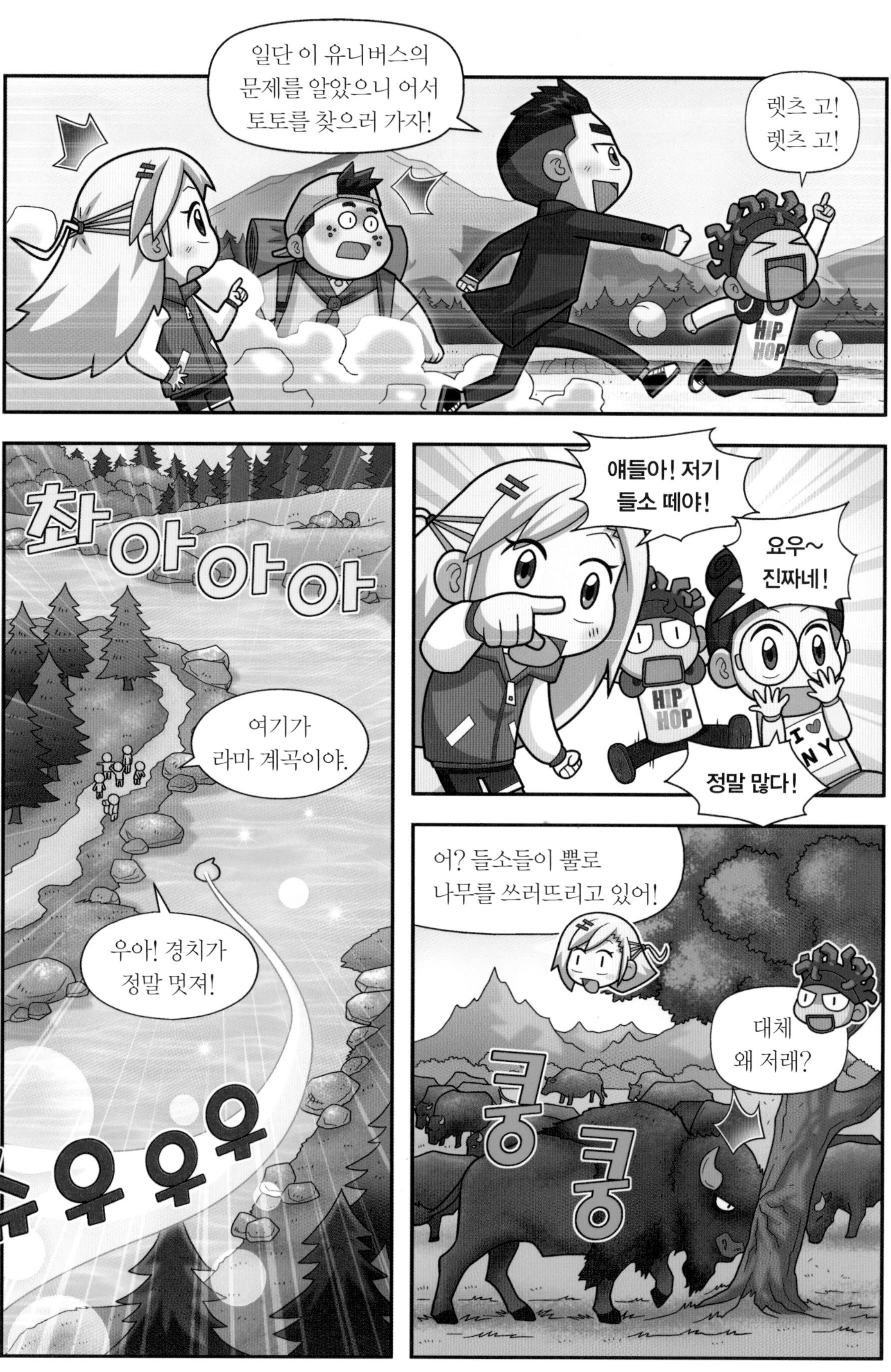
일단 이 유니버스의
문제를 알았으니 어서
토토를 찾으러 가자!
렛츠 고!
렛츠 고!
촤아아아
여기가
라마 계곡이야.
우아! 경치가
정말 멋져!
슈우우우
얘들아! 저기
들소 떼야!
요우~
진짜네!
정말 많다!
어? 들소들이 뿔로
나무를 쓰러뜨리고 있어!
대체
왜 저래?
쿵
쿵

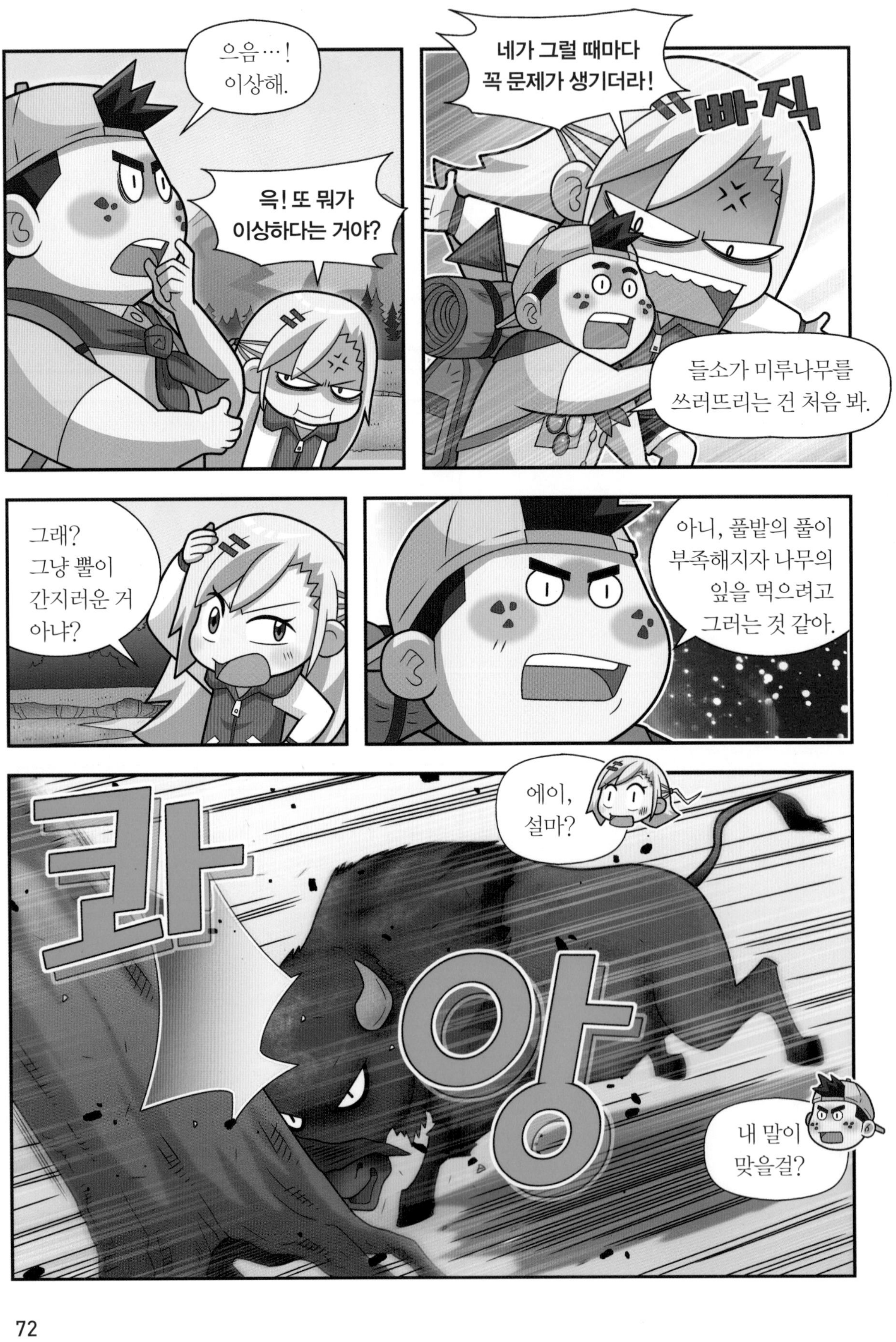

으음…!
이상해.
윽! 또 뭐가
이상하다는 거야?
네가 그럴 때마다
꼭 문제가 생기더라!
빠직
들소가 미루나무를
쓰러뜨리는 건 처음 봐.
그래?
그냥 뿔이
간지러운 거
아냐?
아니, 풀밭의 풀이
부족해지자 나무의
잎을 먹으려고
그러는 것 같아.
콰
앙
에이,
설마?
내 말이
맞을걸?

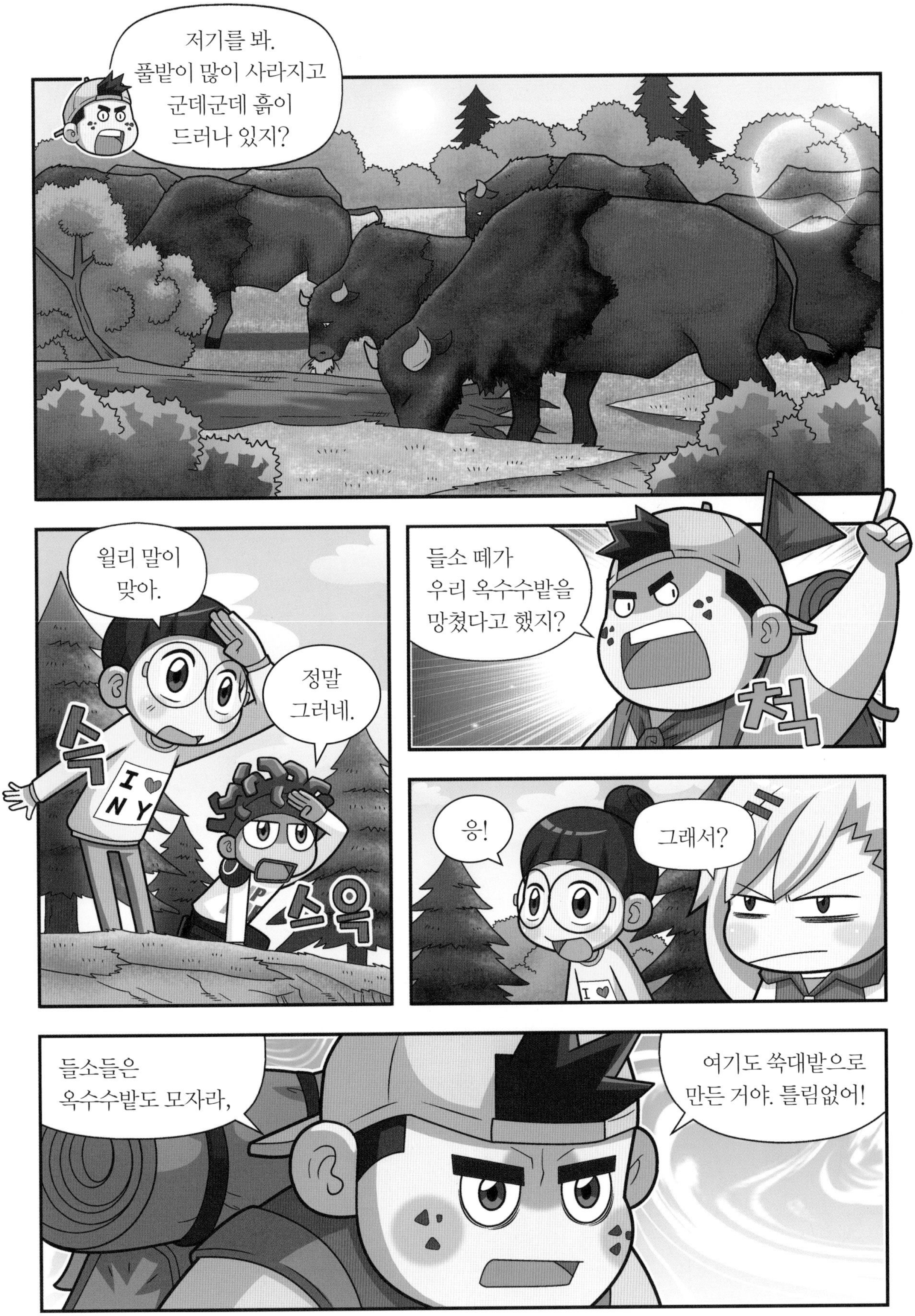
저기를 봐.
풀밭이 많이 사라지고
군데군데 흙이
드러나 있지?
윌리 말이
맞아.
슥
정말
그러네.
스윽
들소 떼가
우리 옥수수밭을
망쳤다고 했지?
척
응!
그래서?
들소들은
옥수수밭도 모자라,
여기도 쑥대밭으로
만든 거야. 틀림없어!

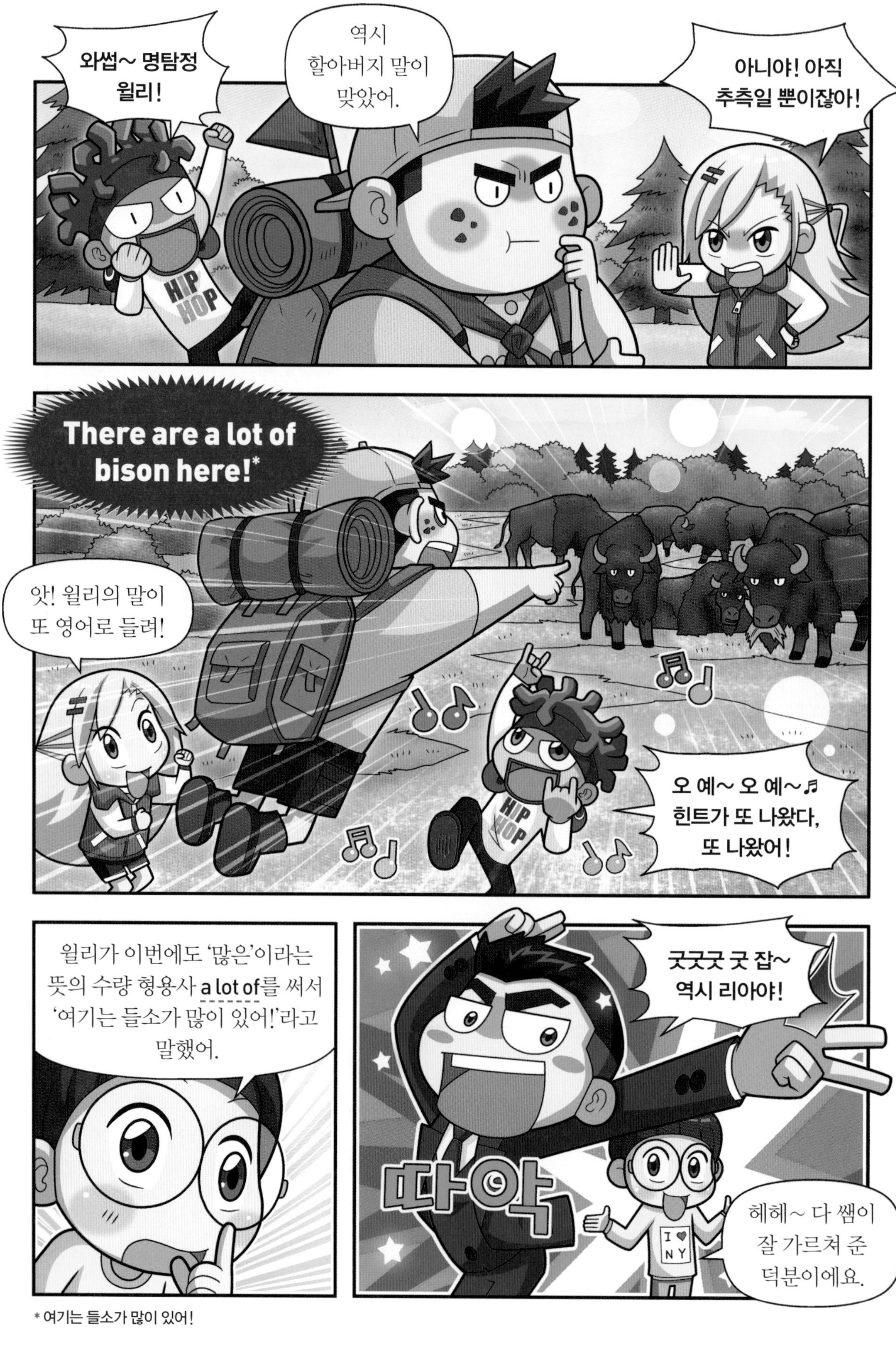
와썹~ 명탐정 윌리!
역시 할아버지 말이 맞았어.
아니야! 아직 추측일 뿐이잖아!
There are a lot of bison here!*
앗! 윌리의 말이 또 영어로 들려!
오 예~ 오 예~♬ 힌트가 또 나왔다, 또 나왔어!
윌리가 이번에도 '많은'이라는 뜻의 수량 형용사 a lot of를 써서 '여기는 들소가 많이 있어!'라고 말했어.
굿굿굿 굿 잡~ 역시 리아야!
따악
헤헤~ 다 쌤이 잘 가르쳐 준 덕분이에요.

* 여기는 들소가 많이 있어!

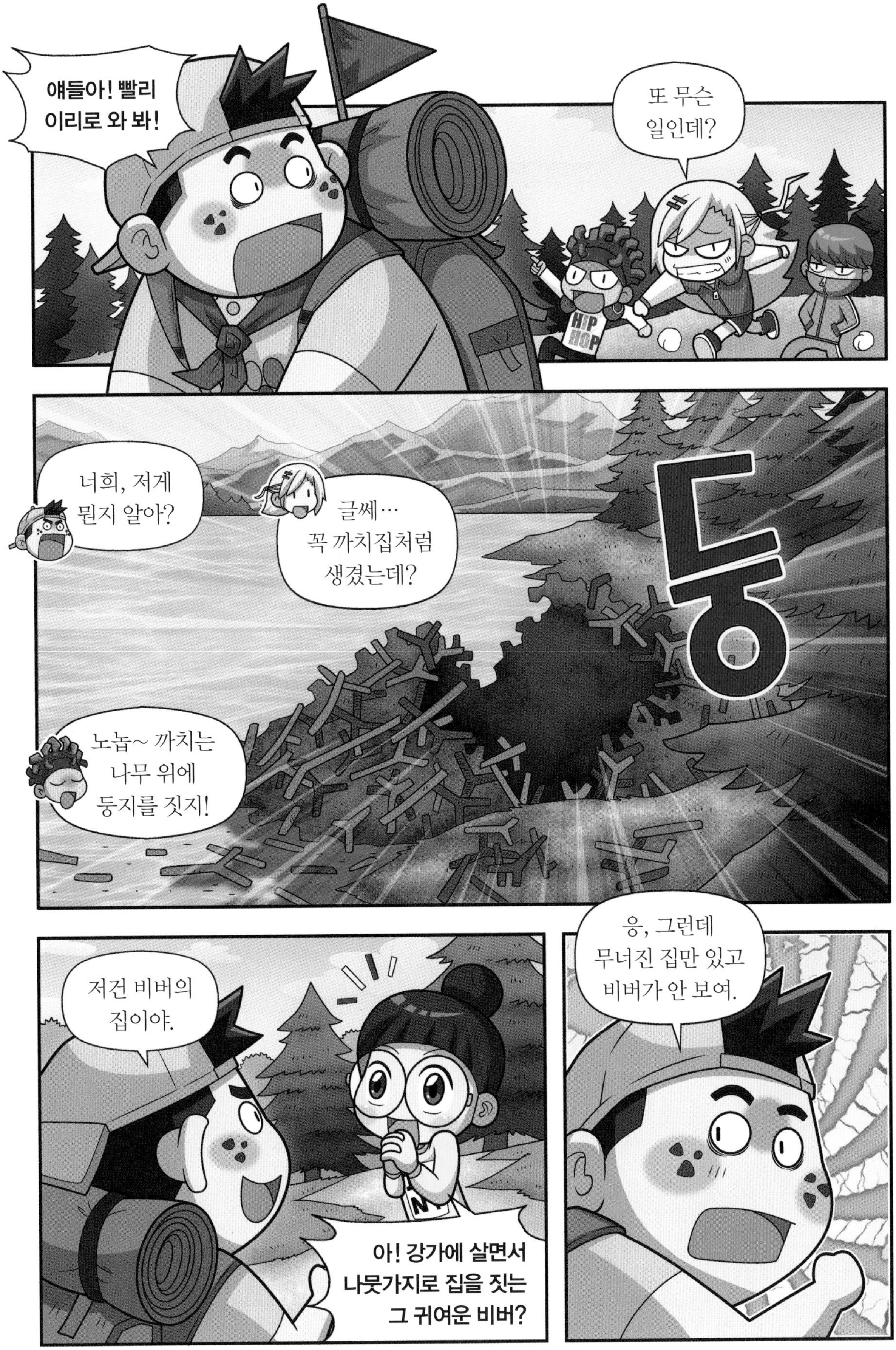

얘들아! 빨리 이리로 와 봐!
또 무슨 일인데?
너희, 저게 뭔지 알아?
글쎄… 꼭 까치집처럼 생겼는데?
둥
노놉~ 까치는 나무 위에 둥지를 짓지!
저건 비버의 집이야.
아! 강가에 살면서 나뭇가지로 집을 짓는 그 귀여운 비버?
응, 그런데 무너진 집만 있고 비버가 안 보여.

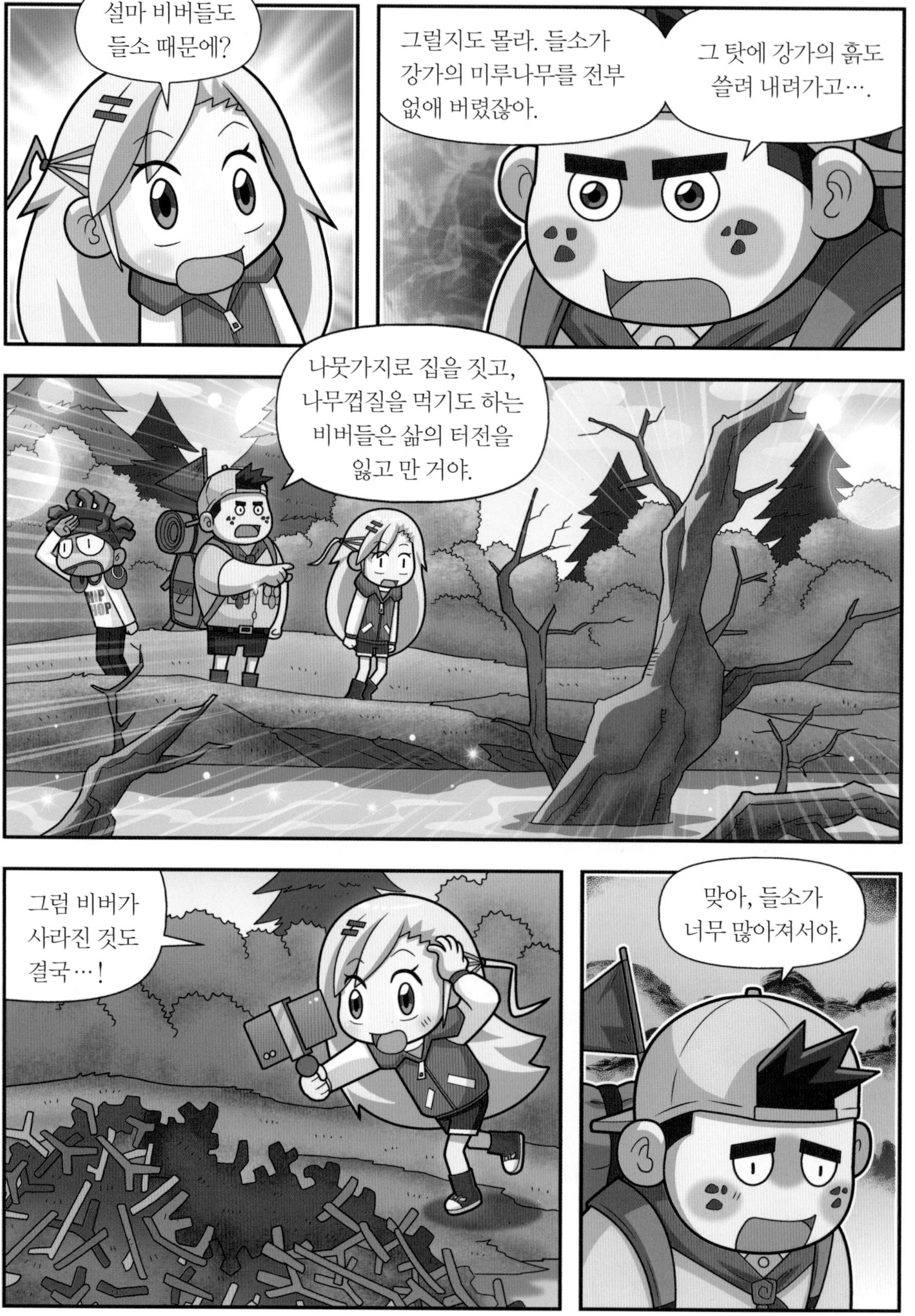
설마 비버들도 들소 때문에?
그럴지도 몰라. 들소가 강가의 미루나무를 전부 없애 버렸잖아.
그 탓에 강가의 흙도 쓸려 내려가고….
나뭇가지로 집을 짓고, 나무껍질을 먹기도 하는 비버들은 삶의 터전을 잃고 만 거야.
그럼 비버가 사라진 것도 결국…!
맞아, 들소가 너무 많아져서야.

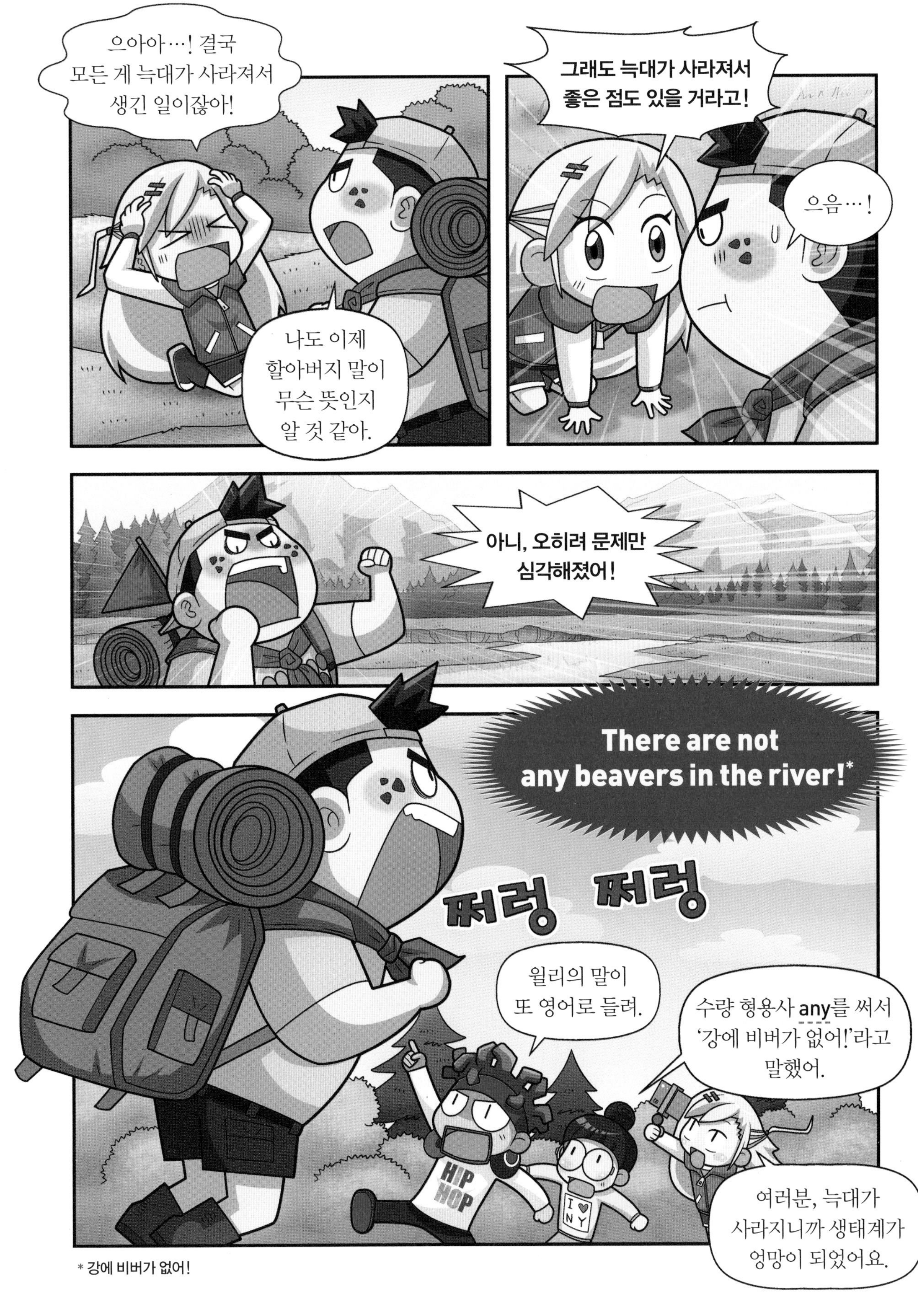

으아아…! 결국 모든 게 늑대가 사라져서 생긴 일이잖아!
나도 이제 할아버지 말이 무슨 뜻인지 알 것 같아.
그래도 늑대가 사라져서 좋은 점도 있을 거라고!
으음…!
아니, 오히려 문제만 심각해졌어!
There are not any beavers in the river!*
쩌렁 쩌렁
윌리의 말이 또 영어로 들려.
수량 형용사 any를 써서 '강에 비버가 없어!'라고 말했어.
여러분, 늑대가 사라지니까 생태계가 엉망이 되었어요.


* 강에 비버가 없어!

Chapter 4

# 악당 트릭커의 등장

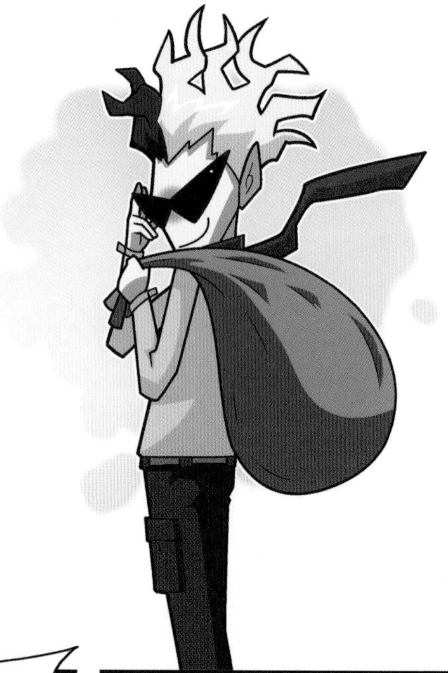

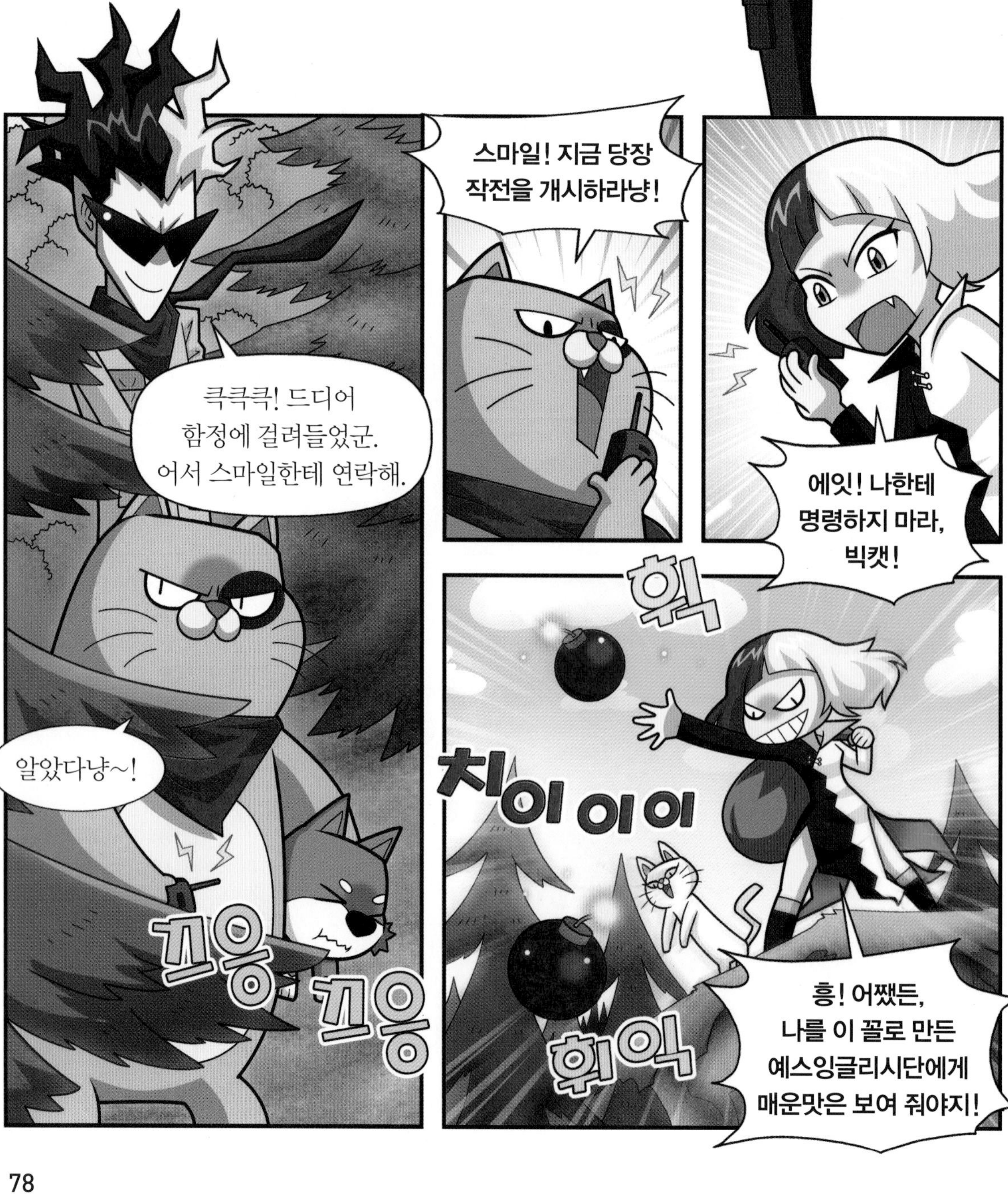
크크크! 드디어
함정에 걸려들었군.
어서 스마일한테 연락해.
알았다냥~!
끄응 끄응
스마일! 지금 당장
작전을 개시하라냥!
에잇! 나한테
명령하지 마라,
빅캣!
휙
치이 이이 이이
휘익
흥! 어쨌든,
나를 이 꼴로 만든
예스잉글리시단에게
매운맛은 보여 줘야지!

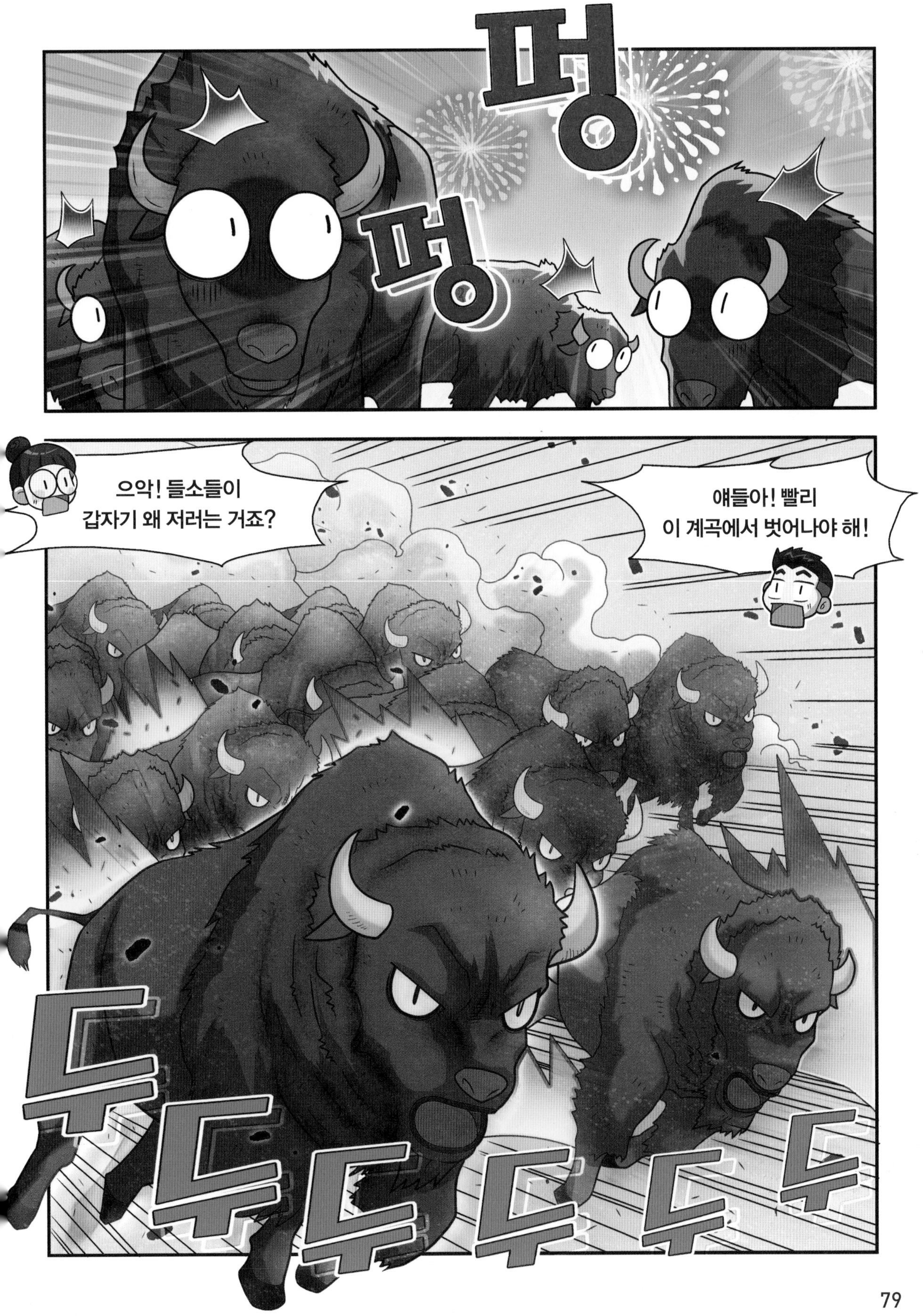
펑
펑
으악! 들소들이 갑자기 왜 저러는 거죠?
얘들아! 빨리 이 계곡에서 벗어나야 해!
두두두두두두두

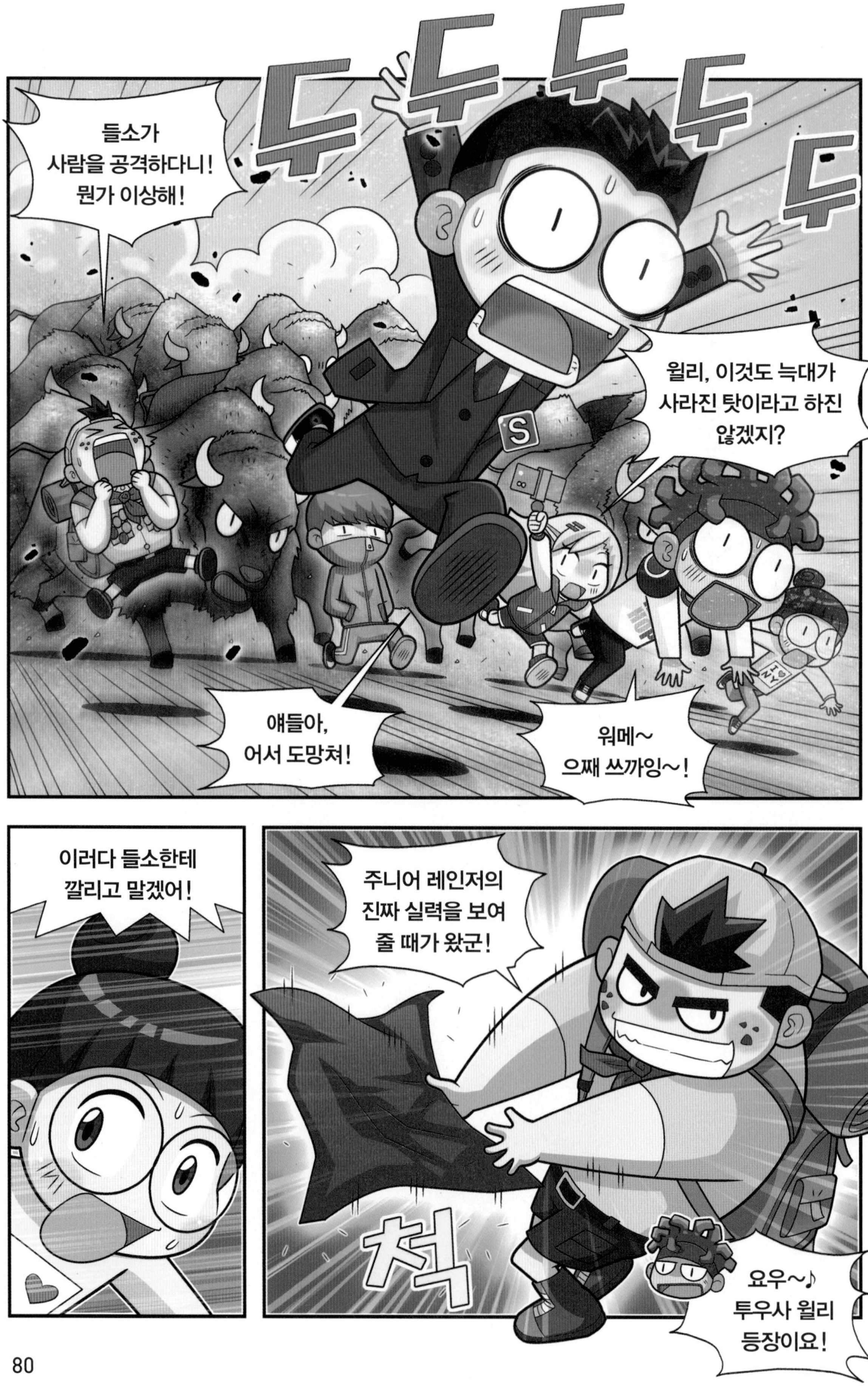
두두두두두두
들소가 사람을 공격하다니! 뭔가 이상해!
윌리, 이것도 늑대가 사라진 탓이라고 하진 않겠지?
얘들아, 어서 도망쳐!
워메~ 으째 쓰까잉~!
이러다 들소한테 깔리고 말겠어!
주니어 레인저의 진짜 실력을 보여 줄 때가 왔군!
척
요우~♪ 투우사 윌리 등장이요!

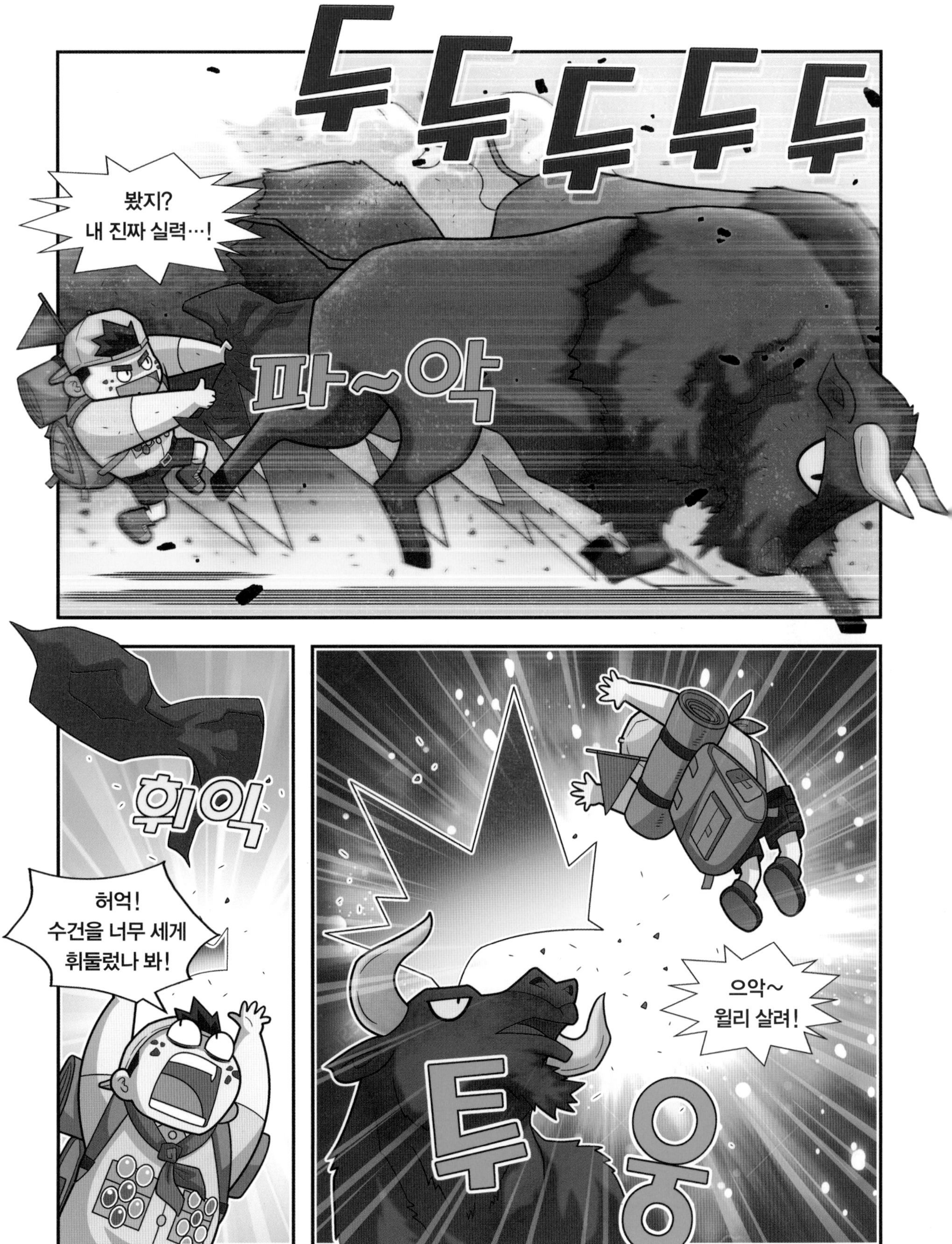
두두두두두두
봤지?
내 진짜 실력…!
파~악
휘익
허억!
수건을 너무 세게
휘둘렀나 봐!
투웅
으악~
윌리 살려!

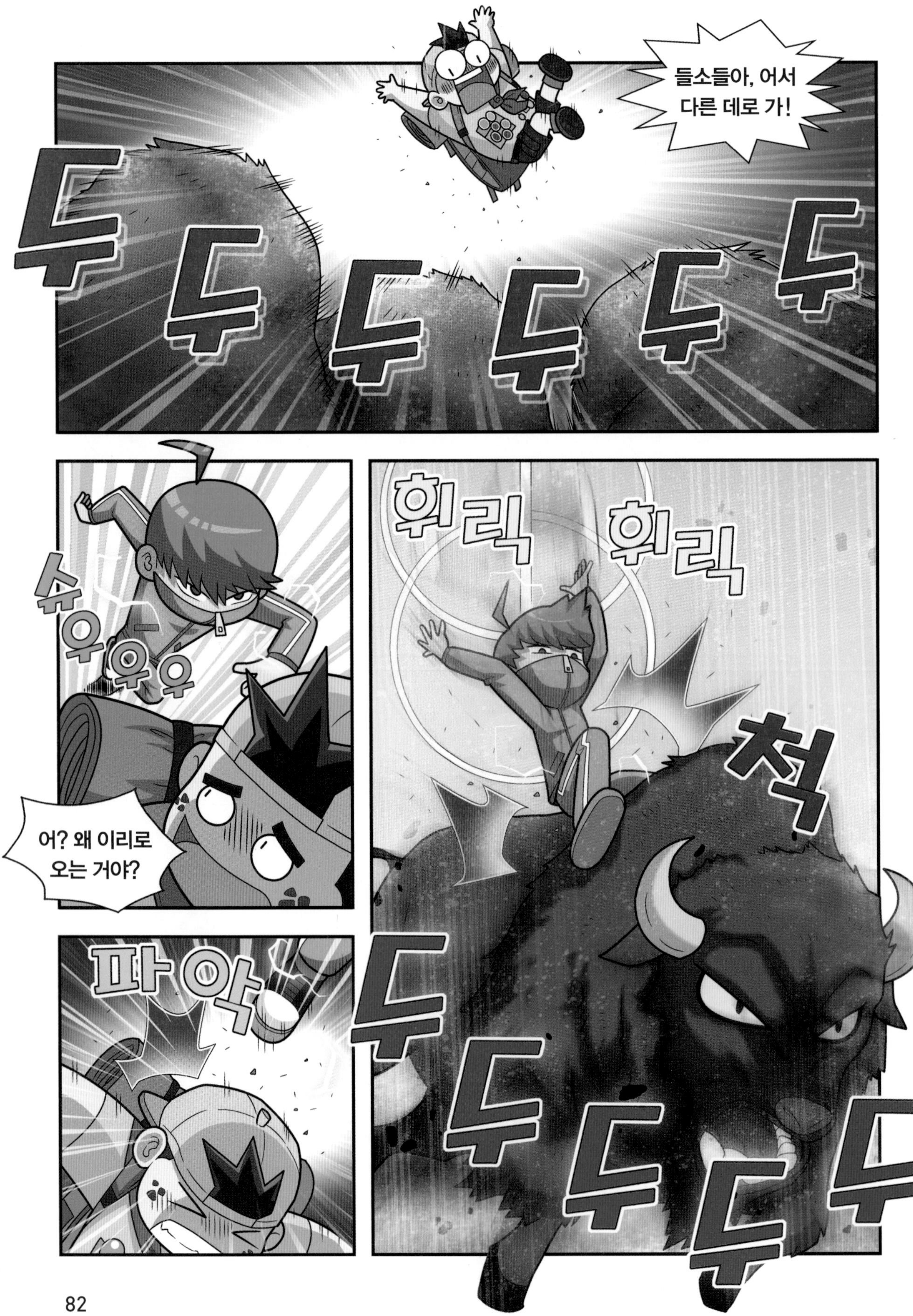

들소들아, 어서 다른 데로 가!
두두두두두두
슈우우우
어? 왜 이리로 오는 거야?
휘릭 휘릭
척
파악
두두두두두

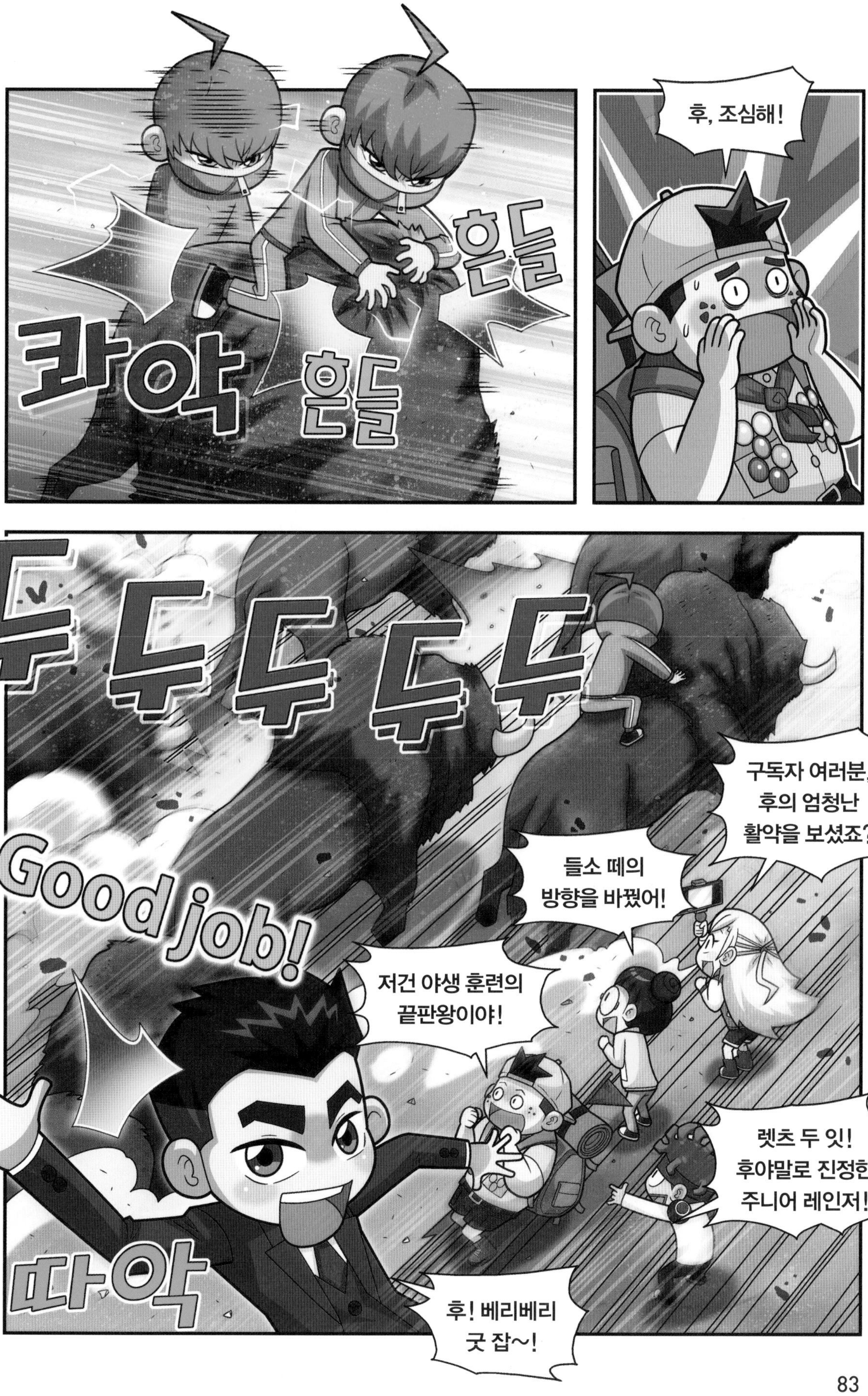
콰악
흔들
흔들
후, 조심해!
두두두두두
구독자 여러분,
후의 엄청난
활약을 보셨죠?
들소 떼의
방향을 바꿨어!
Good job!
저건 야생 훈련의
끝판왕이야!
렛츠 두 잇!
후야말로 진정한
주니어 레인저!
따악
후! 베리베리
굿 잡~!

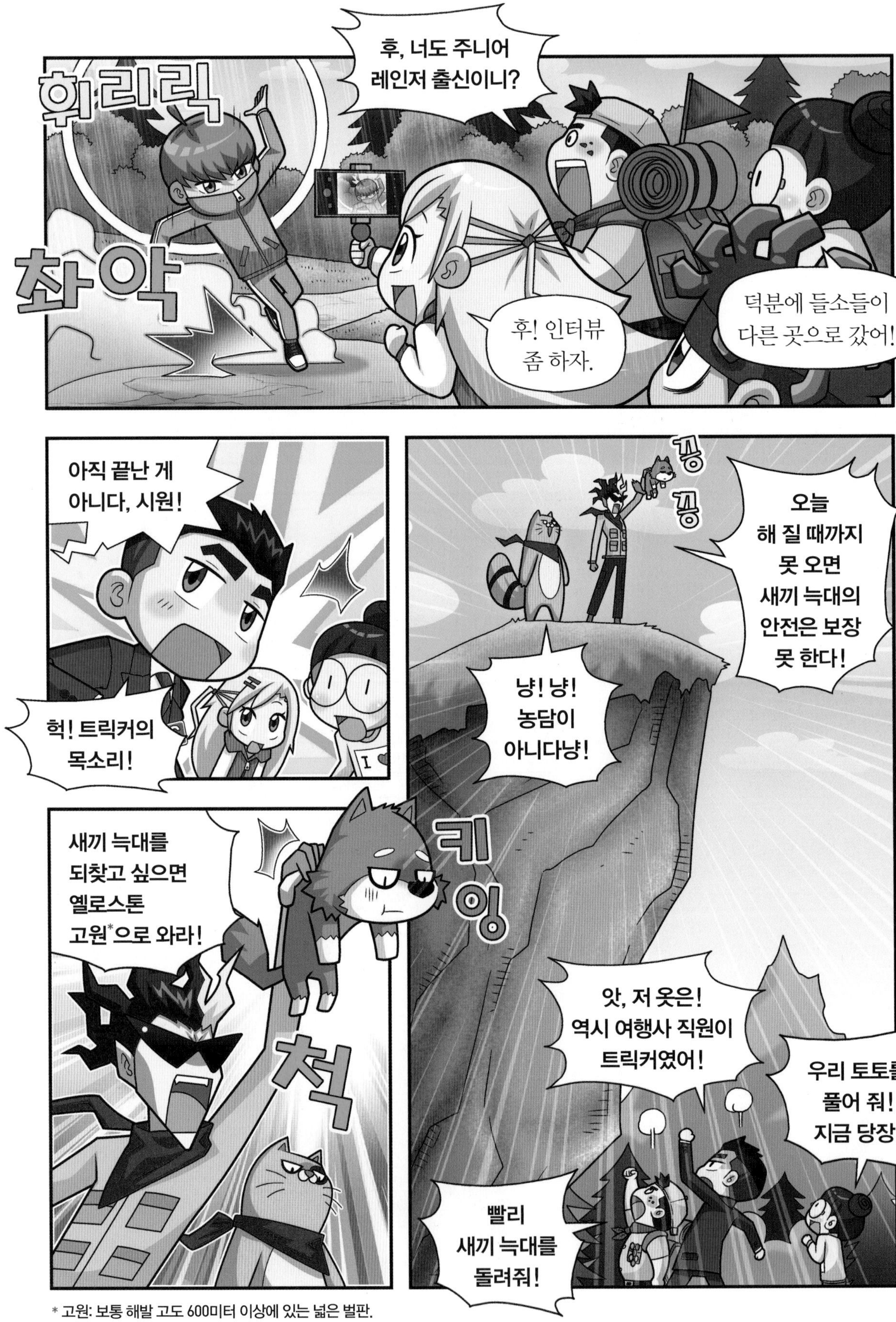

휘리릭
후, 너도 주니어 레인저 출신이니?
촤악
후! 인터뷰 좀 하자.
덕분에 들소들이 다른 곳으로 갔어!
아직 끝난 게 아니다, 시원!
헉! 트릭커의 목소리!
낑 낑
오늘 해 질 때까지 못 오면 새끼 늑대의 안전은 보장 못 한다!
냥! 냥! 농담이 아니다냥!
새끼 늑대를 되찾고 싶으면 옐로스톤 고원*으로 와라!
키잉
척
앗, 저 옷은! 역시 여행사 직원이 트릭커였어!
우리 토토를 풀어 줘! 지금 당장!
빨리 새끼 늑대를 돌려줘!


* 고원: 보통 해발 고도 600미터 이상에 있는 넓은 벌판.

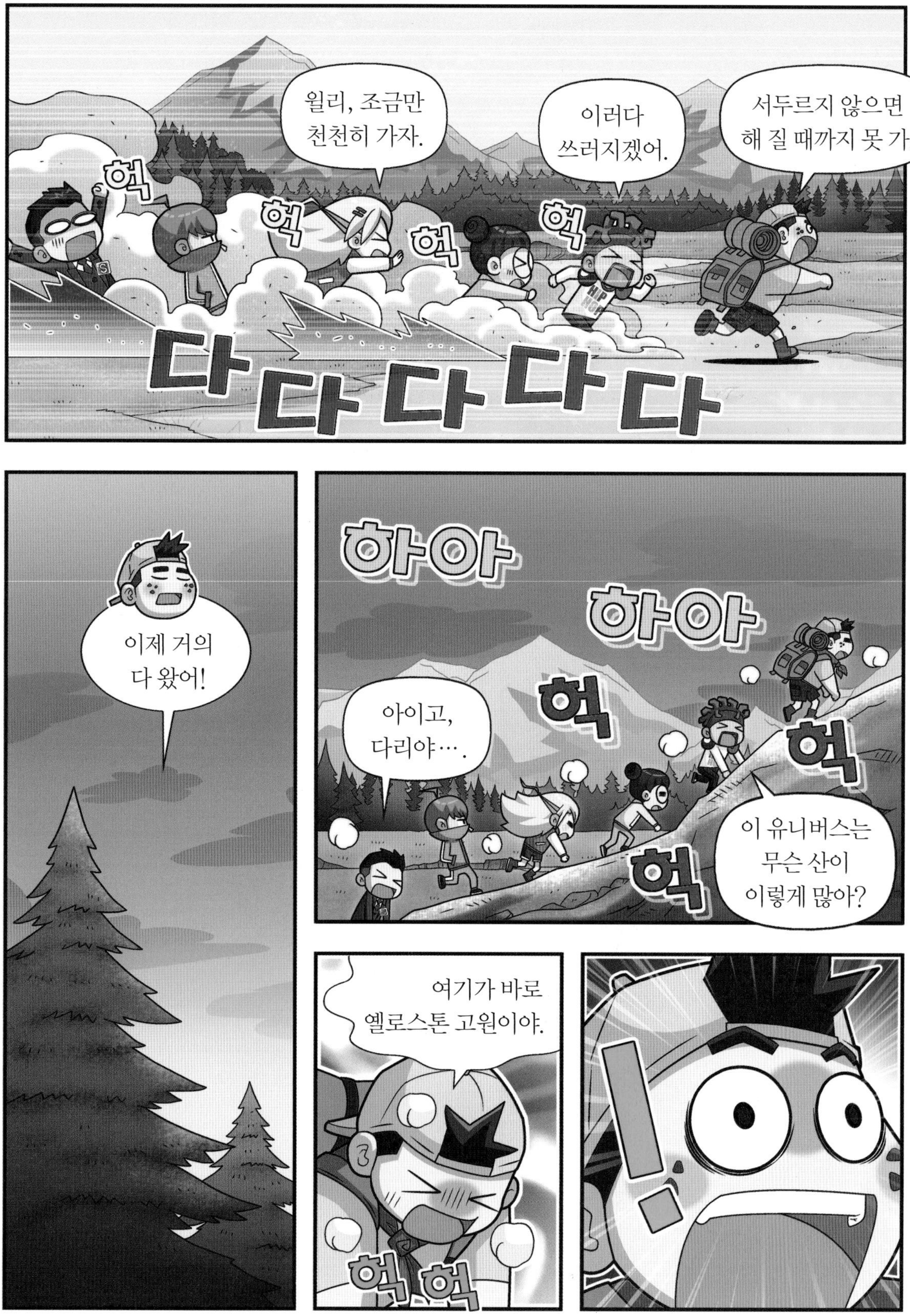

헉
윌리, 조금만 천천히 가자.
헉
헉
이러다 쓰러지겠어.
헉
서두르지 않으면 해 질 때까지 못 가.
다다다다다
이제 거의 다 왔어!
하아
하아
아이고, 다리야….
헉
헉
헉
이 유니버스는 무슨 산이 이렇게 많아?
여기가 바로 옐로스톤 고원이야.
헉 헉
!

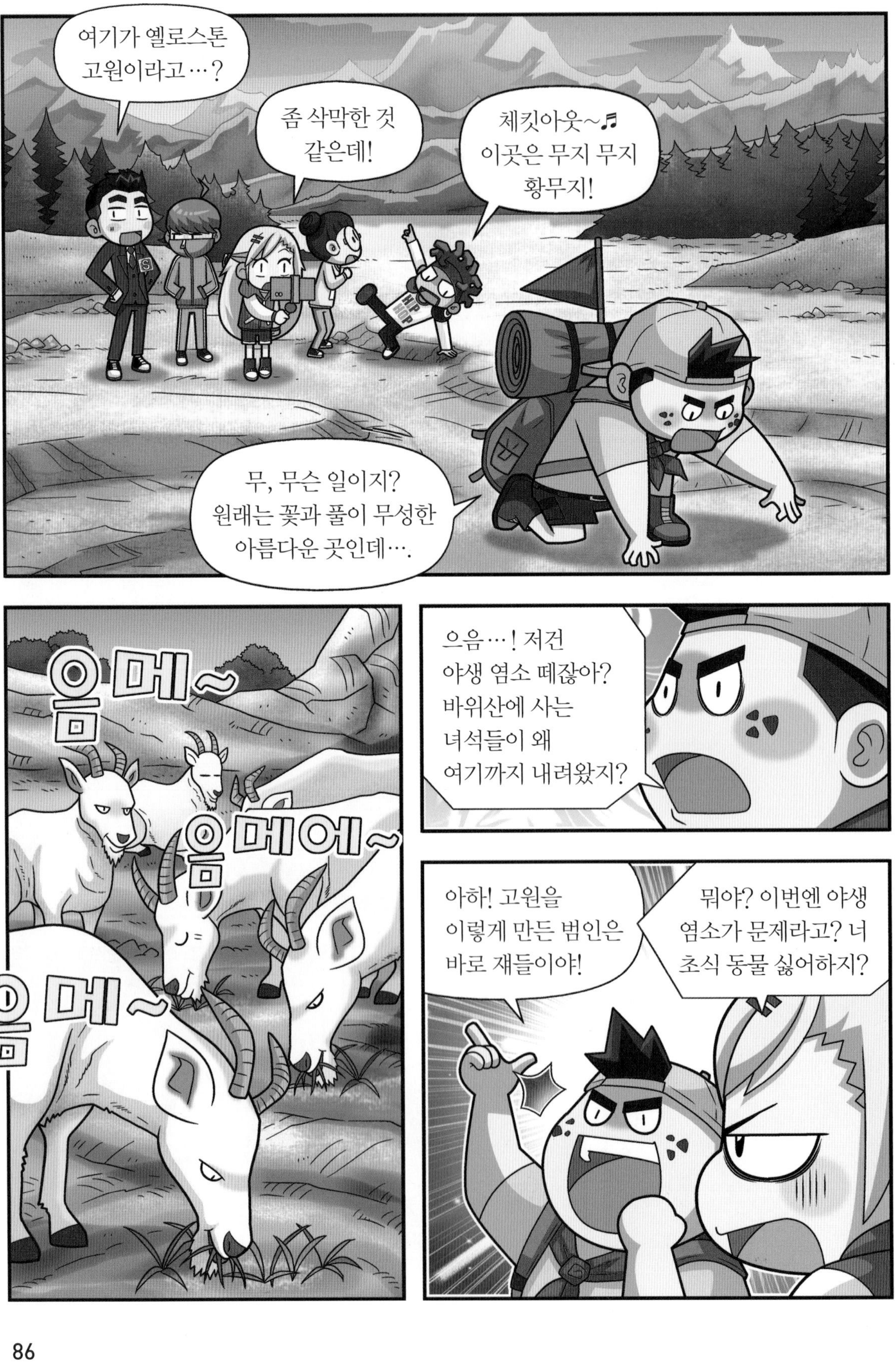
여기가 옐로스톤 고원이라고…?
좀 삭막한 것 같은데!
체킷아웃~♬ 이곳은 무지 무지 황무지!
HIP HOP
무, 무슨 일이지? 원래는 꽃과 풀이 무성한 아름다운 곳인데….
음메~
음메에~
음메~
으음…! 저건 야생 염소 떼잖아? 바위산에 사는 녀석들이 왜 여기까지 내려왔지?
아하! 고원을 이렇게 만든 범인은 바로 쟤들이야!
뭐야? 이번엔 야생 염소가 문제라고? 너 초식 동물 싫어하지?

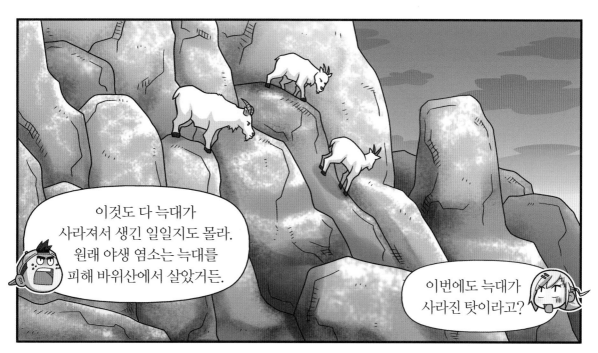

이것도 다 늑대가 사라져서 생긴 일일지도 몰라. 원래 야생 염소는 늑대를 피해 바위산에서 살았거든.

이번에도 늑대가 사라진 탓이라고?

늑대가 사라지니까 이 고원까지 내려온 것 같아.

야생 염소는 꽃과 풀, 줄기까지 닥치는 대로 모조리 뜯어먹어.

아하~ 그래서 고원이 황무지처럼 변한 거구나.

응, 이 모든 게 늑대가 사라진 탓이지.

오 마이 가스레인지~ 늑대가 이렇게 필요한 존재라니!

우물 우물

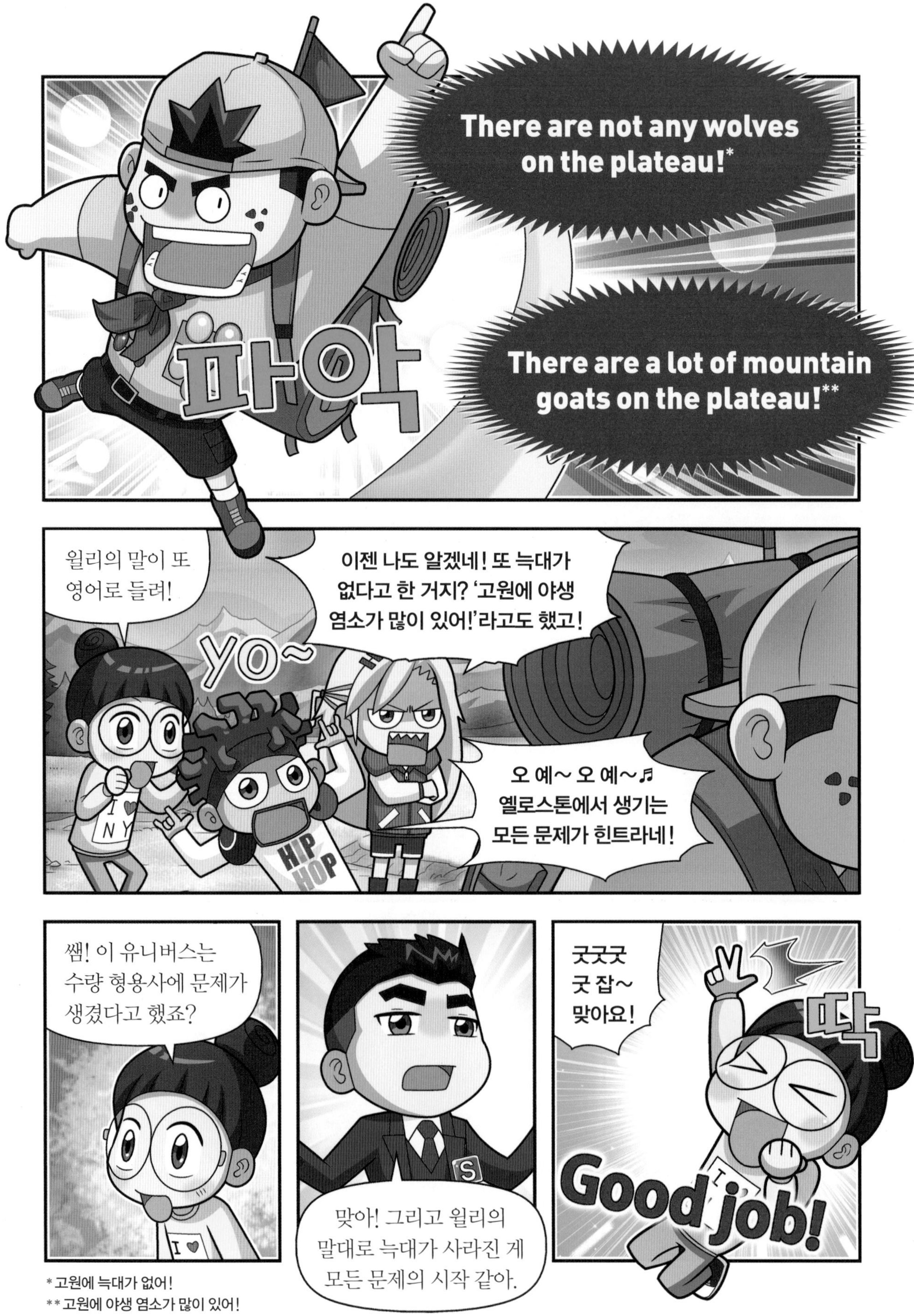
There are not any wolves on the plateau!*
There are a lot of mountain goats on the plateau!**
파악
윌리의 말이 또 영어로 들려!
YO~
이젠 나도 알겠네! 또 늑대가 없다고 한 거지? '고원에 야생 염소가 많이 있어!'라고도 했고!
오 예~ 오 예~♬ 옐로스톤에서 생기는 모든 문제가 힌트라네!
쌤! 이 유니버스는 수량 형용사에 문제가 생겼다고 했죠?
맞아! 그리고 윌리의 말대로 늑대가 사라진 게 모든 문제의 시작 같아.
굿굿굿 굿 잡~ 맞아요!
딱
Good job!

* 고원에 늑대가 없어!
** 고원에 야생 염소가 많이 있어!

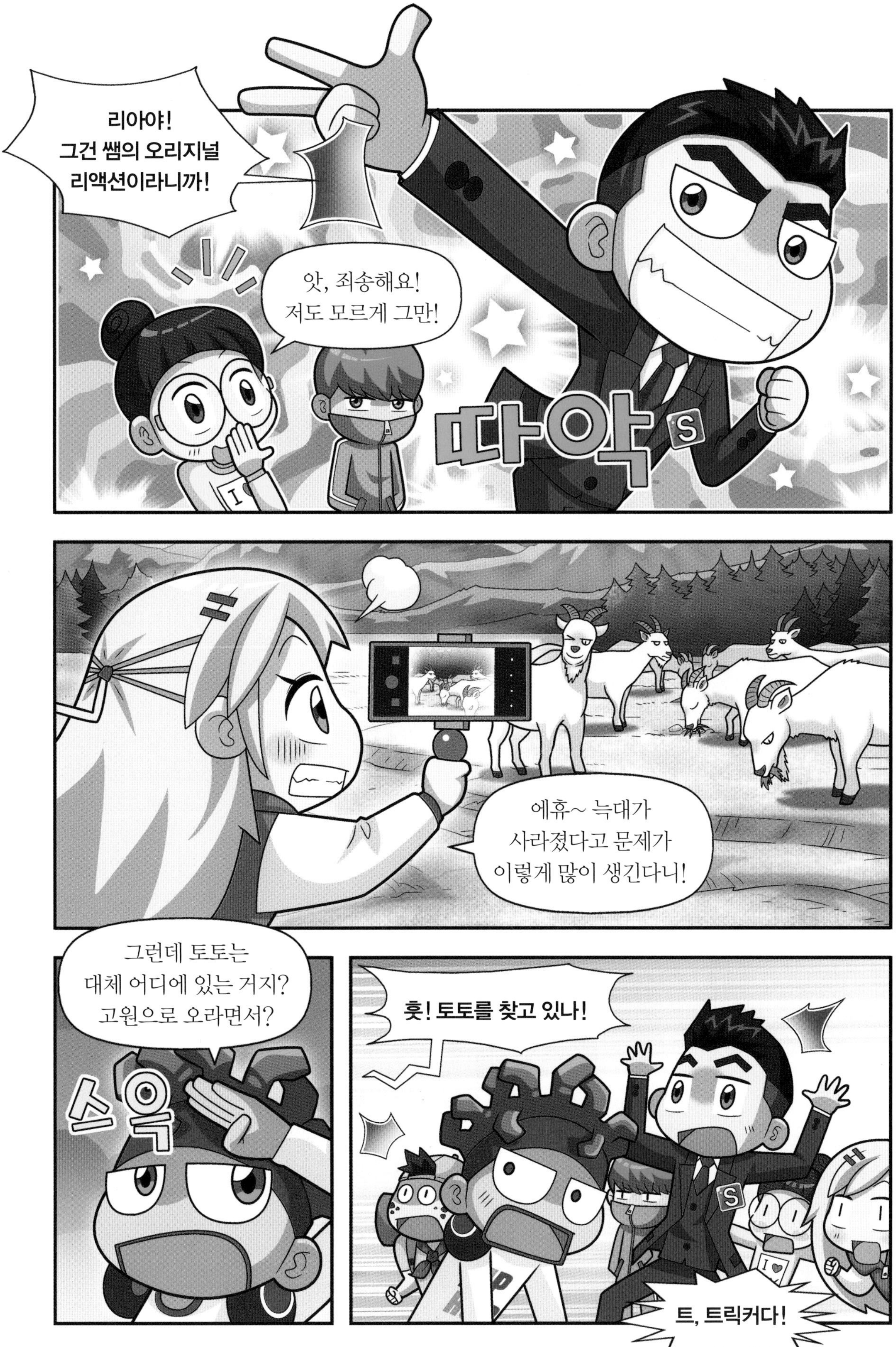
리아야!
그건 쌤의 오리지널 리액션이라니까!
앗, 죄송해요! 저도 모르게 그만!
따악
에휴~ 늑대가 사라졌다고 문제가 이렇게 많이 생긴다니!
그런데 토토는 대체 어디에 있는 거지? 고원으로 오라면서?
스윽
훗! 토토를 찾고 있나!
트, 트릭커다!

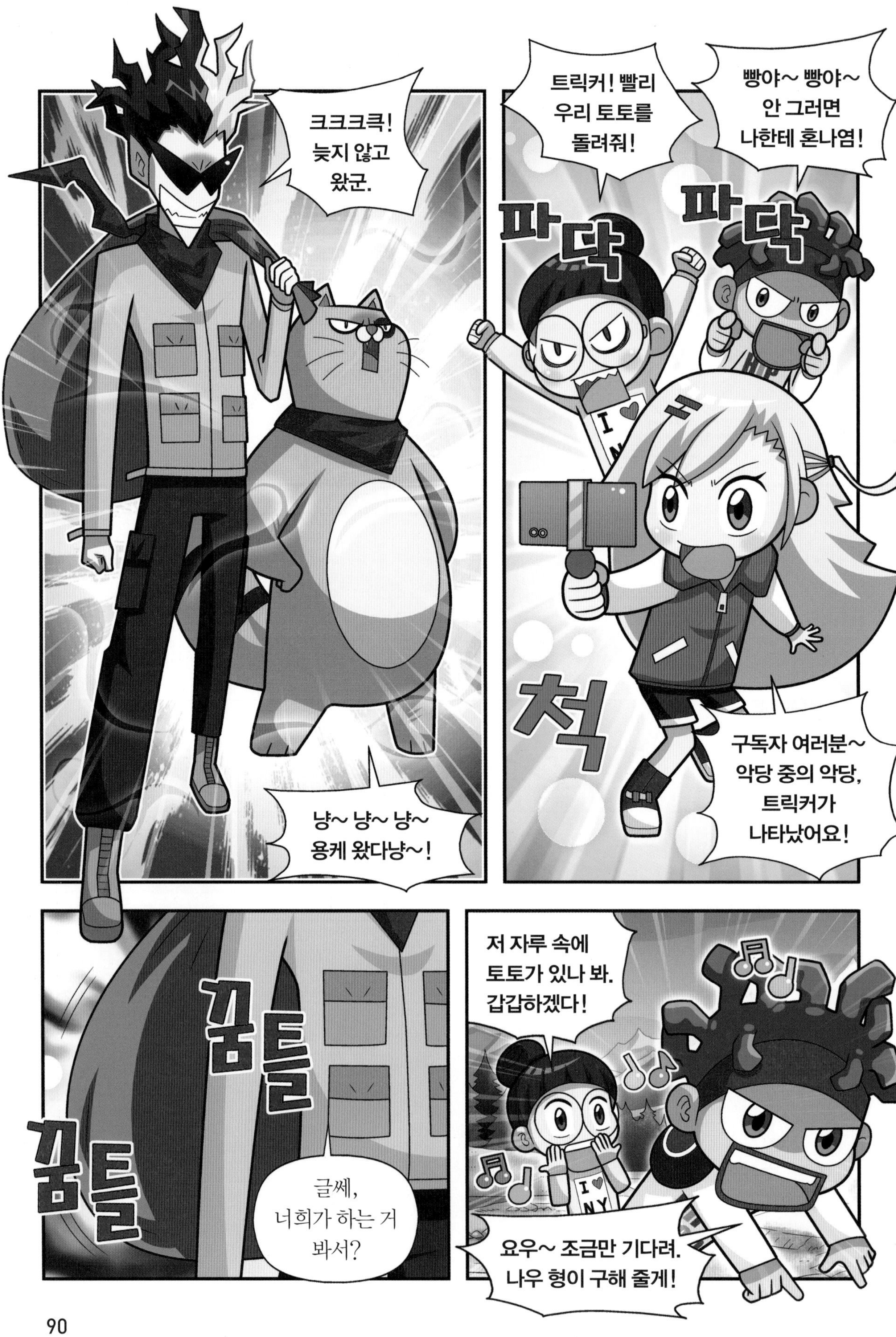
크크크큭! 늦지 않고 왔군.
냥~ 냥~ 냥~ 용케 왔다냥~!
트릭커! 빨리 우리 토토를 돌려줘!
빵야~ 빵야~ 안 그러면 나한테 혼나염!
파닥
파닥
척
구독자 여러분~ 악당 중의 악당, 트릭커가 나타났어요!
꿈틀
꿈틀
글쎄, 너희가 하는 거 봐서?
저 자루 속에 토토가 있나 봐. 갑갑하겠다!
요우~ 조금만 기다려. 나우 형이 구해 줄게!

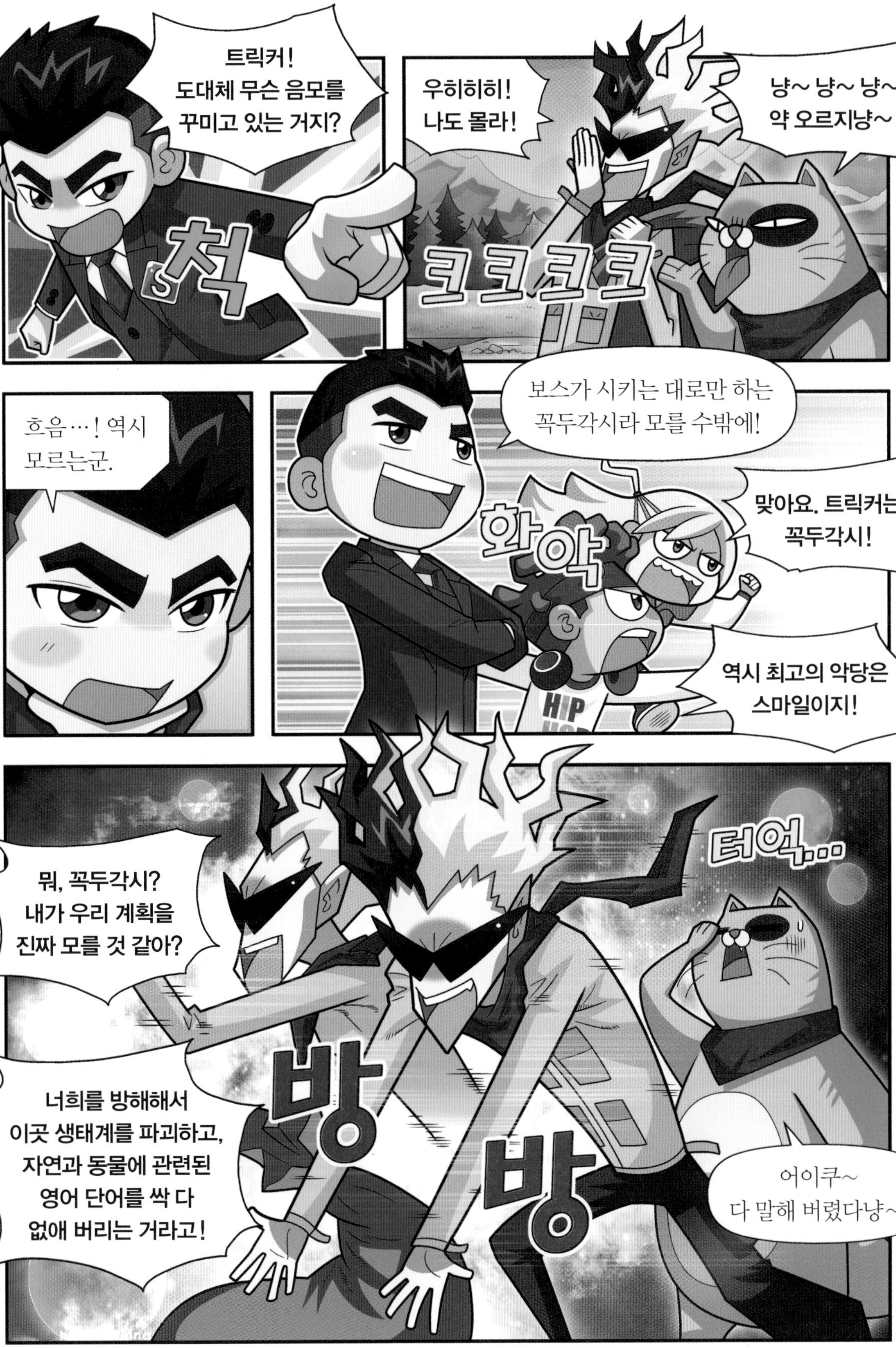

트릭커!
도대체 무슨 음모를
꾸미고 있는 거지?
척
우히히히!
나도 몰라!
냥~ 냥~ 냥~
약 오르지냥~!
크크크크
흐음…! 역시
모르는군.
보스가 시키는 대로만 하는
꼭두각시라 모를 수밖에!
화악
맞아요. 트릭커는
꼭두각시!
역시 최고의 악당은
스마일이지!
뭐, 꼭두각시?
내가 우리 계획을
진짜 모를 것 같아?
터억...
너희를 방해해서
이곳 생태계를 파괴하고,
자연과 동물에 관련된
영어 단어를 싹 다
없애 버리는 거라고!
방
방
어이쿠~
다 말해 버렸다냥~!

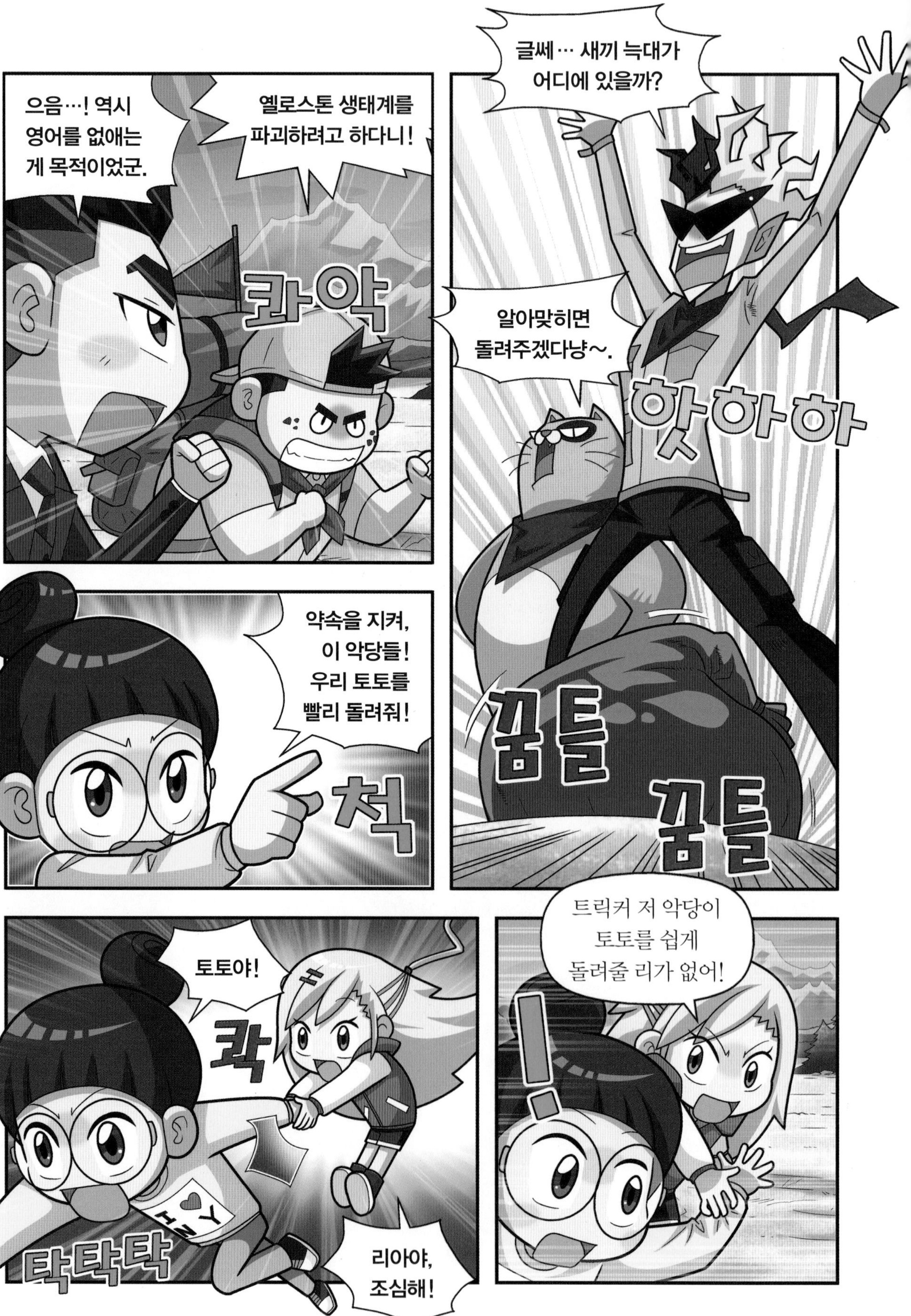

으음…! 역시
영어를 없애는
게 목적이었군.
옐로스톤 생태계를
파괴하려고 하다니!
콰악
글쎄… 새끼 늑대가
어디에 있을까?
알아맞히면
돌려주겠다냥~.
핫하하
약속을 지켜,
이 악당들!
우리 토토를
빨리 돌려줘!
척
꿈틀
꿈틀
토토야!
콱
탁탁탁
리아야,
조심해!
트릭커 저 악당이
토토를 쉽게
돌려줄 리가 없어!
!

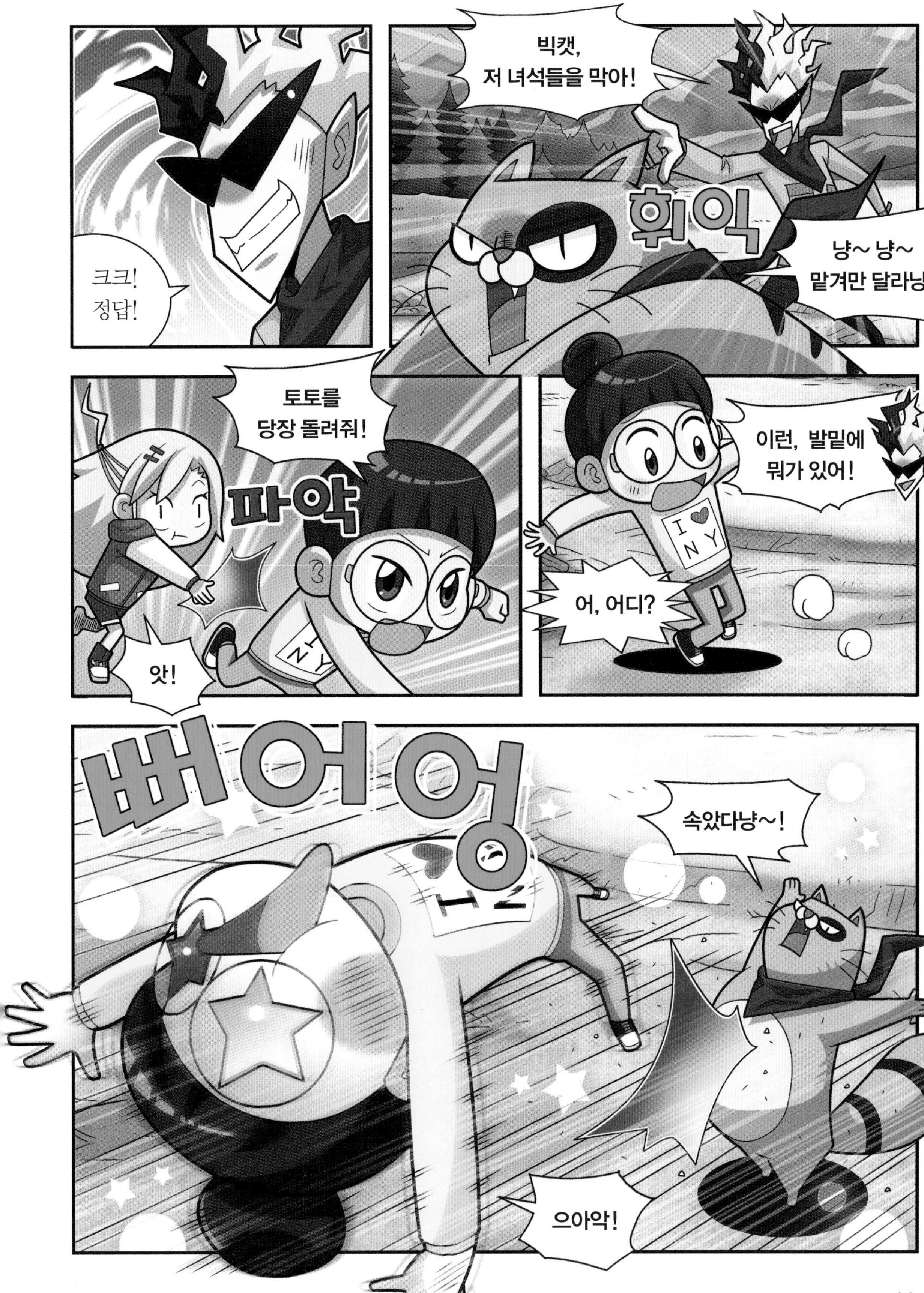
크크!
정답!
빅캣,
저 녀석들을 막아!
휘익
냥~ 냥~
맡겨만 달라냥!
토토를
당장 돌려줘!
파악
앗!
이런, 발밑에
뭐가 있어!
어, 어디?
뻐어엉
속았다냥~!
으아악!

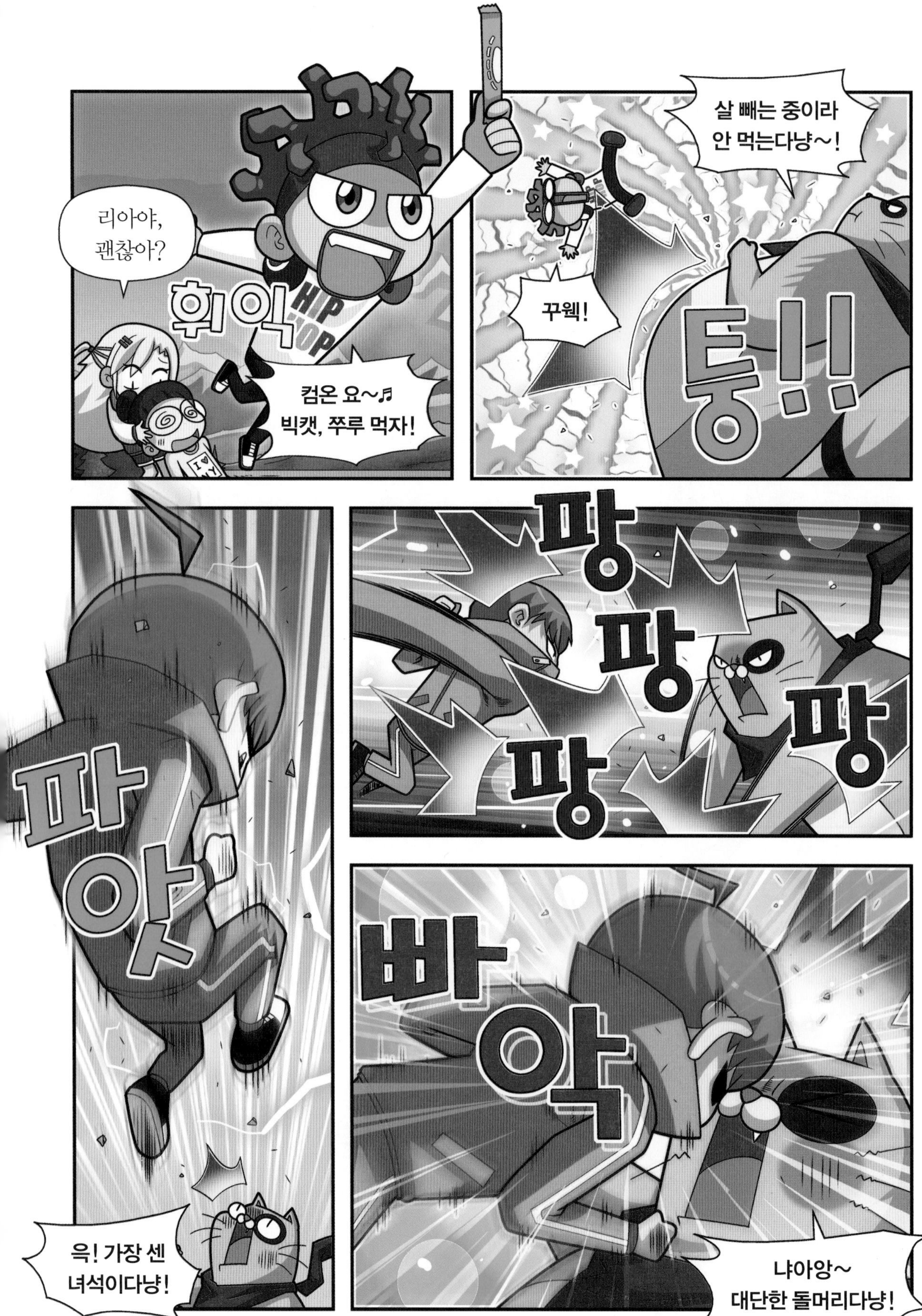

리아야, 괜찮아?
휘익
컴온 요~♬ 빅캣, 쭈루 먹자!
살 빼는 중이라 안 먹는다냥~!
꾸웩!
퉁!!
파앗
팡 팡 팡 팡
빠악
윽! 가장 센 녀석이다냥!
냐아앙~ 대단한 돌머리다냥!

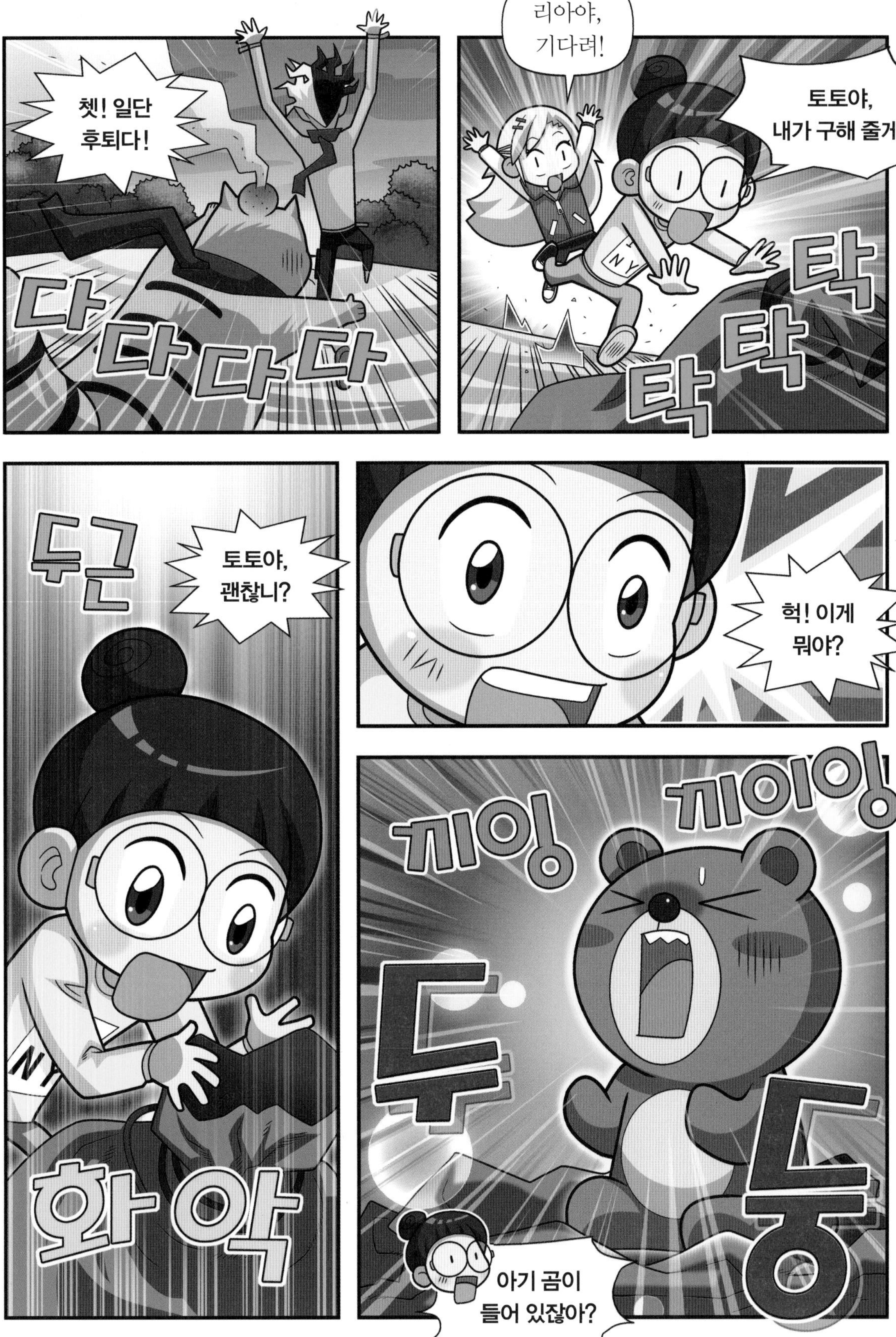
첫! 일단 후퇴다!
다다다다다
리아야, 기다려!
토토야, 내가 구해 줄게!
탁탁탁
두근
토토야, 괜찮니?
화악
헉! 이게 뭐야?
끼잉 끼이잉
두둥
아기 곰이 들어 있잖아?

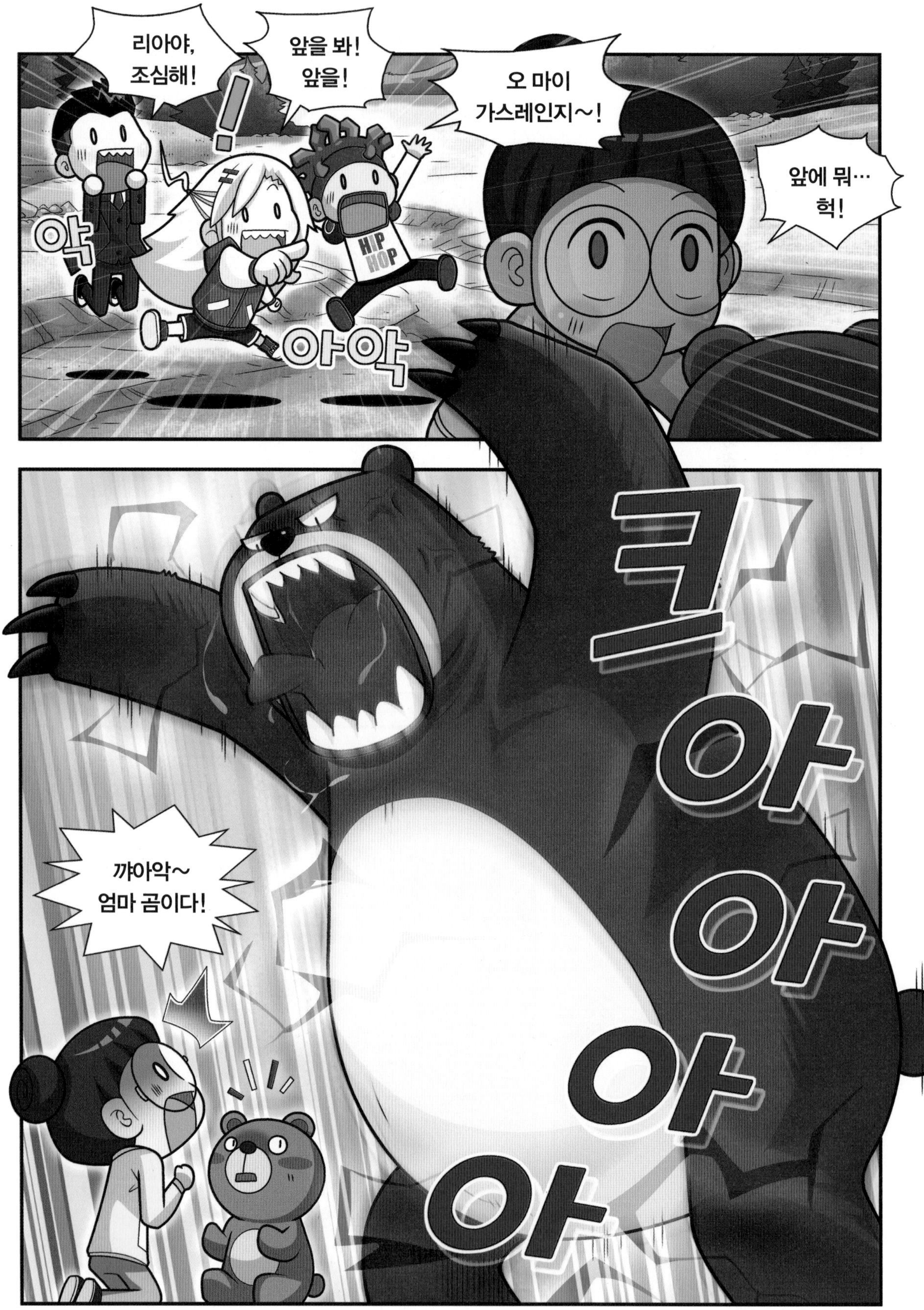
리아야,
조심해!
앞을 봐!
앞을!
오 마이
가스레인지~!
앞에 뭐…
헉!
악
아악
크
아
아
아
아
꺄아악~
엄마 곰이다!

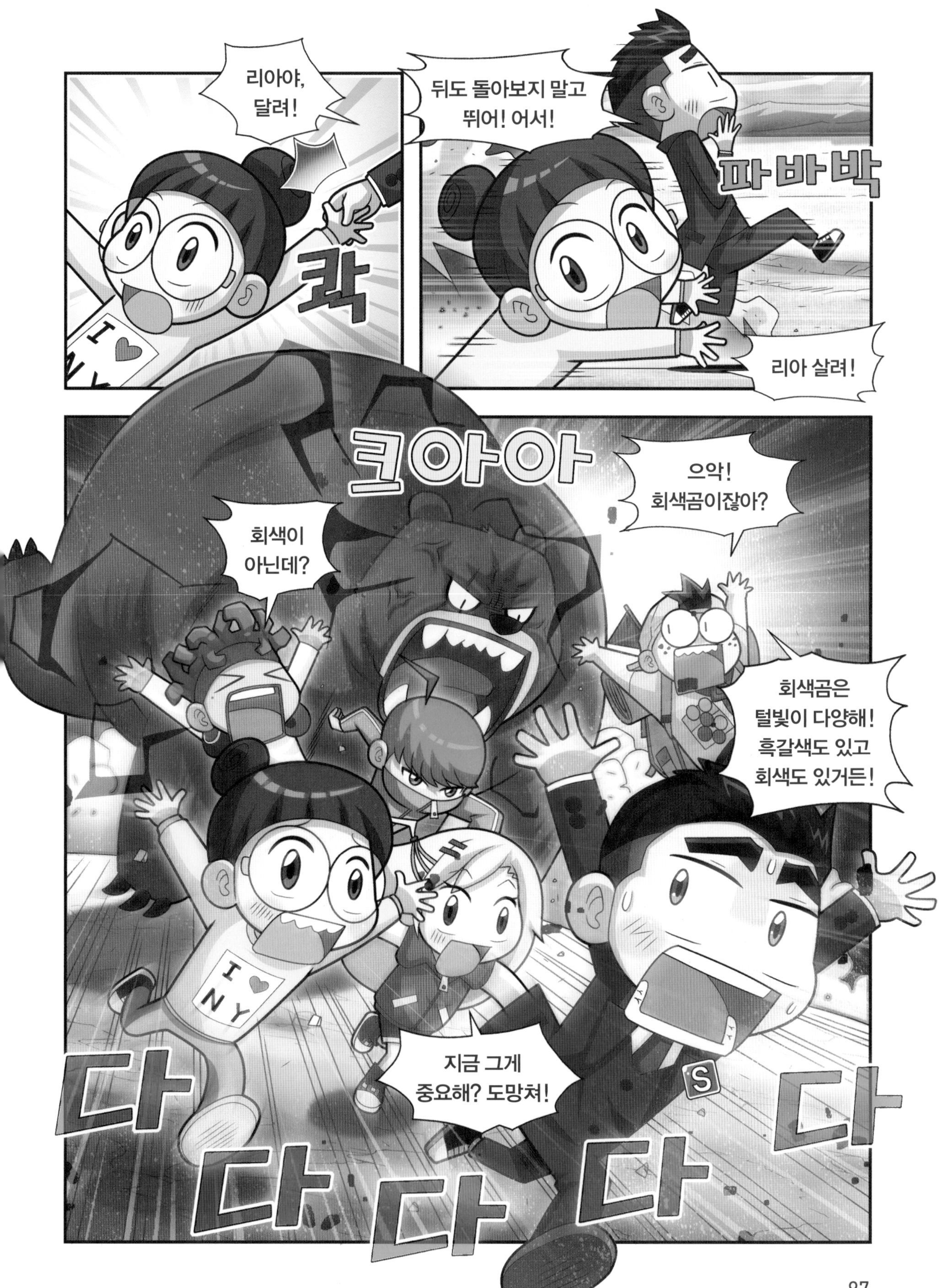
리아야,
달려!
콱
뒤도 돌아보지 말고
뛰어! 어서!
파바박
리아 살려!
크아아
으악!
회색곰이잖아?
회색이
아닌데?
회색곰은
털빛이 다양해!
흑갈색도 있고
회색도 있거든!
지금 그게
중요해? 도망쳐!
다다다다다

Chapter 5

# 위험천만한 함정

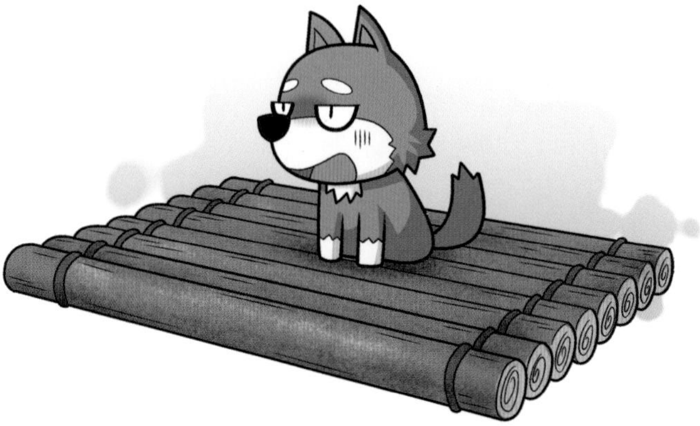

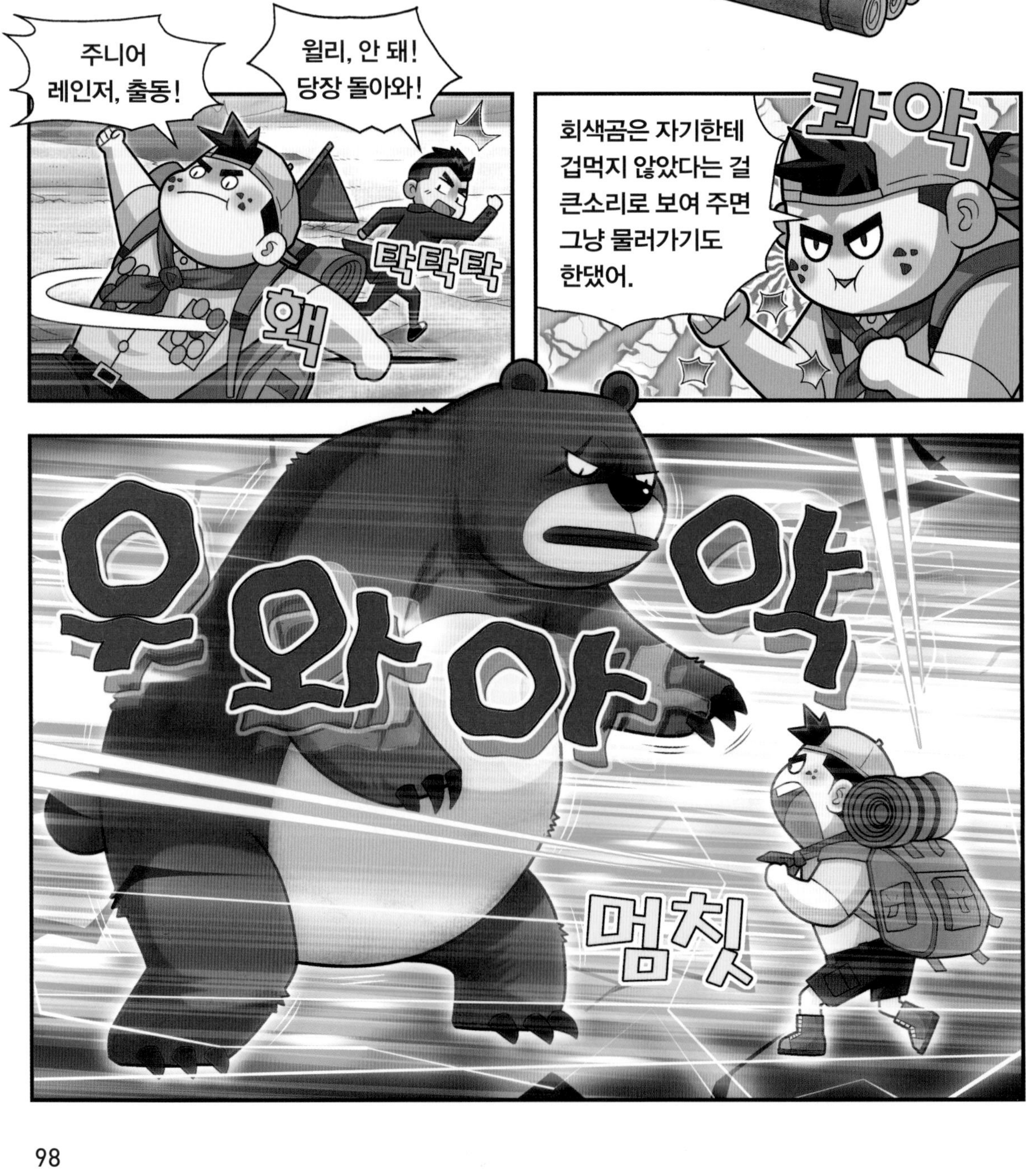

주니어 레인저, 출동!
윌리, 안 돼! 당장 돌아와!
탁탁탁
홱
회색곰은 자기한테 겁먹지 않았다는 걸 큰소리로 보여 주면 그냥 물러가기도 한댔어.
콰악
우와아악
멈칫

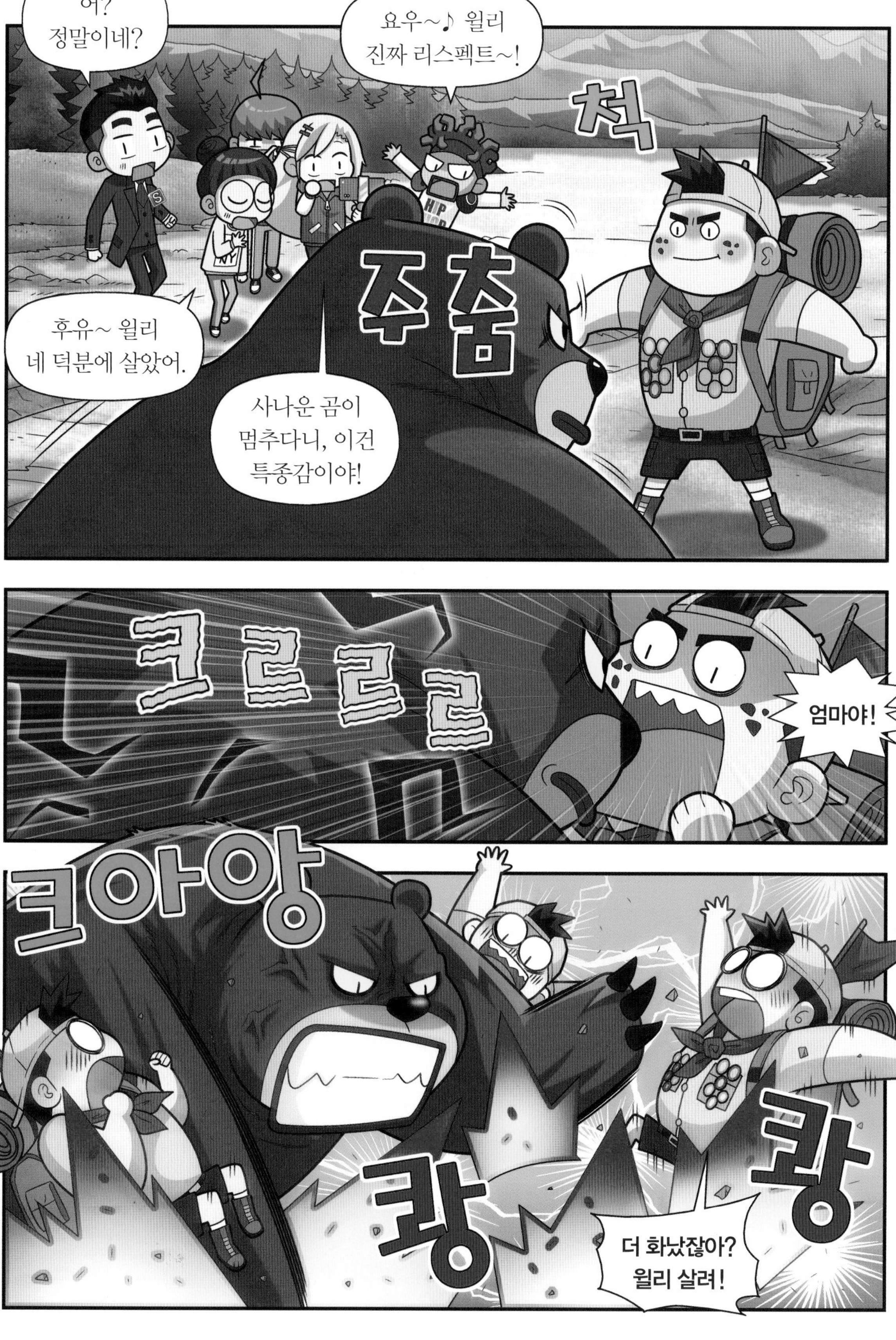
어?
정말이네?
요우~♪ 윌리
진짜 리스펙트~!
척
주춤
후유~ 윌리
네 덕분에 살았어.
사나운 곰이
멈추다니, 이건
특종감이야!
크르르르
엄마야!
크아앙
콰
쾅
더 화났잖아?
윌리 살려!

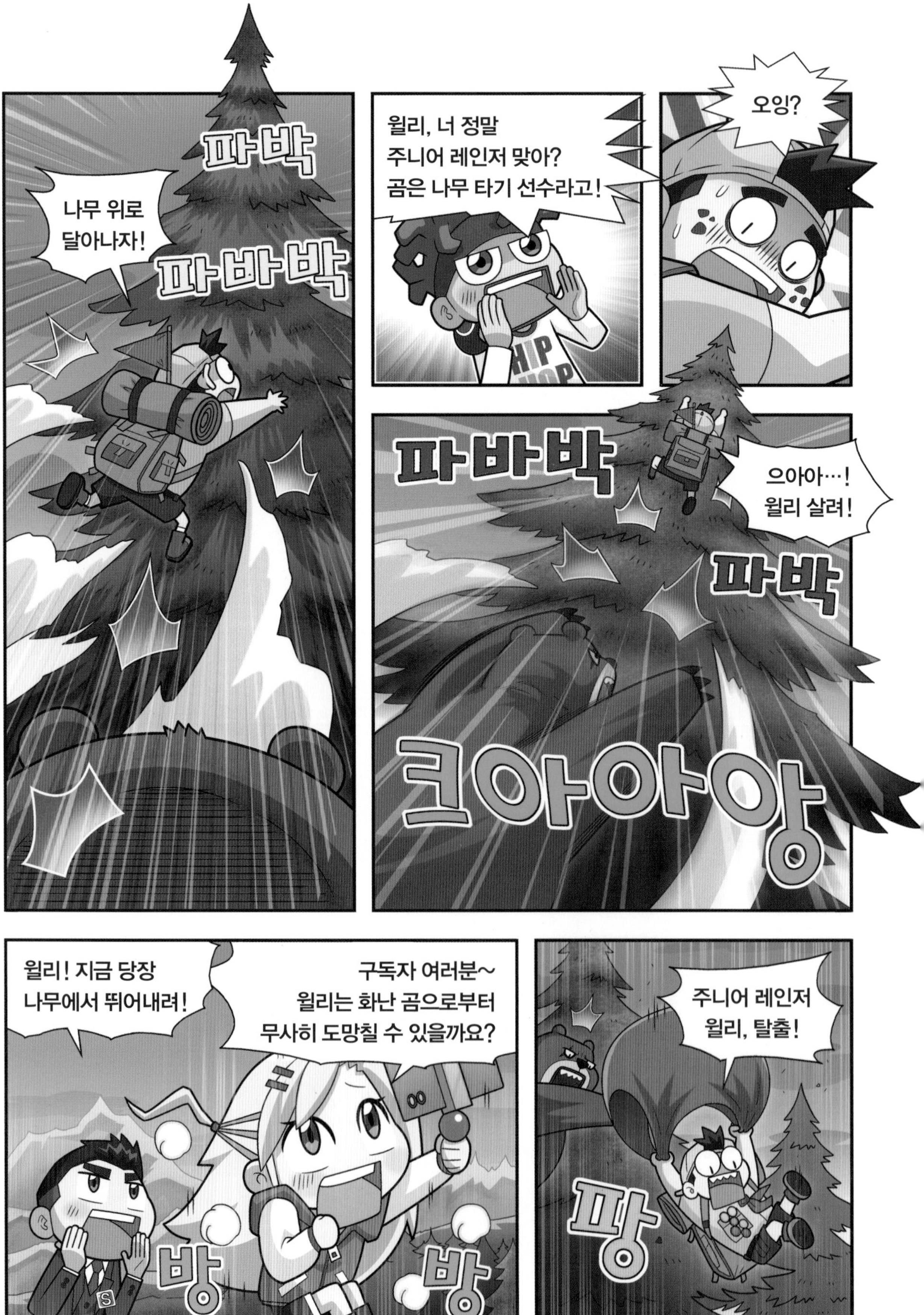

파박
나무 위로 달아나자!
파바박
윌리, 너 정말 주니어 레인저 맞아? 곰은 나무 타기 선수라고!
오잉?
파바박
으아아…! 윌리 살려!
파박
크아아앙
윌리! 지금 당장 나무에서 뛰어내려!
구독자 여러분~ 윌리는 화난 곰으로부터 무사히 도망칠 수 있을까요?
방
방
주니어 레인저 윌리, 탈출!
팡

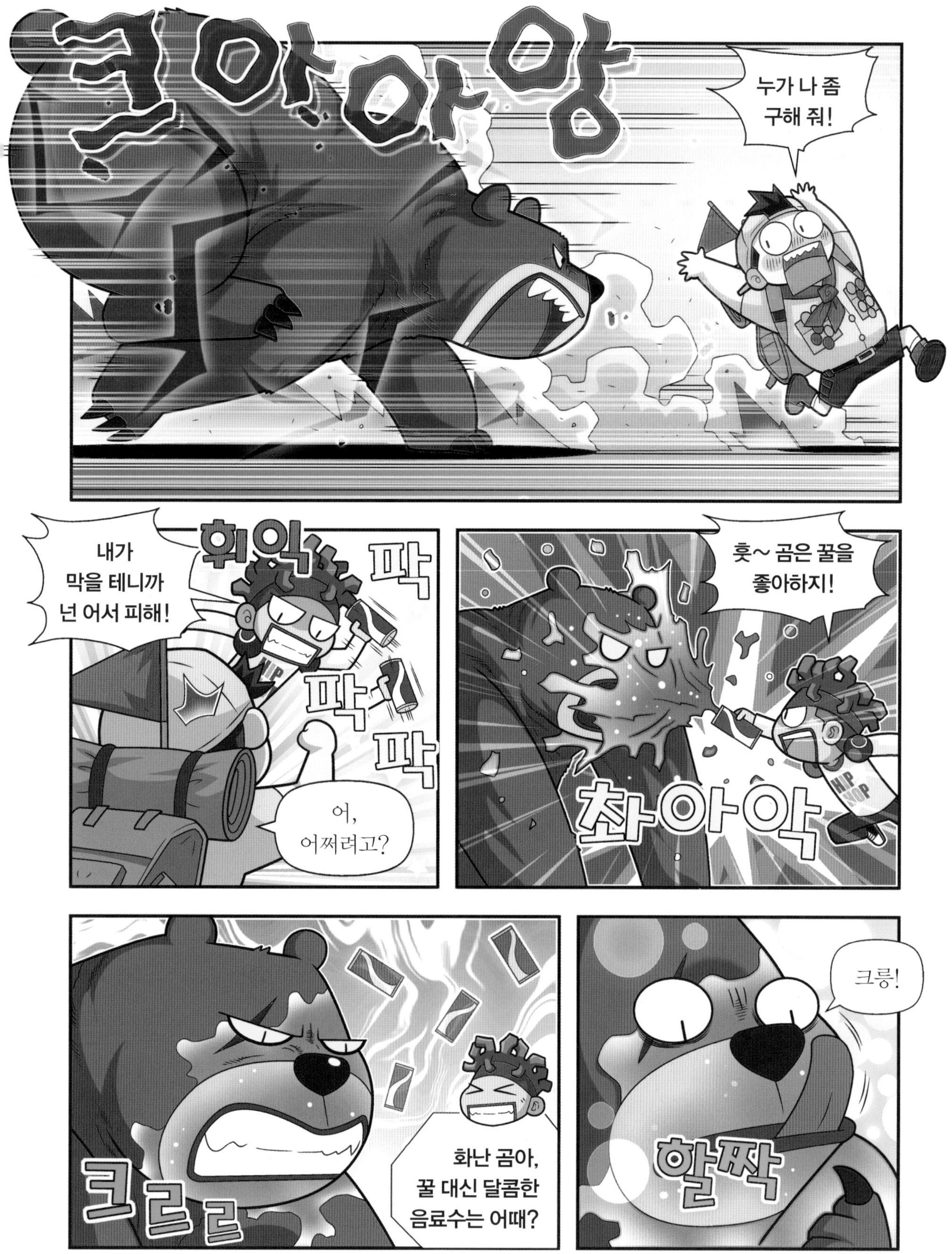
크아아앙
누가 나 좀 구해 줘!
내가 막을 테니까 넌 어서 피해!
휘익
팍
팍
팍
어, 어쩌려고?
훗~ 곰은 꿀을 좋아하지!
촤아악
크르르
화난 곰아, 꿀 대신 달콤한 음료수는 어때?
크릉!
할짝

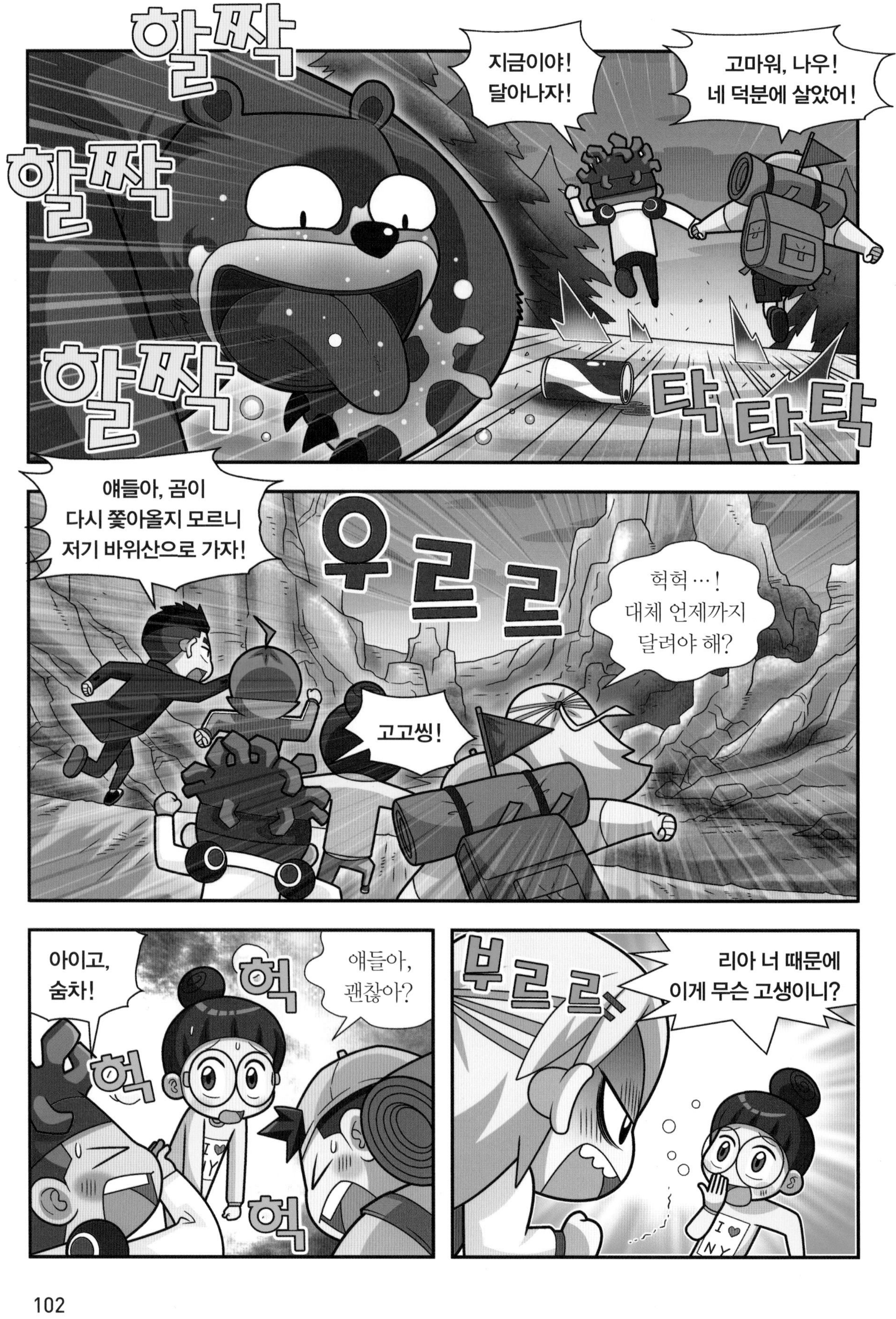
할짝
할짝
할짝
지금이야! 달아나자!
고마워, 나우! 네 덕분에 살았어!
탁
탁
탁
얘들아, 곰이 다시 쫓아올지 모르니 저기 바위산으로 가자!
우르르
헉헉…! 대체 언제까지 달려야 해?
고고씽!
아이고, 숨차!
헉
헉
헉
얘들아, 괜찮아?
부르르
리아 너 때문에 이게 무슨 고생이니?

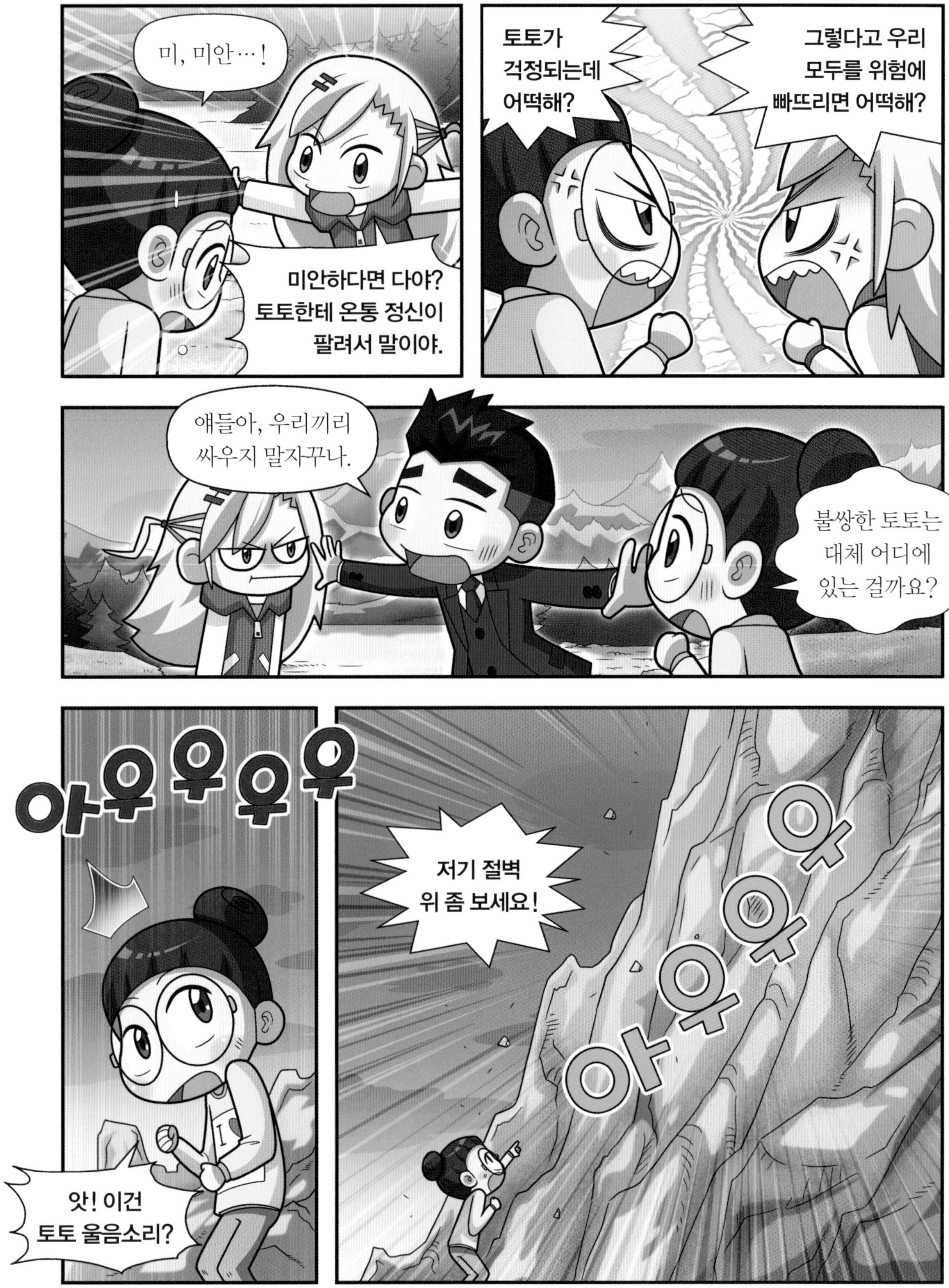

미, 미안…!
미안하다면 다야? 토토한테 온통 정신이 팔려서 말이야.
토토가 걱정되는데 어떡해?
그렇다고 우리 모두를 위험에 빠뜨리면 어떡해?
얘들아, 우리끼리 싸우지 말자꾸나.
불쌍한 토토는 대체 어디에 있는 걸까요?
아우우우우
앗! 이건 토토 울음소리?
저기 절벽 위 좀 보세요!
아우우우

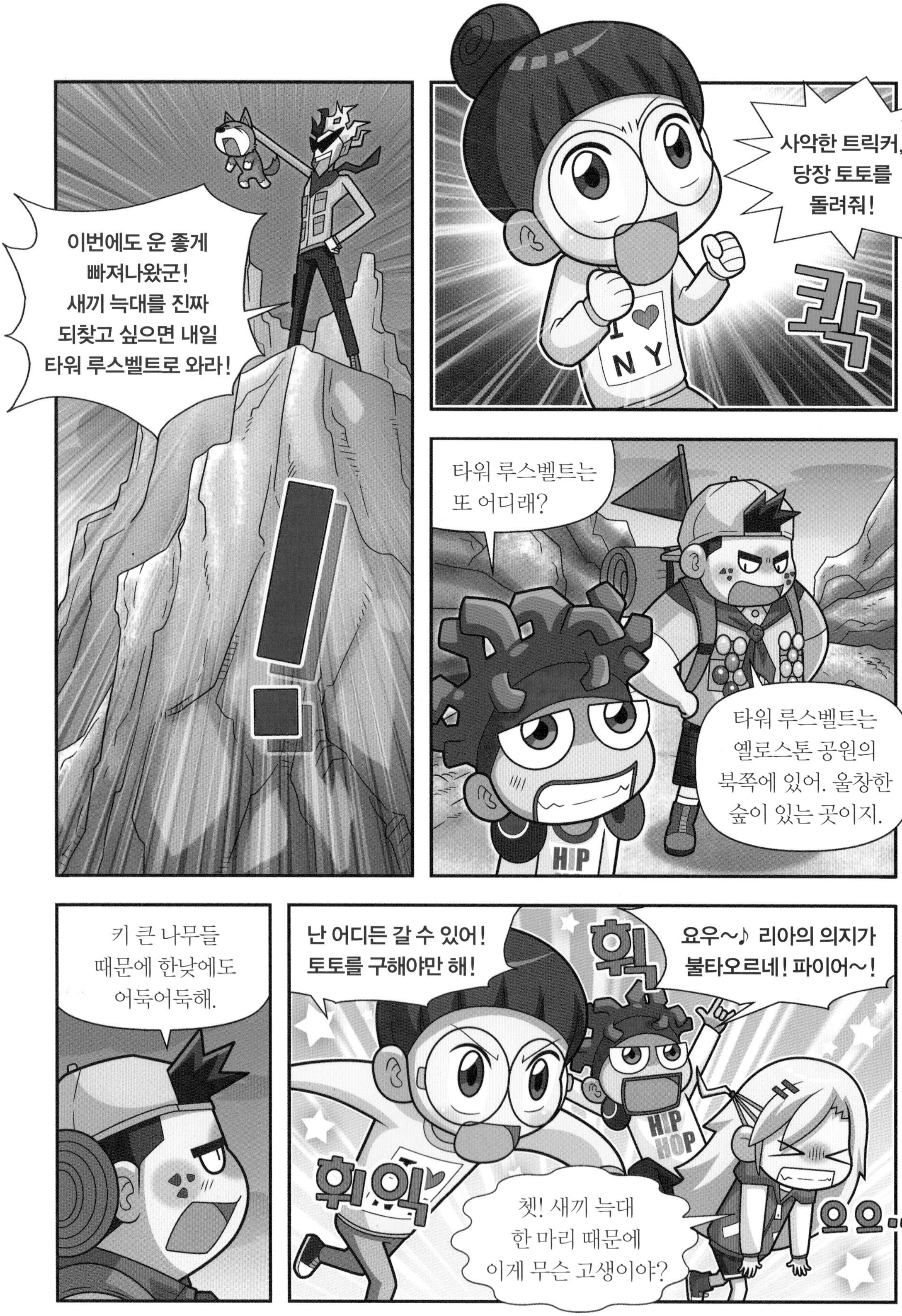
이번에도 운 좋게
빠져나왔군!
새끼 늑대를 진짜
되찾고 싶으면 내일
타워 루스벨트로 와라!
사악한 트릭커,
당장 토토를
돌려줘!
콱
I ♥ NY
타워 루스벨트는
또 어디래?
타워 루스벨트는
옐로스톤 공원의
북쪽에 있어. 울창한
숲이 있는 곳이지.
HIP
키 큰 나무들
때문에 한낮에도
어둑어둑해.
난 어디든 갈 수 있어!
토토를 구해야만 해!
휙
요우~♪ 리아의 의지가
불타오르네! 파이어~!
HIP HOP
휘익
칫! 새끼 늑대
한 마리 때문에
이게 무슨 고생이야?
으으...

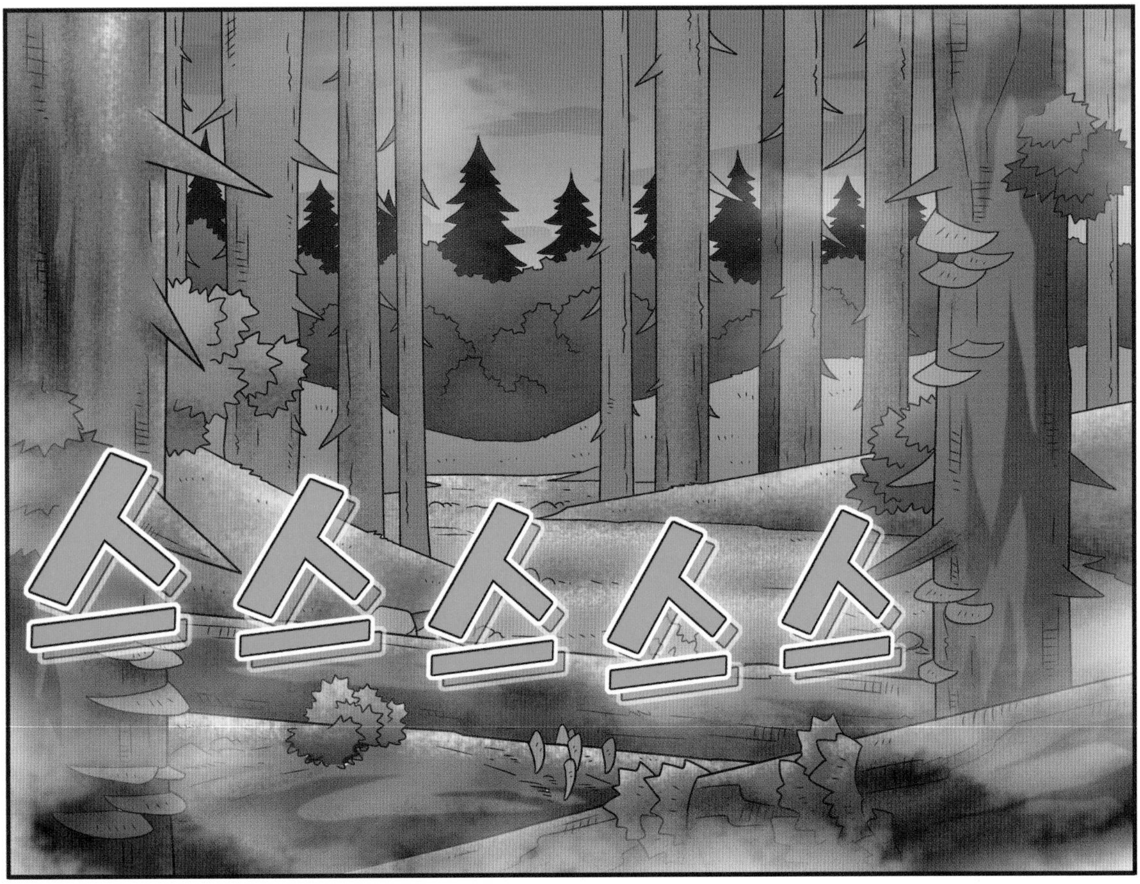
스스스스스

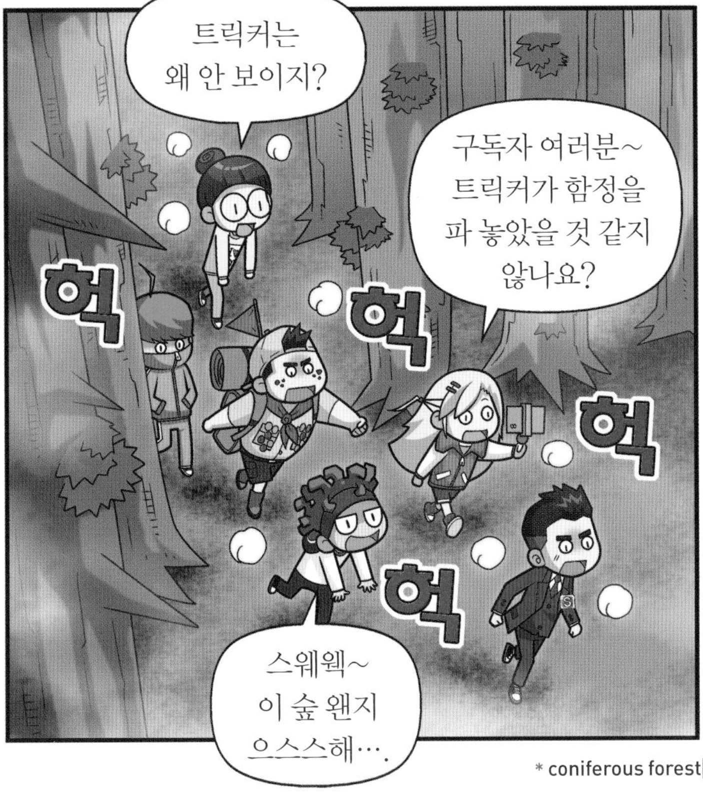
트릭커는 왜 안 보이지?
구독자 여러분~ 트릭커가 함정을 파 놓았을 것 같지 않나요?
헉
헉
헉
헉
스웨웩~ 이 숲 왠지 으스스해….

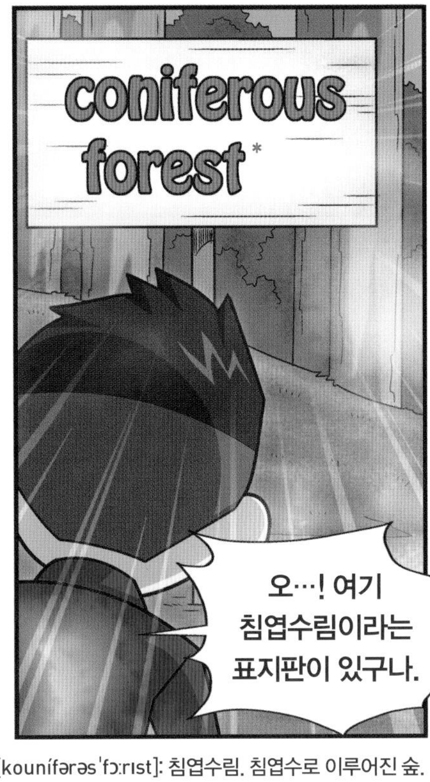
coniferous forest*
오…! 여기 침엽수림이라는 표지판이 있구나.

* coniferous forest[kounífərəs ˈfɔːrɪst]: 침엽수림. 침엽수로 이루어진 숲.

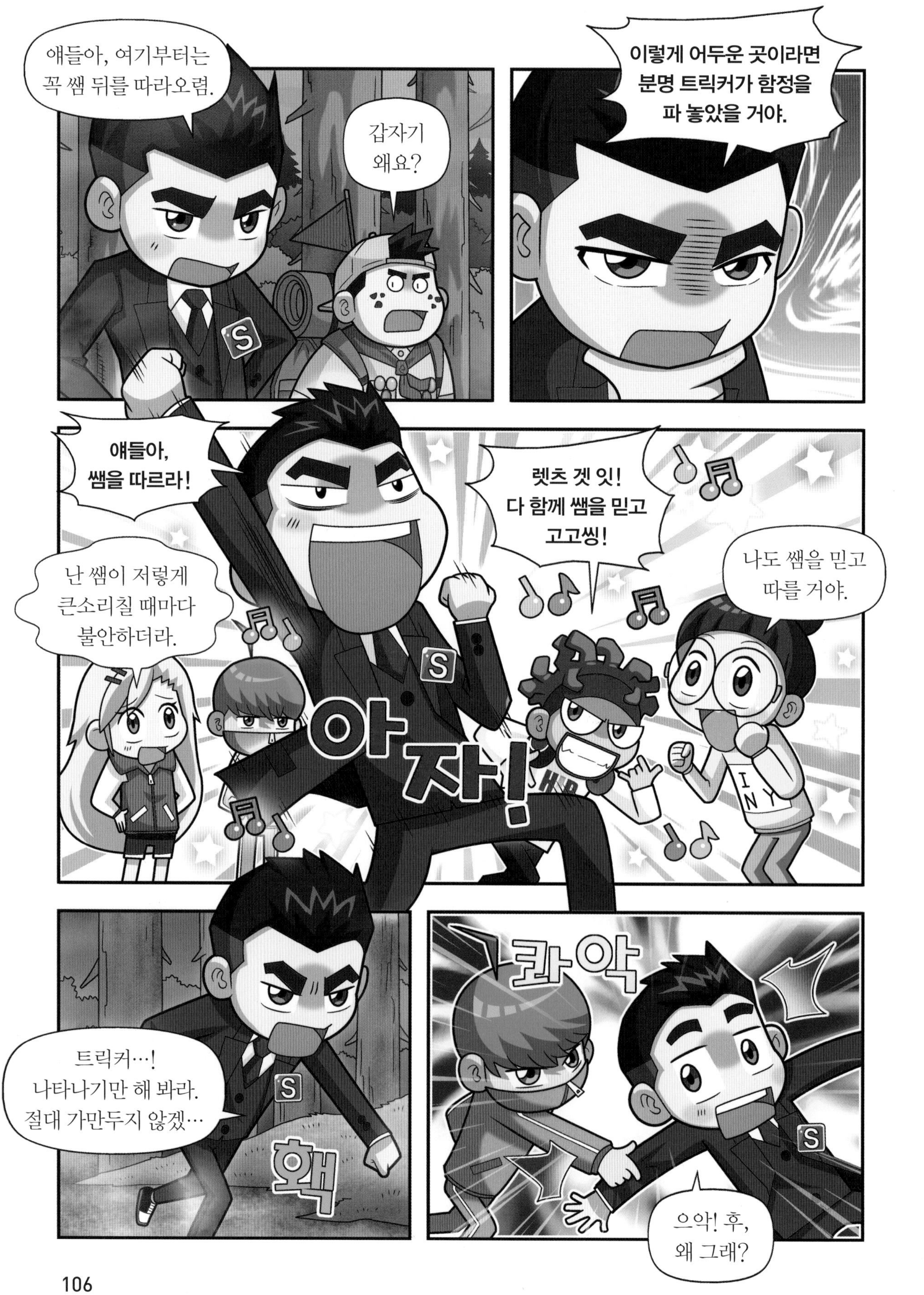

얘들아, 여기부터는 꼭 쌤 뒤를 따라오렴.
갑자기 왜요?
이렇게 어두운 곳이라면 분명 트릭커가 함정을 파 놓았을 거야.
얘들아, 쌤을 따르라!
렛츠 겟 잇! 다 함께 쌤을 믿고 고고씽!
아자!
난 쌤이 저렇게 큰소리칠 때마다 불안하더라.
나도 쌤을 믿고 따를 거야.
트릭커…! 나타나기만 해 봐라. 절대 가만두지 않겠…
홱
콰악
으악! 후, 왜 그래?

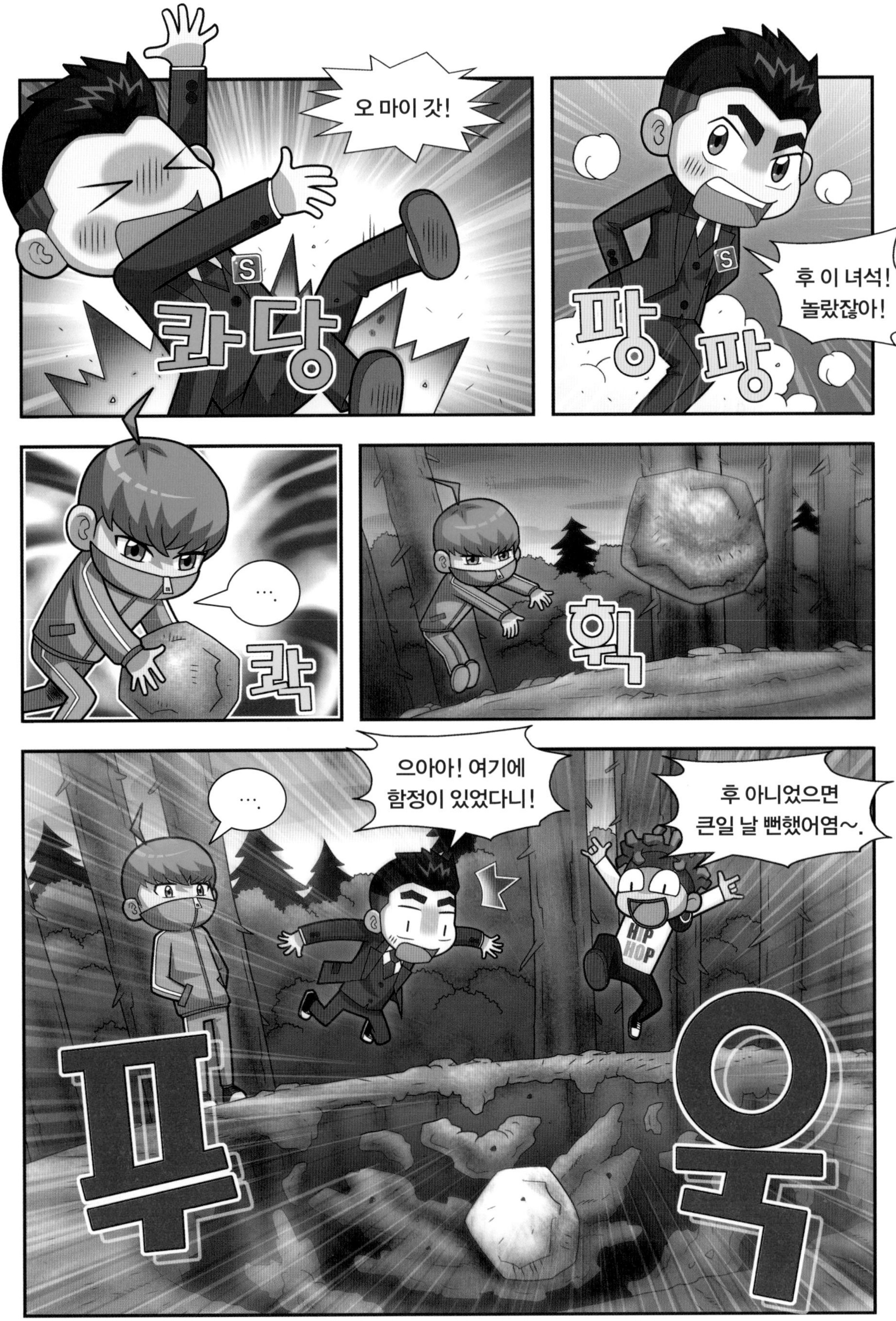
오 마이 갓!
콰당
팡 팡
후 이 녀석! 놀랐잖아!
…
콱
휙
…
으아아! 여기에 함정이 있었다니!
후 아니었으면 큰일 날 뻔했어염~.
HIP HOP
퍼 억

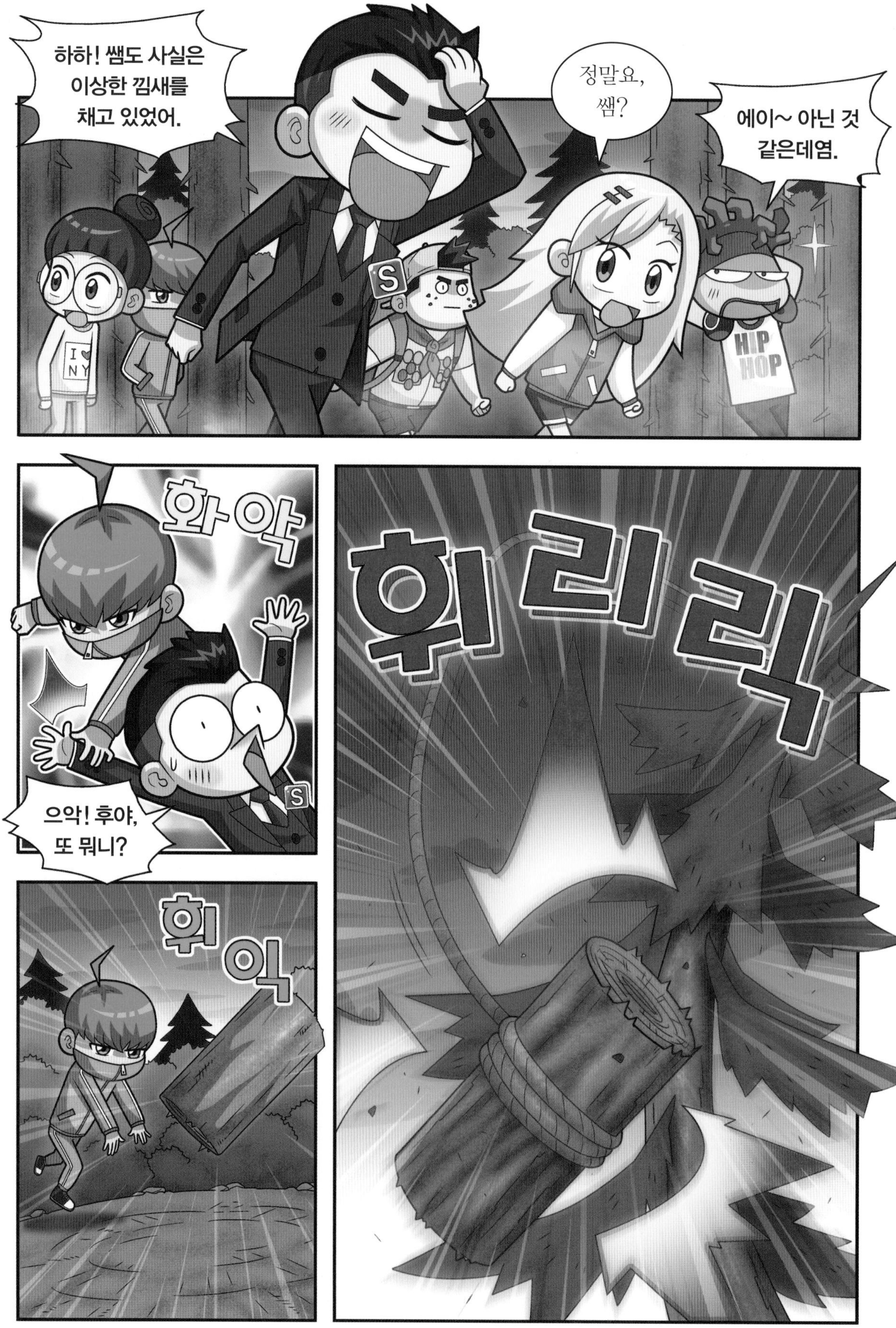

하하! 쌤도 사실은 이상한 낌새를 채고 있었어.
정말요, 쌤?
에이~ 아닌 것 같은데염.
화악
으악! 후야, 또 뭐니?
휘익
휘리릭

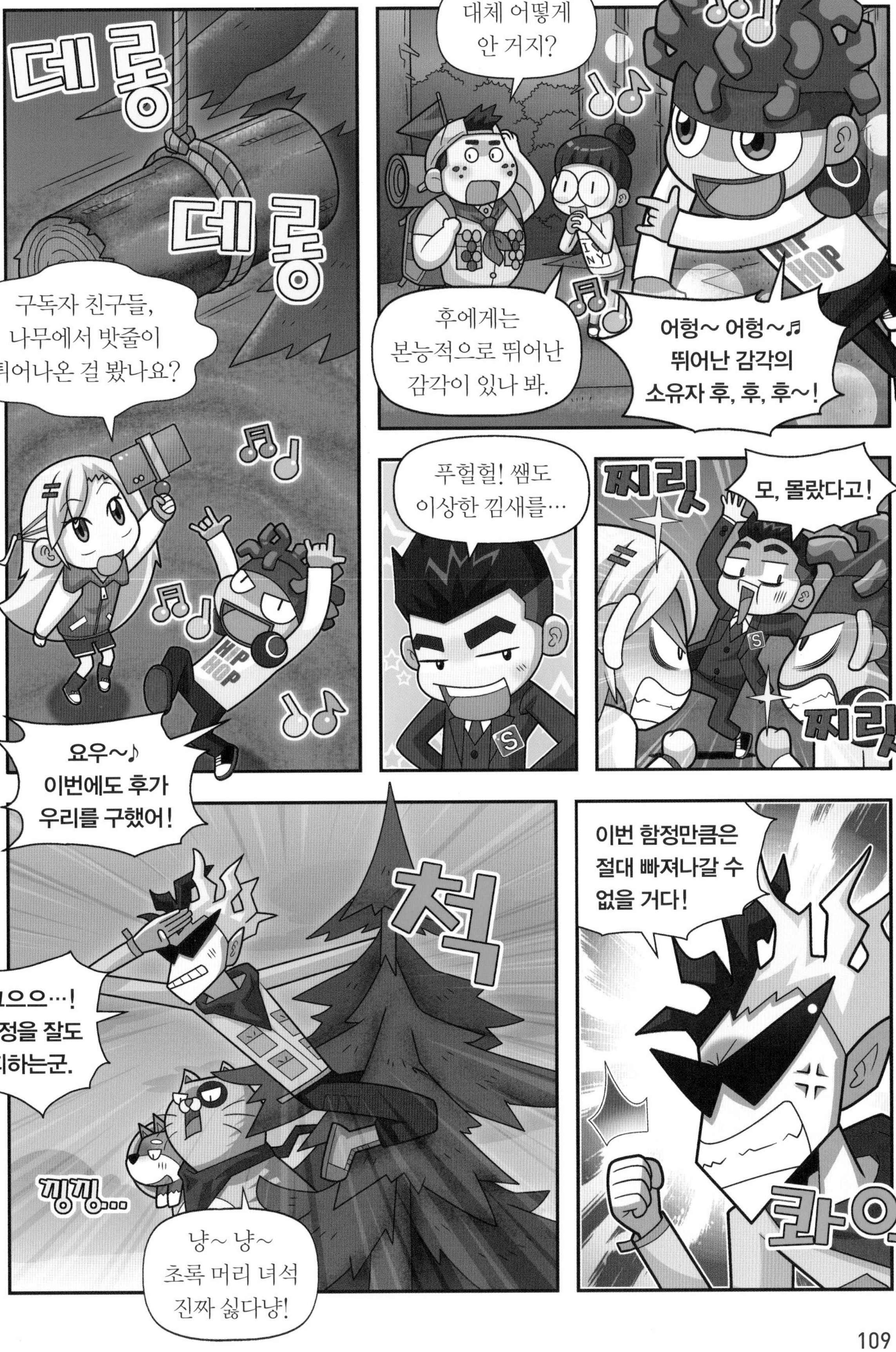

데롱
데롱
구독자 친구들, 나무에서 밧줄이 튀어나온 걸 봤나요?
요우~♪ 이번에도 후가 우리를 구했어!
대체 어떻게 안 거지?
후에게는 본능적으로 뛰어난 감각이 있나 봐.
어헝~ 어헝~♬ 뛰어난 감각의 소유자 후, 후, 후~!
푸헐헐! 쌤도 이상한 낌새를…
찌릿
모, 몰랐다고!
찌릿
척
끄으으…! 함정을 잘도 피하는군.
낑낑…
냥~ 냥~ 초록 머리 녀석 진짜 싫다냥!
이번 함정만큼은 절대 빠져나갈 수 없을 거다!
콰악

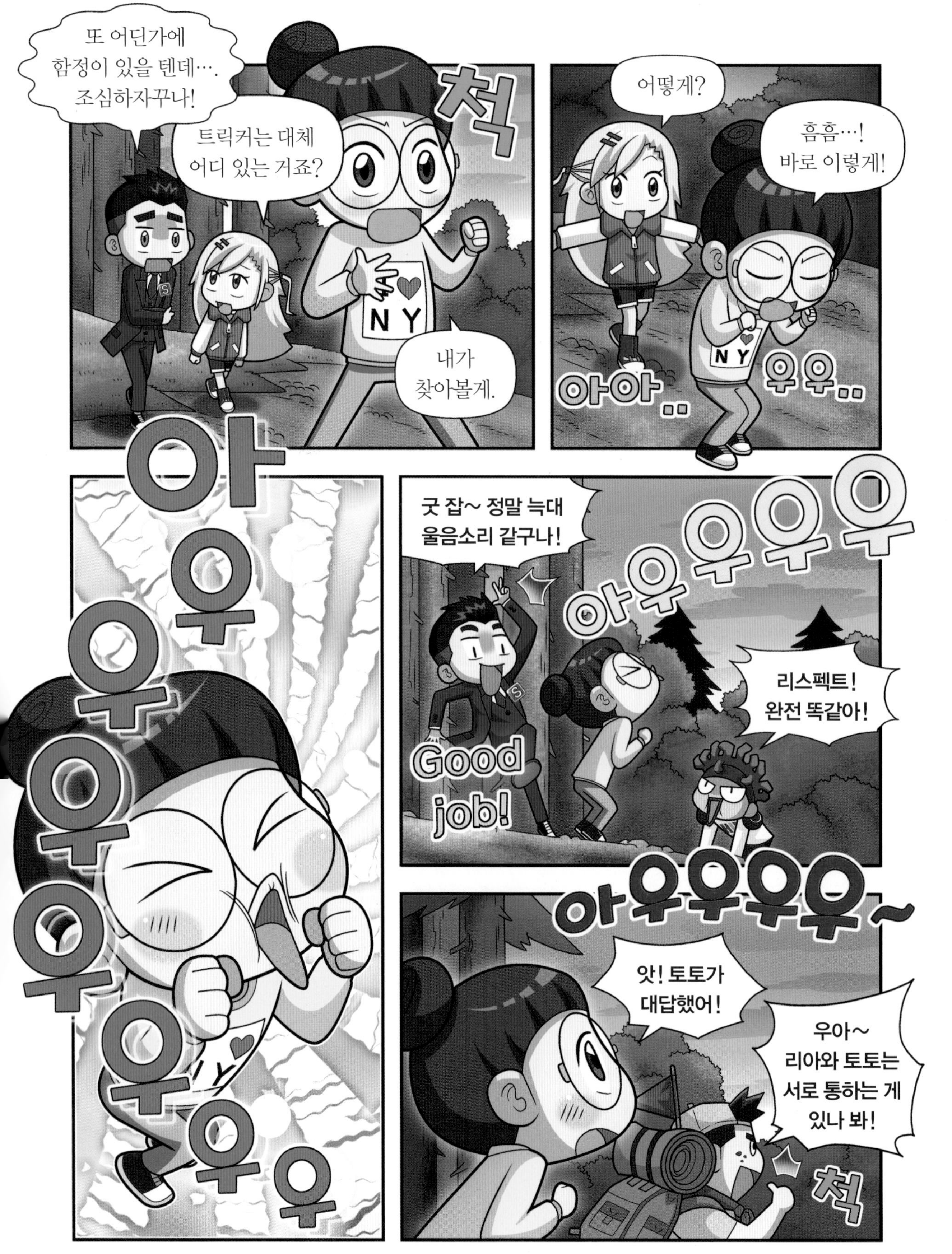
또 어딘가에 함정이 있을 텐데…. 조심하자꾸나!
트릭커는 대체 어디 있는 거죠?
척
내가 찾아볼게.
어떻게?
흠흠…! 바로 이렇게!
아아..
우우..
아우우우우우우우
굿 잡~ 정말 늑대 울음소리 같구나!
Good job!
아우우우우
리스펙트! 완전 똑같아!
아우우우우우~
앗! 토토가 대답했어!
우아~ 리아와 토토는 서로 통하는 게 있나 봐!
척

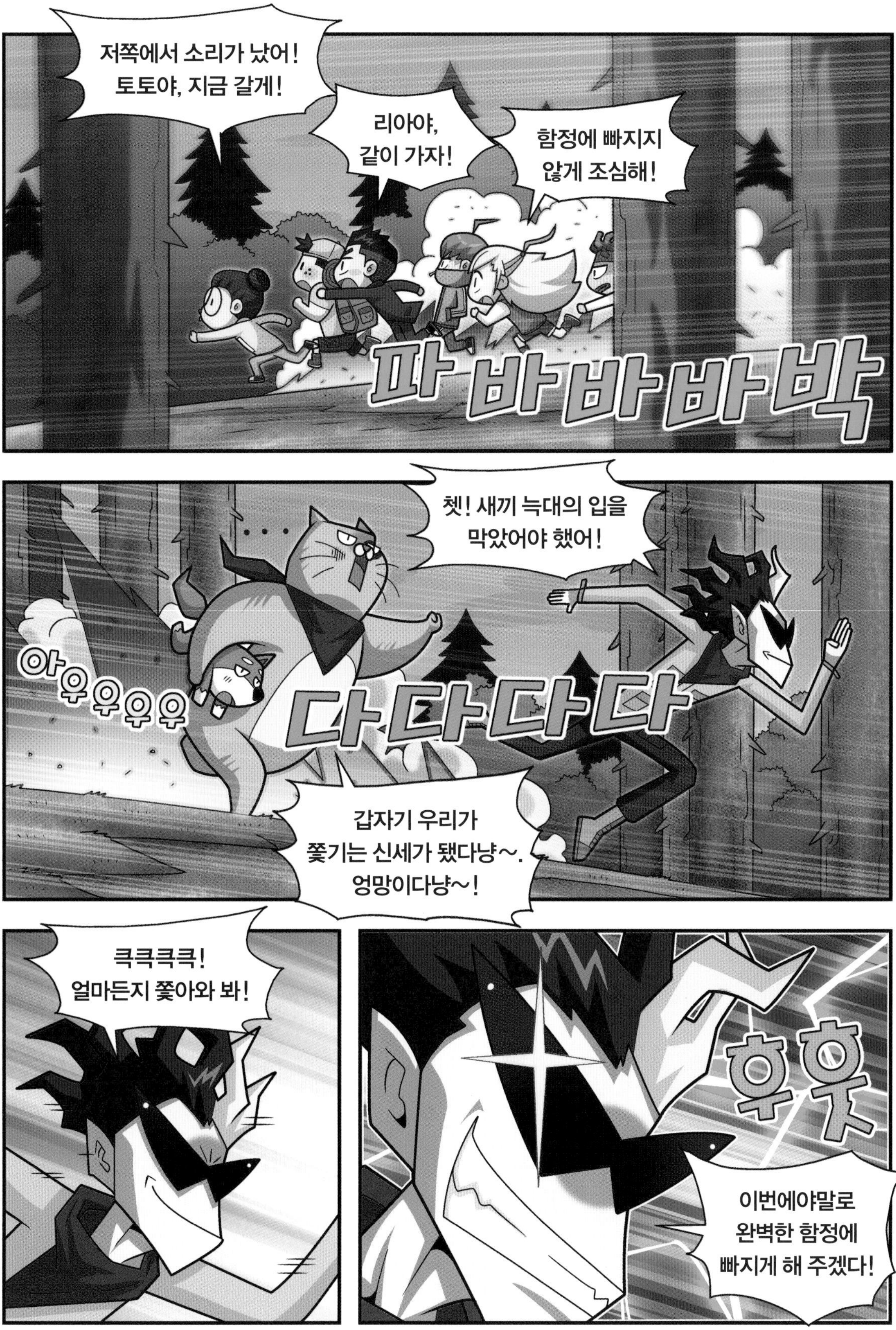

저쪽에서 소리가 났어! 토토야, 지금 갈게!
리아야, 같이 가자!
함정에 빠지지 않게 조심해!
파바바바박
쳇! 새끼 늑대의 입을 막았어야 했어!
아우우우우
다다다다다
갑자기 우리가 쫓기는 신세가 됐다냥~. 엉망이다냥~!
크크크크! 얼마든지 쫓아와 봐!
후훗
이번에야말로 완벽한 함정에 빠지게 해 주겠다!

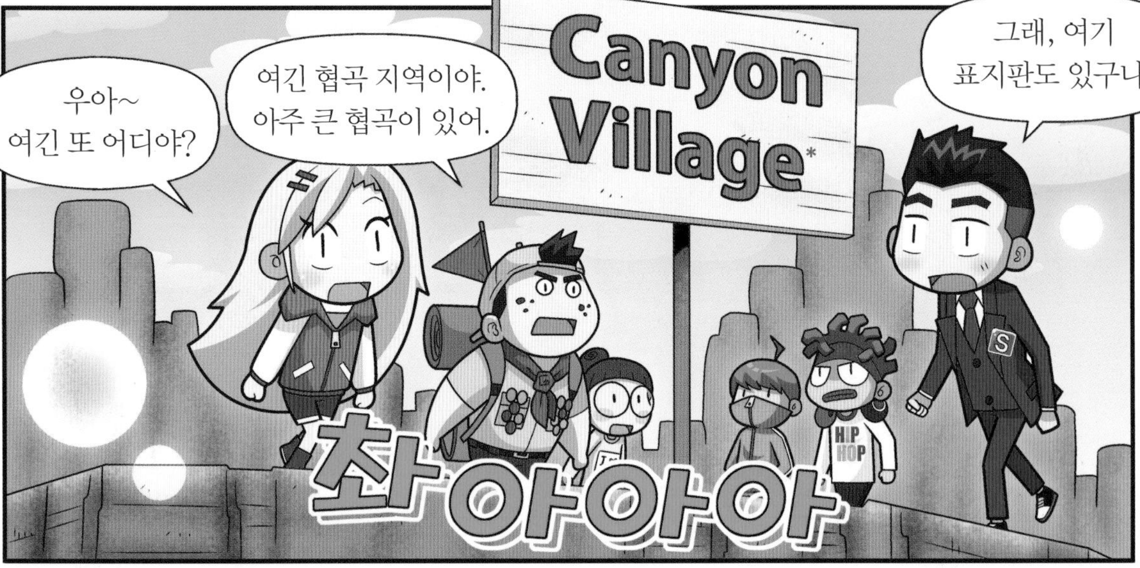
우아~
여긴 또 어디야?
여긴 협곡 지역이야.
아주 큰 협곡이 있어.
Canyon Village*
그래, 여기
표지판도 있구나!
HIP HOP
촤아아아

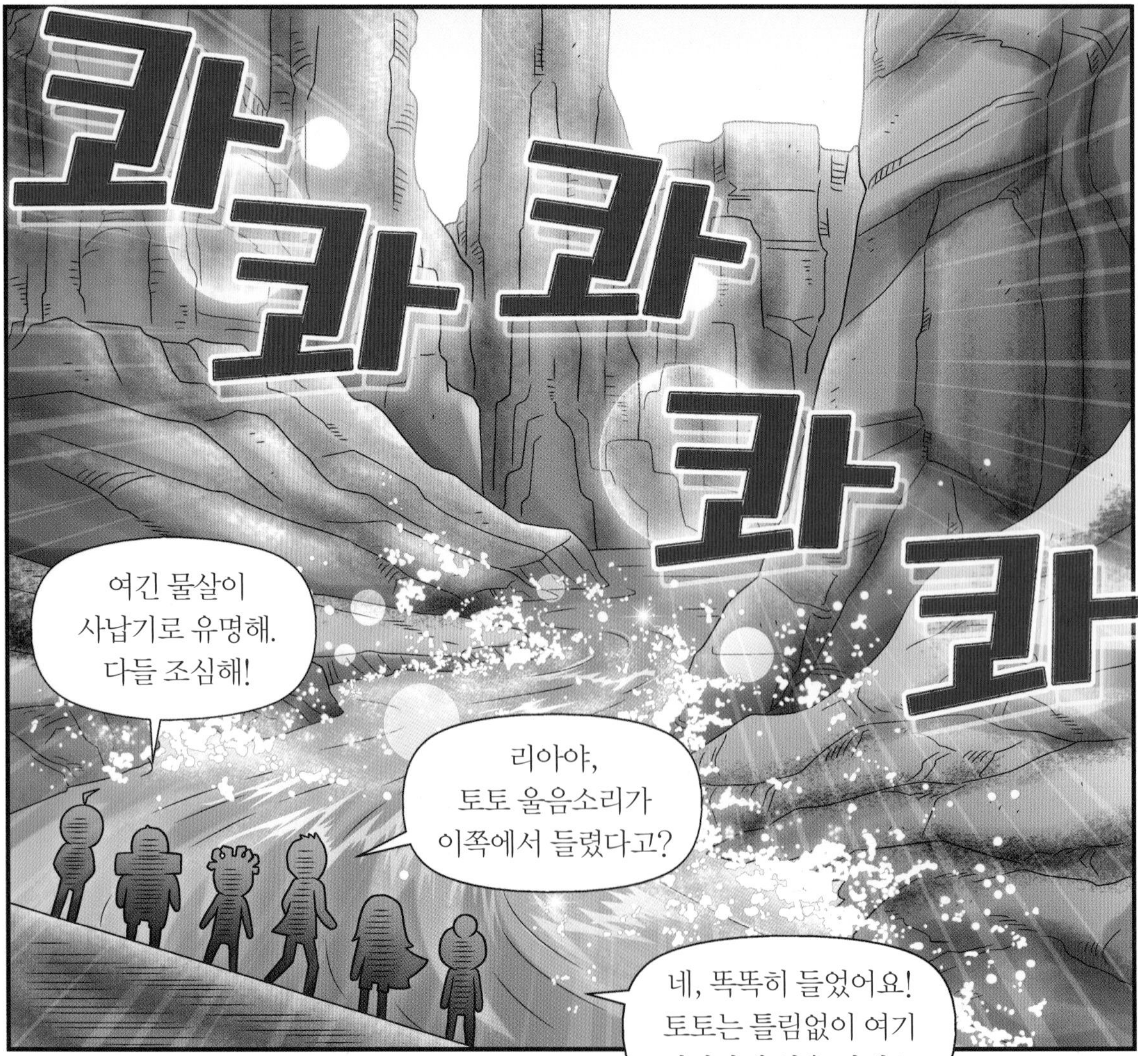
콰콰 콰콰 콰
여긴 물살이
사납기로 유명해.
다들 조심해!
리아야,
토토 울음소리가
이쪽에서 들렸다고?
네, 똑똑히 들었어요!
토토는 틀림없이 여기
어딘가에 있을 거예요.

* Canyon Village[ˈkænjən ˈvɪlɪdʒ]: 협곡 마을.

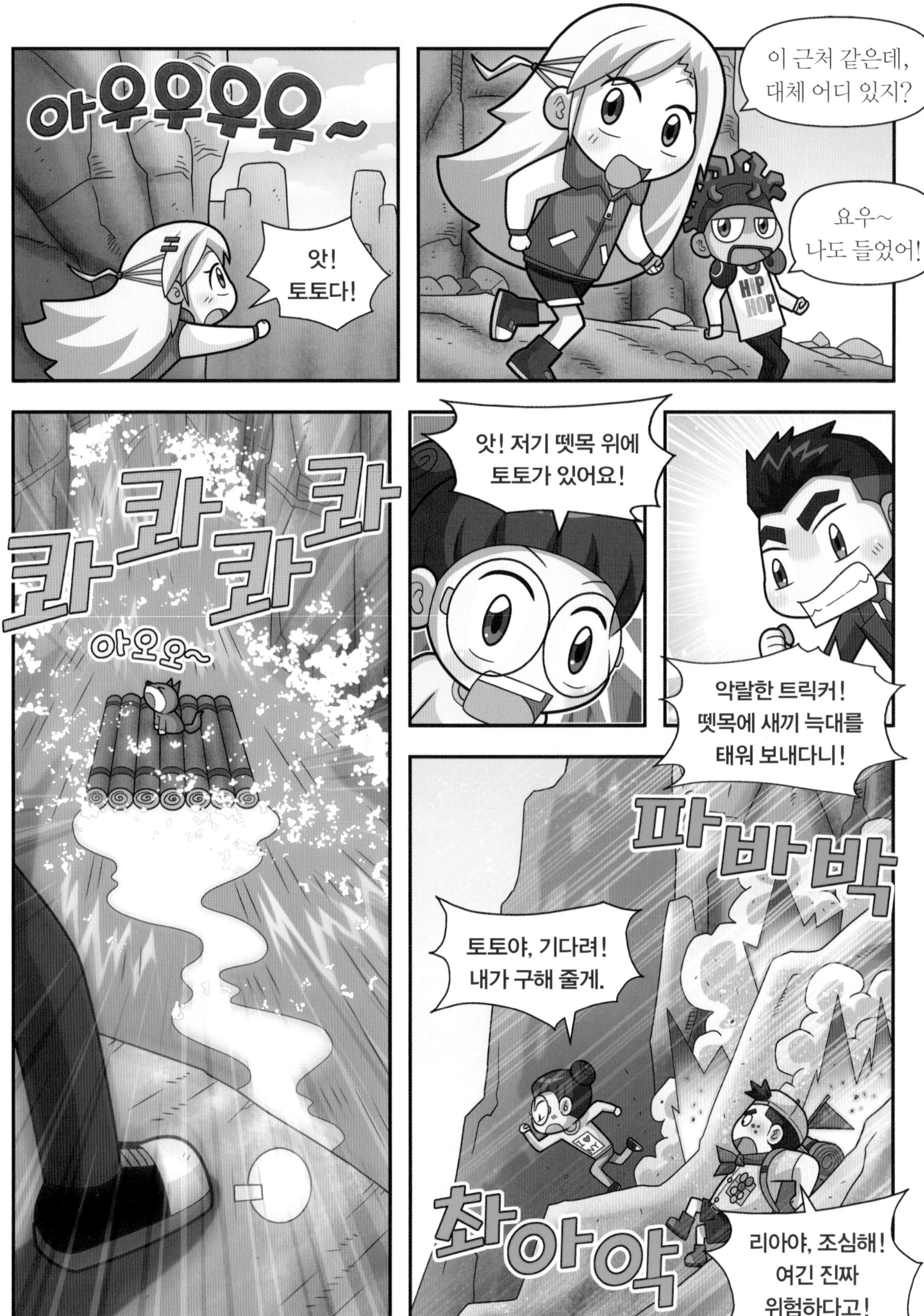

아우우우우~
앗! 토토다!
이 근처 같은데, 대체 어디 있지?
요우~ 나도 들었어!
HIP HOP
콰콰콰콰
아오오~
앗! 저기 뗏목 위에 토토가 있어요!
악랄한 트릭커! 뗏목에 새끼 늑대를 태워 보내다니!
파바박
토토야, 기다려! 내가 구해 줄게.
촤아악
리아야, 조심해! 여긴 진짜 위험하다고!

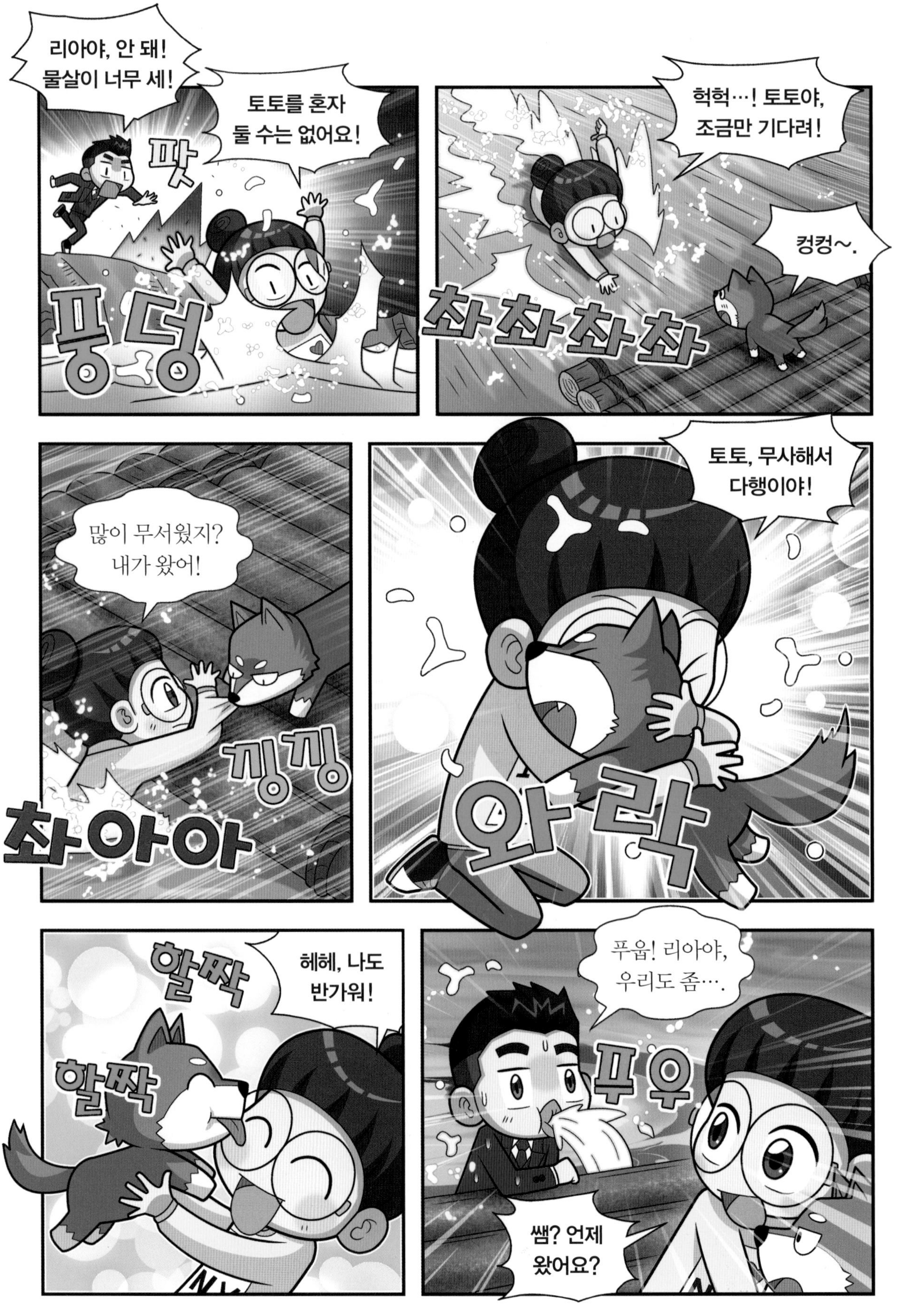

리아야, 안 돼!
물살이 너무 세!
토토를 혼자
둘 수는 없어요!
팍
풍덩
헉헉…! 토토야,
조금만 기다려!
컹컹~.
촤촤촤촤
많이 무서웠지?
내가 왔어!
낑낑
촤아아
토토, 무사해서
다행이야!
와락
할짝
할짝
헤헤, 나도
반가워!
푸웁! 리아야,
우리도 좀….
푸우
쌤? 언제
왔어요?

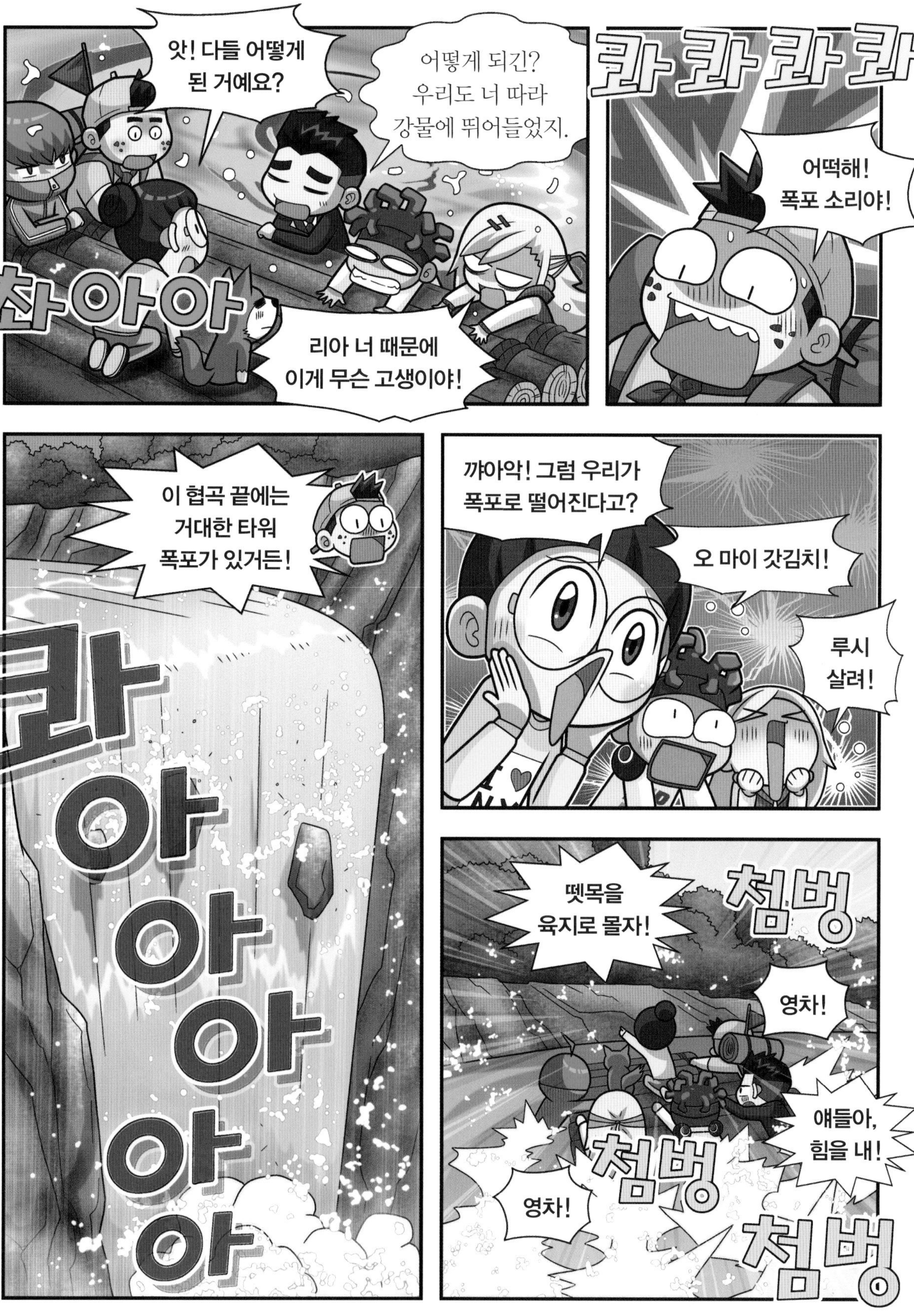
앗! 다들 어떻게 된 거예요?
어떻게 되긴? 우리도 너 따라 강물에 뛰어들었지.
촤아아
리아 너 때문에 이게 무슨 고생이야!
콰콰콰콰
어떡해! 폭포 소리야!
이 협곡 끝에는 거대한 타워 폭포가 있거든!
콰아아아아아
꺄아악! 그럼 우리가 폭포로 떨어진다고?
오 마이 갓김치!
루시 살려!
뗏목을 육지로 몰자!
첨벙
영차!
얘들아, 힘을 내!
첨벙
영차!
첨벙

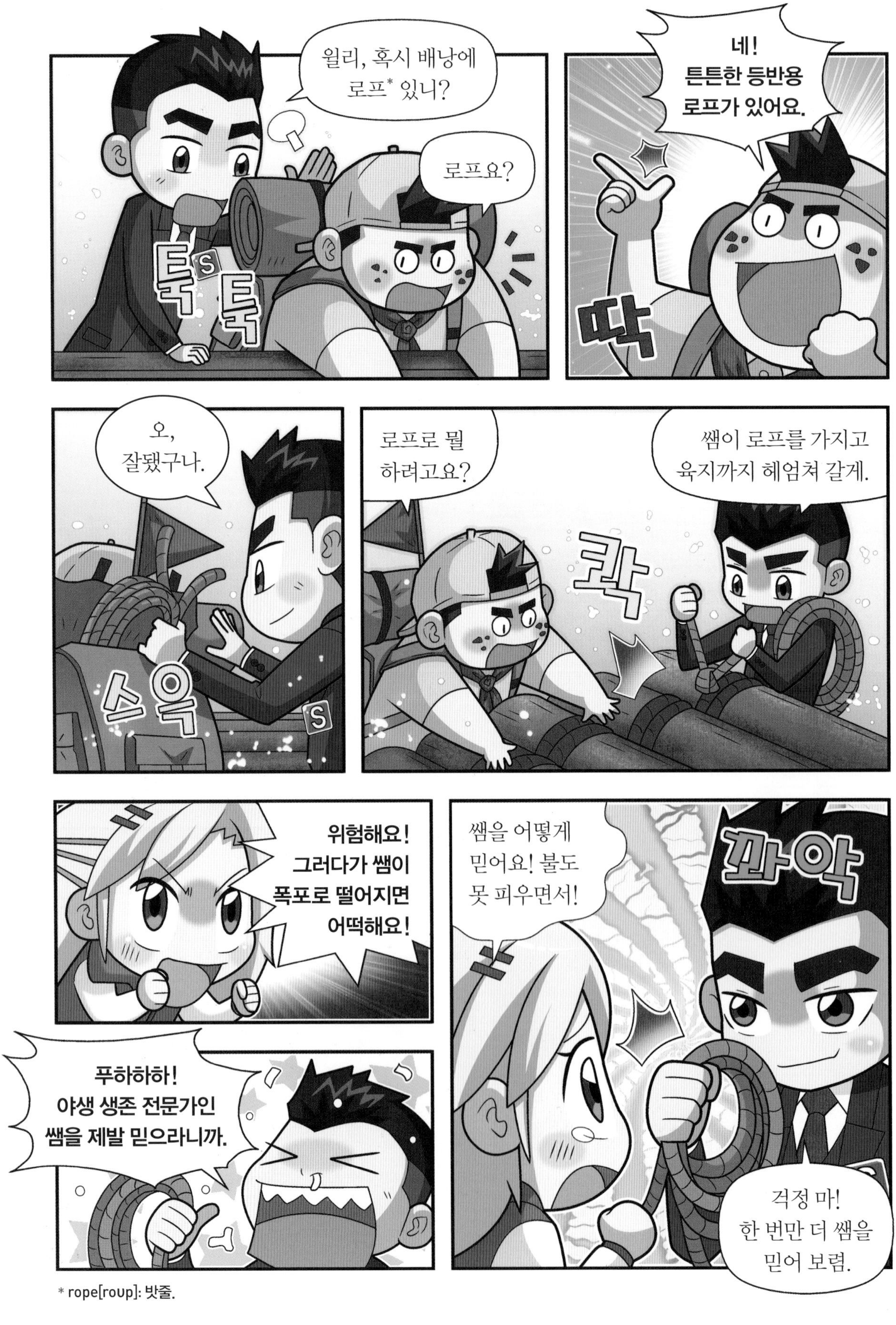
윌리, 혹시 배낭에 로프* 있니?
로프요?
툭 툭
네! 튼튼한 등반용 로프가 있어요.
딱
오, 잘됐구나.
스윽
로프로 뭘 하려고요?
쌤이 로프를 가지고 육지까지 헤엄쳐 갈게.
콱
위험해요! 그러다가 쌤이 폭포로 떨어지면 어떡해요!
쌤을 어떻게 믿어요! 불도 못 피우면서!
꽈악
걱정 마! 한 번만 더 쌤을 믿어 보렴.
푸하하하! 야생 생존 전문가인 쌤을 제발 믿으라니까.

* rope[roʊp]: 밧줄.

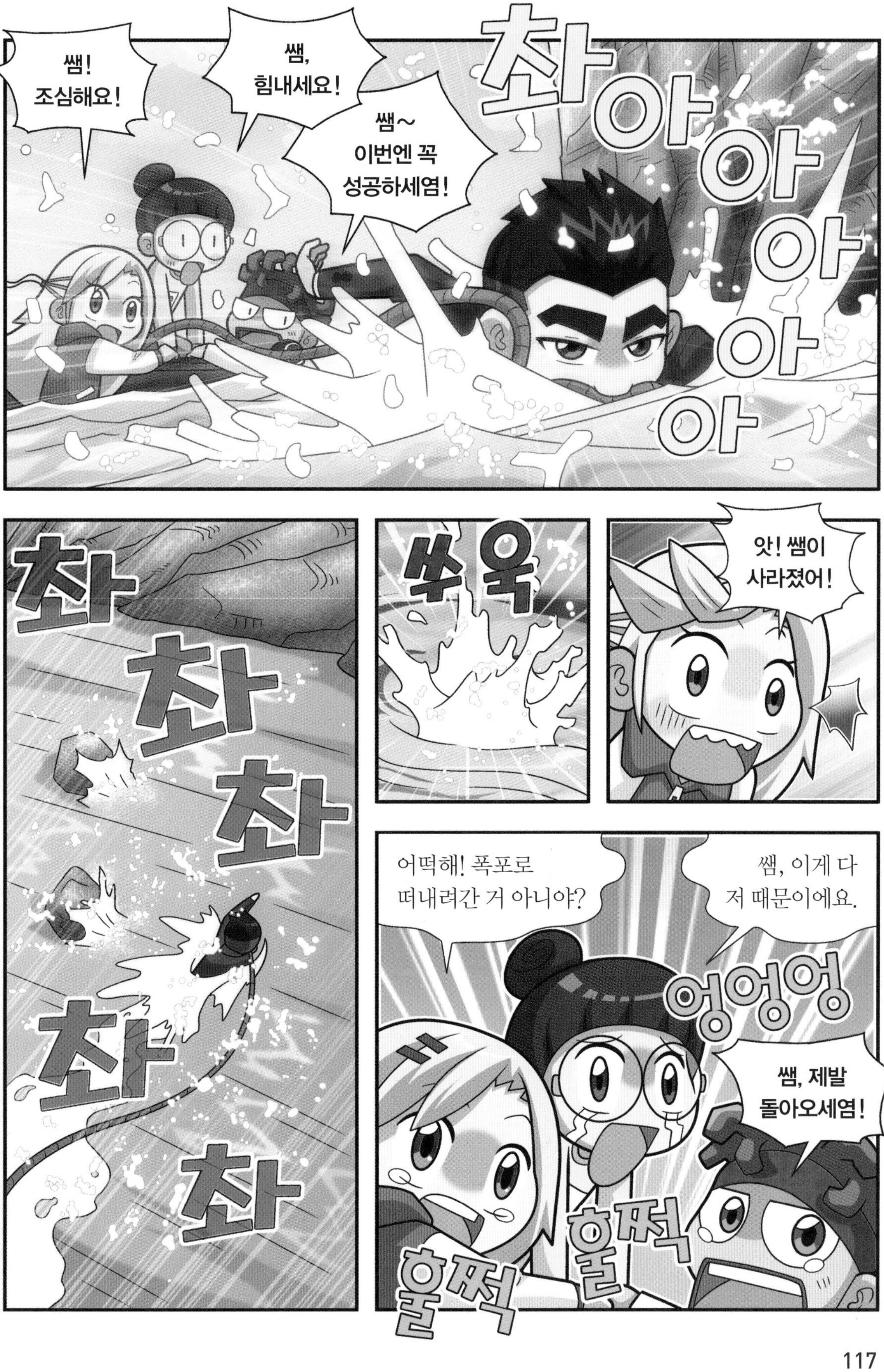

쌤!
조심해요!
쌤,
힘내세요!
쌤~
이번엔 꼭
성공하세염!
촤아아아아아
촤
촤
촤
촤
촤
쑤욱
앗! 쌤이
사라졌어!
어떡해! 폭포로
떠내려간 거 아니야?
쌤, 이게 다
저 때문이에요.
엉엉엉
쌤, 제발
돌아오세염!
훌쩍
훌쩍

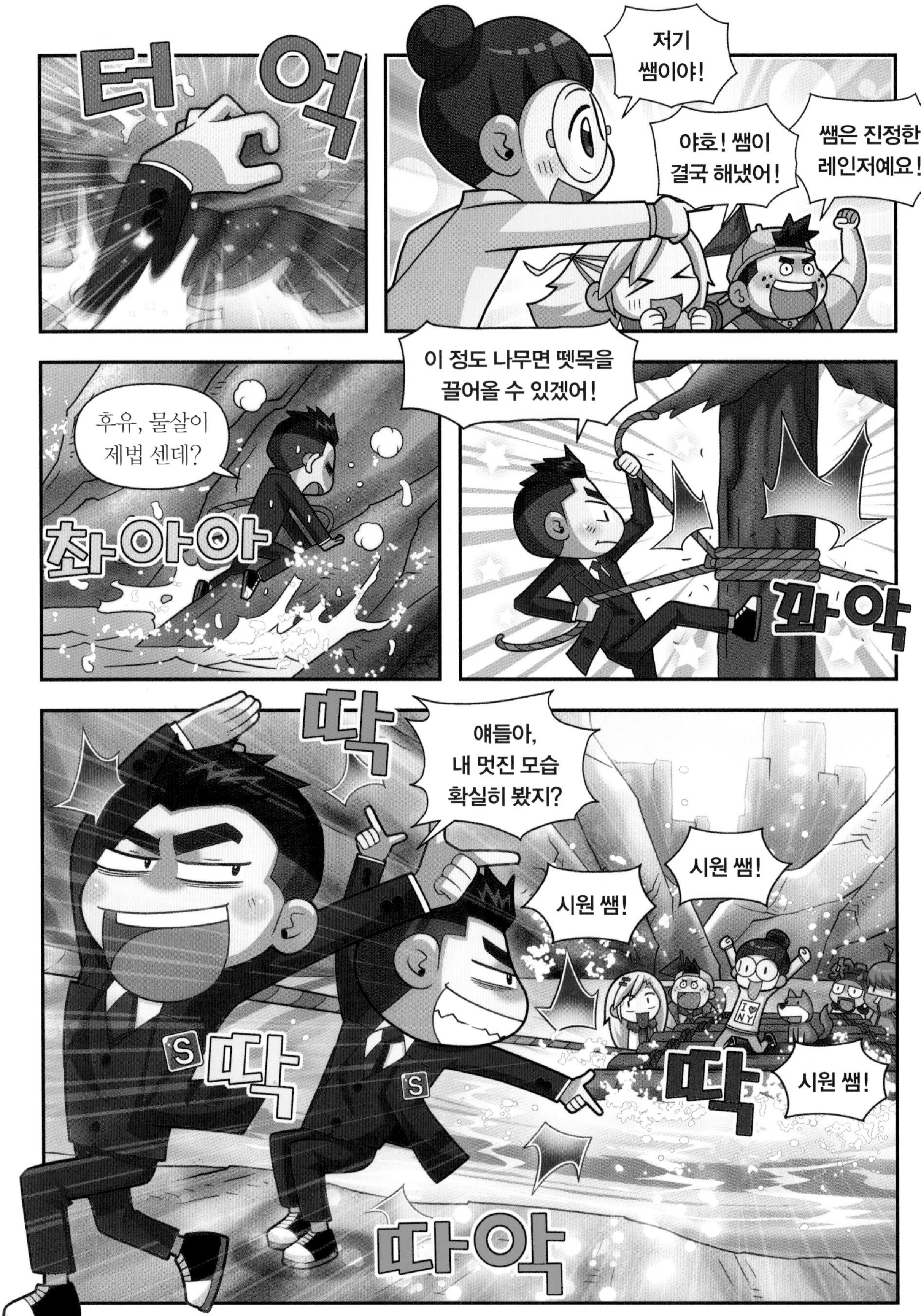
터억
저기 쌤이야!
야호! 쌤이 결국 해냈어!
쌤은 진정한 레인저예요!
후유, 물살이 제법 센데?
촤아아
이 정도 나무면 뗏목을 끌어올 수 있겠어!
꽈악
딱
얘들아, 내 멋진 모습 확실히 봤지?
시원 쌤!
시원 쌤!
딱
딱
시원 쌤!
따악

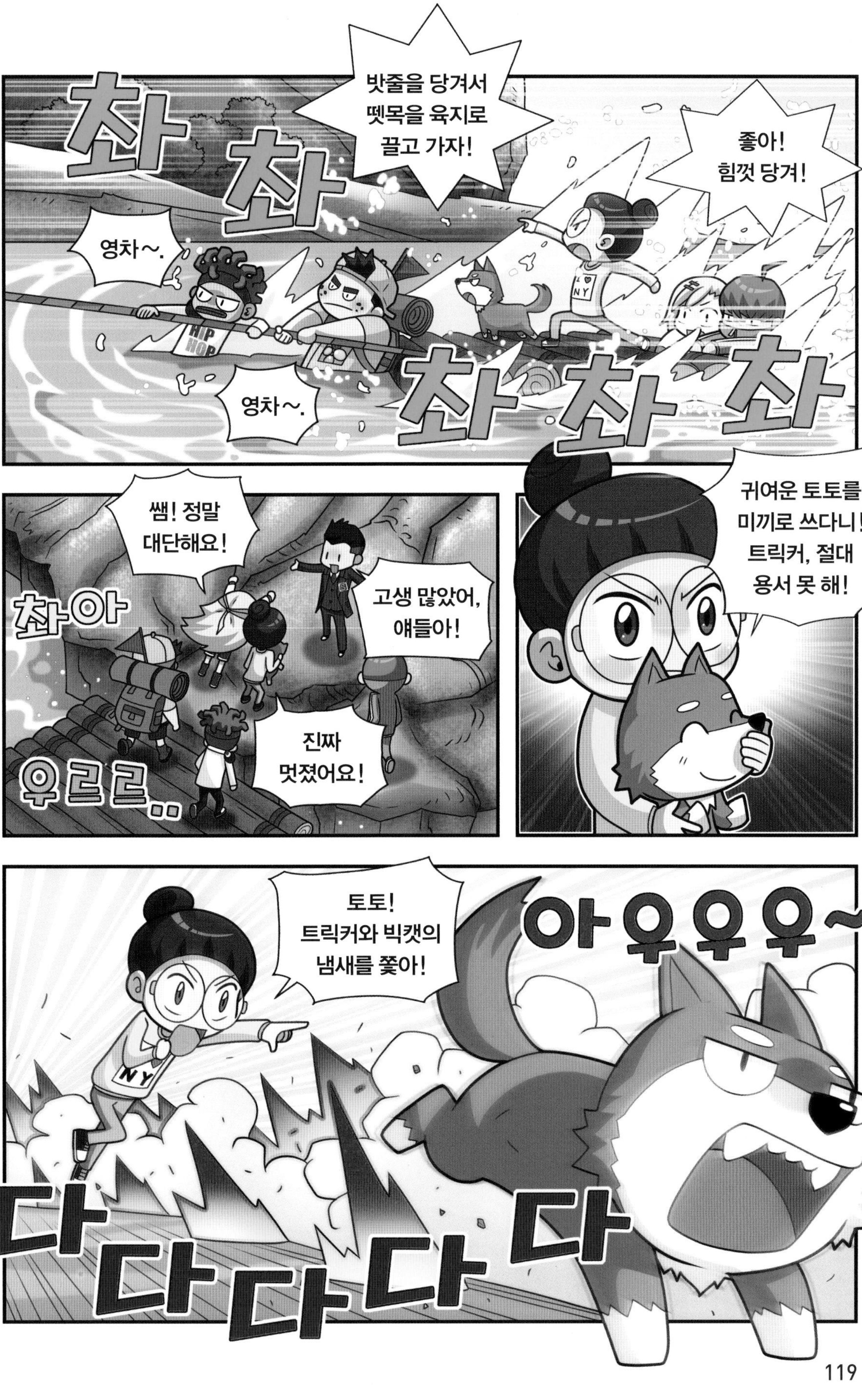

촤
촤
밧줄을 당겨서
뗏목을 육지로
끌고 가자!
좋아!
힘껏 당겨!
영차~.
영차~.
촤 촤 촤
쌤! 정말
대단해요!
고생 많았어,
얘들아!
촤아
진짜
멋졌어요!
우르르..
귀여운 토토를
미끼로 쓰다니!
트릭커, 절대
용서 못 해!
토토!
트릭커와 빅캣의
냄새를 쫓아!
아우우우~
다 다 다 다 다 다

Chapter 6

# 늑대들의 귀환

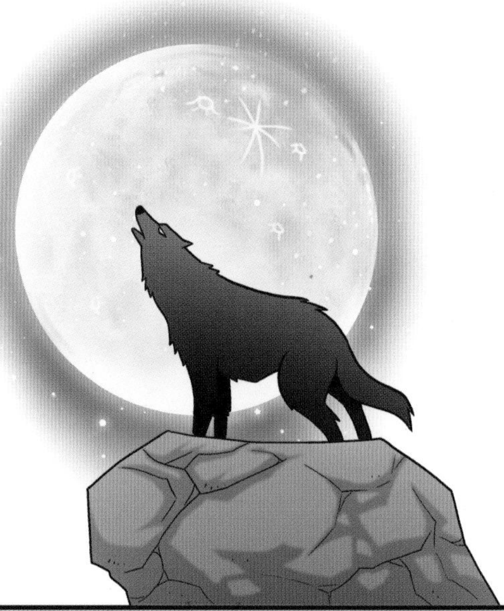

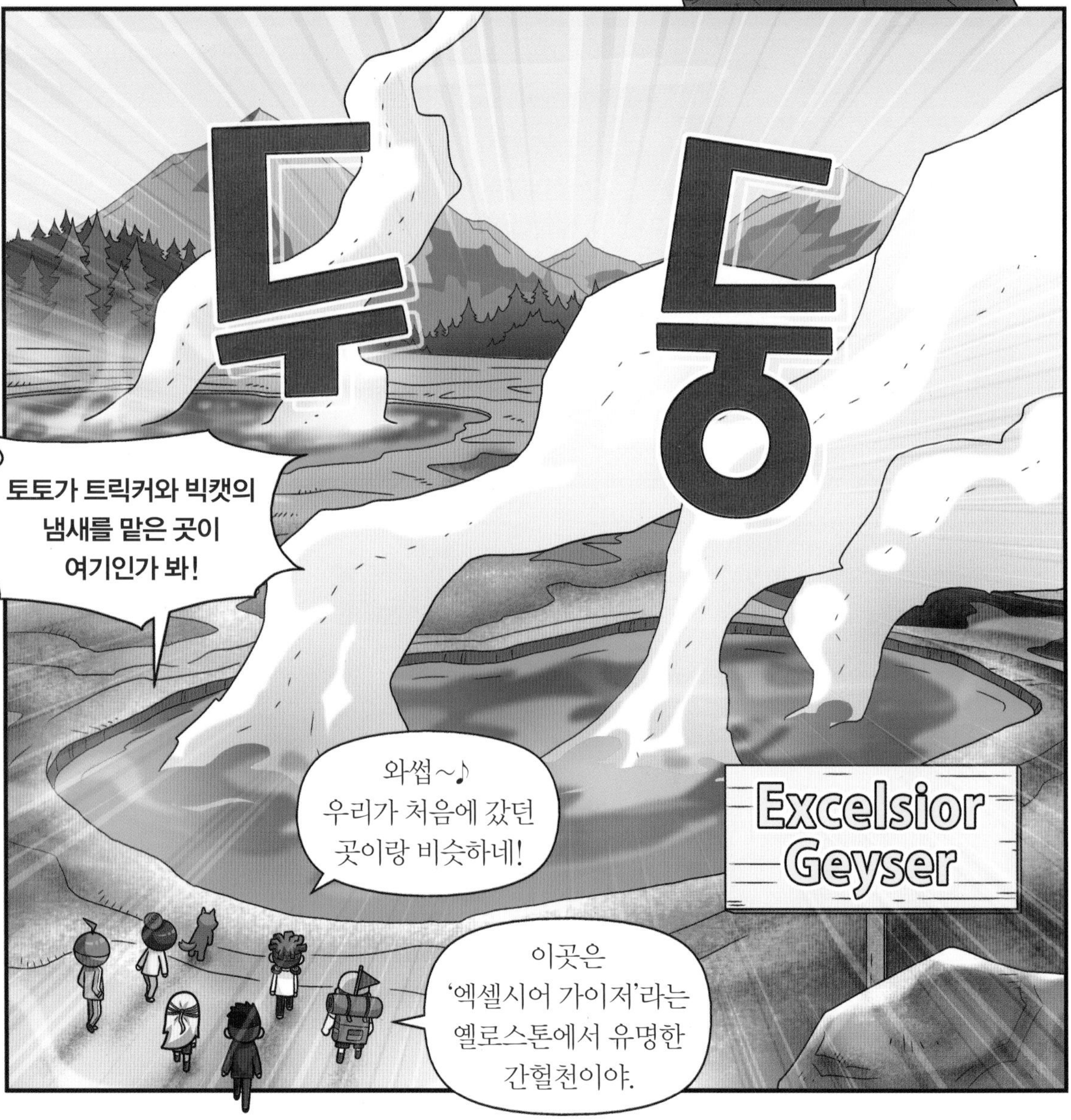
두둥
토토가 트릭커와 빅캣의 냄새를 맡은 곳이 여기인가 봐!
와썹~♪ 우리가 처음에 갔던 곳이랑 비슷하네!
Excelsior Geyser
이곳은 '엑셀시어 가이저'라는 옐로스톤에서 유명한 간헐천이야.

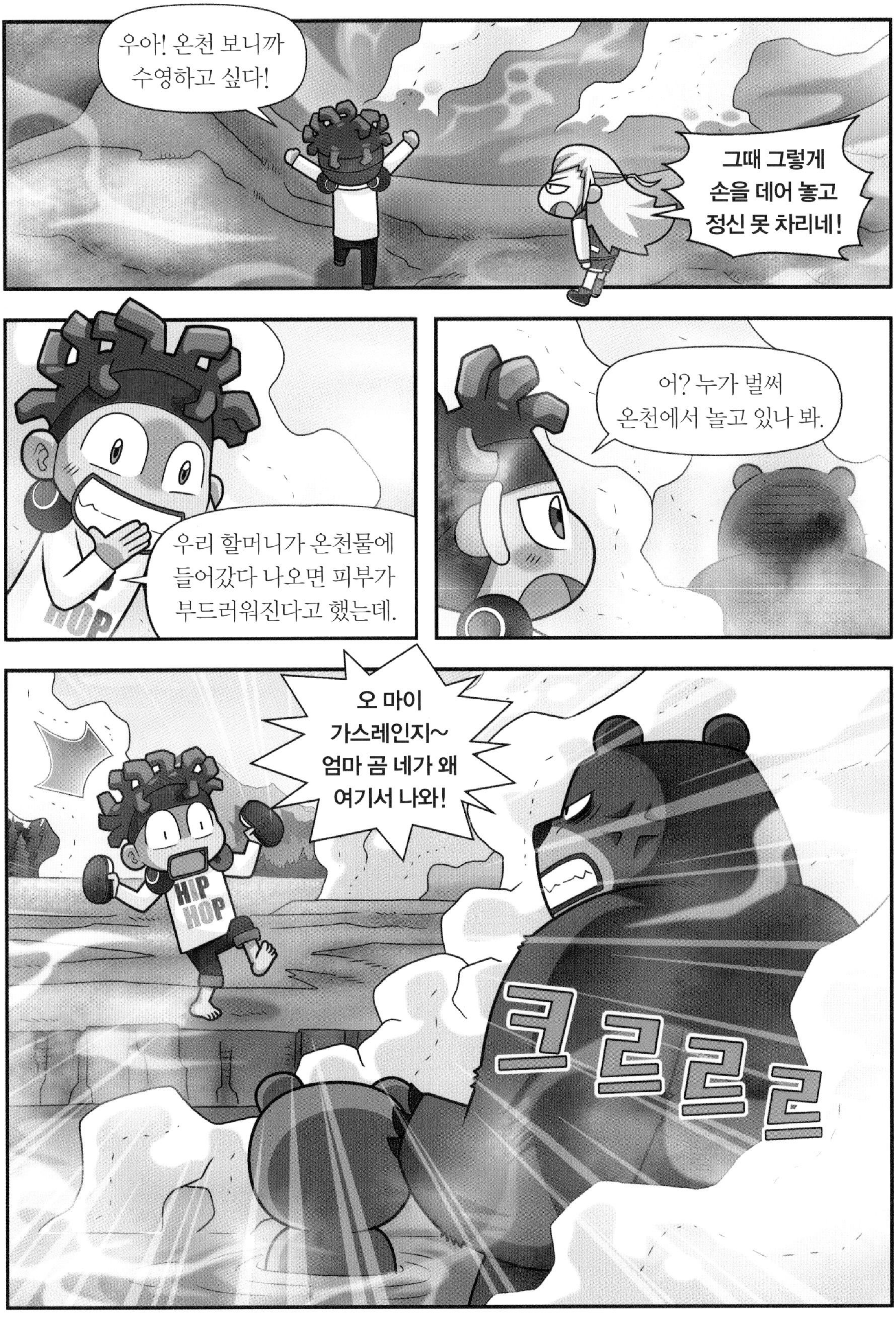
우아! 온천 보니까 수영하고 싶다!
그때 그렇게 손을 데어 놓고 정신 못 차리네!
우리 할머니가 온천물에 들어갔다 나오면 피부가 부드러워진다고 했는데.
HOP
어? 누가 벌써 온천에서 놀고 있나 봐.
오 마이 가스레인지~ 엄마 곰 네가 왜 여기서 나와!
HIP HOP
크르르르

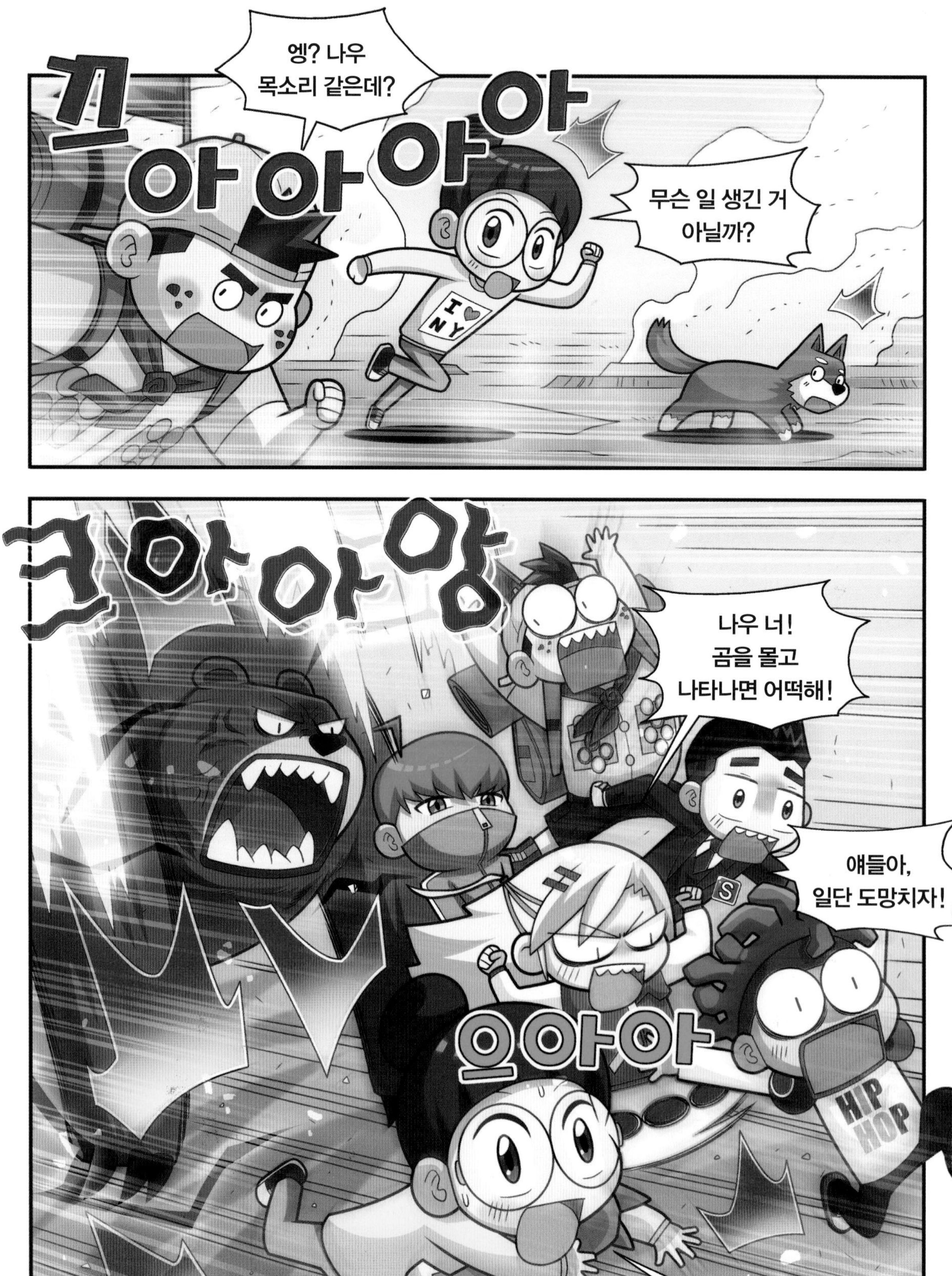

엥? 나우
목소리 같은데?
크아아아아아
무슨 일 생긴 거
아닐까?
크아아앙
나우 너!
곰을 몰고
나타나면 어떡해!
얘들아,
일단 도망치자!
으아아
HIP HOP
꺄아악!
저 엄마 곰은 왜
자꾸 등장하는 거야!

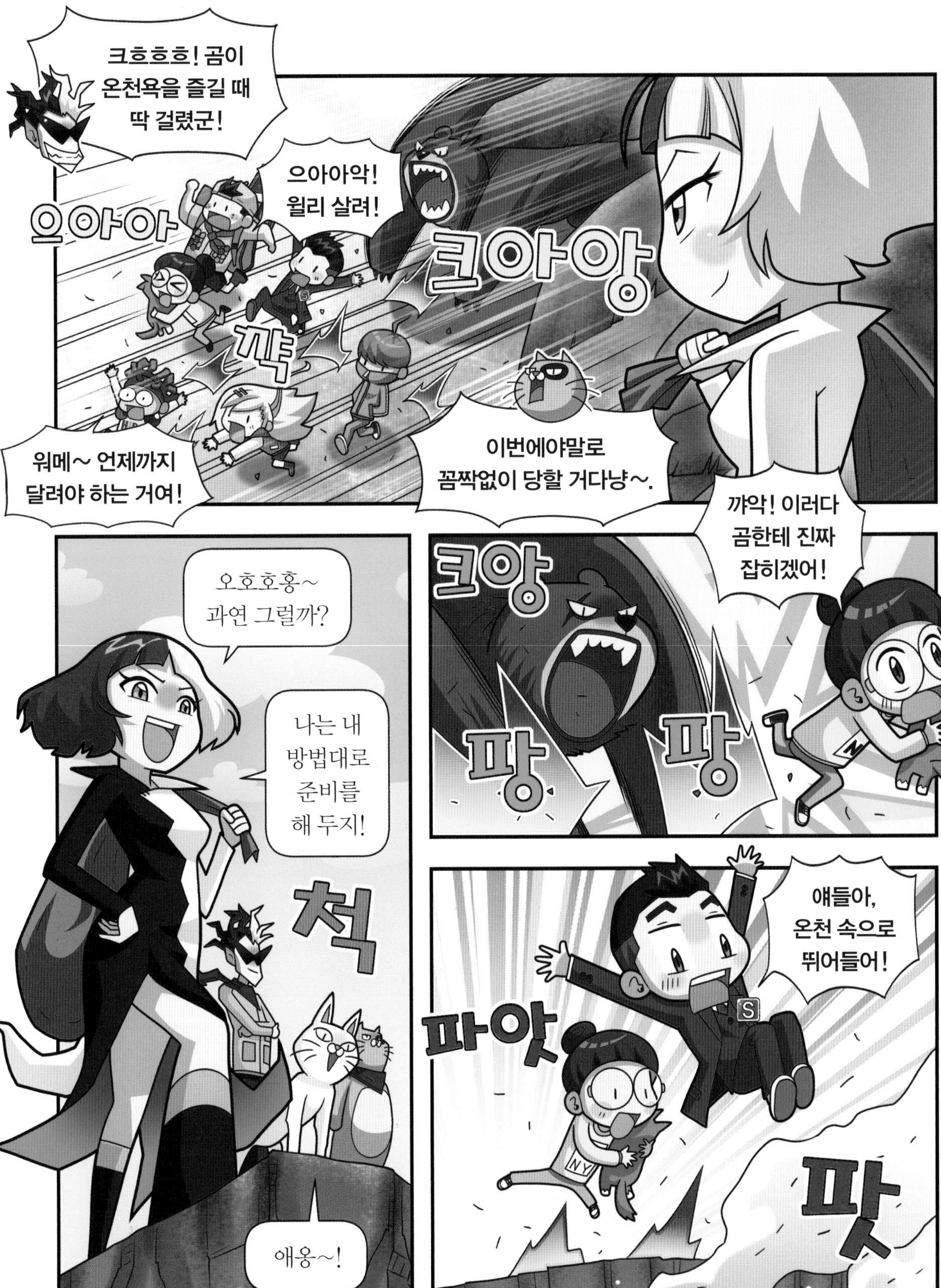

크흐흐흐! 곰이 온천욕을 즐길 때 딱 걸렸군!
으아아악! 윌리 살려!
으아아
크아앙
꺅
워메~ 언제까지 달려야 하는 거여!
이번에야말로 꼼짝없이 당할 거다냥~.
꺄악! 이러다 곰한테 진짜 잡히겠어!
오호호홍~ 과연 그럴까?
나는 내 방법대로 준비를 해 두지!
척
애옹~!
크앙
팡
팡
얘들아, 온천 속으로 뛰어들어!
파앗
팟

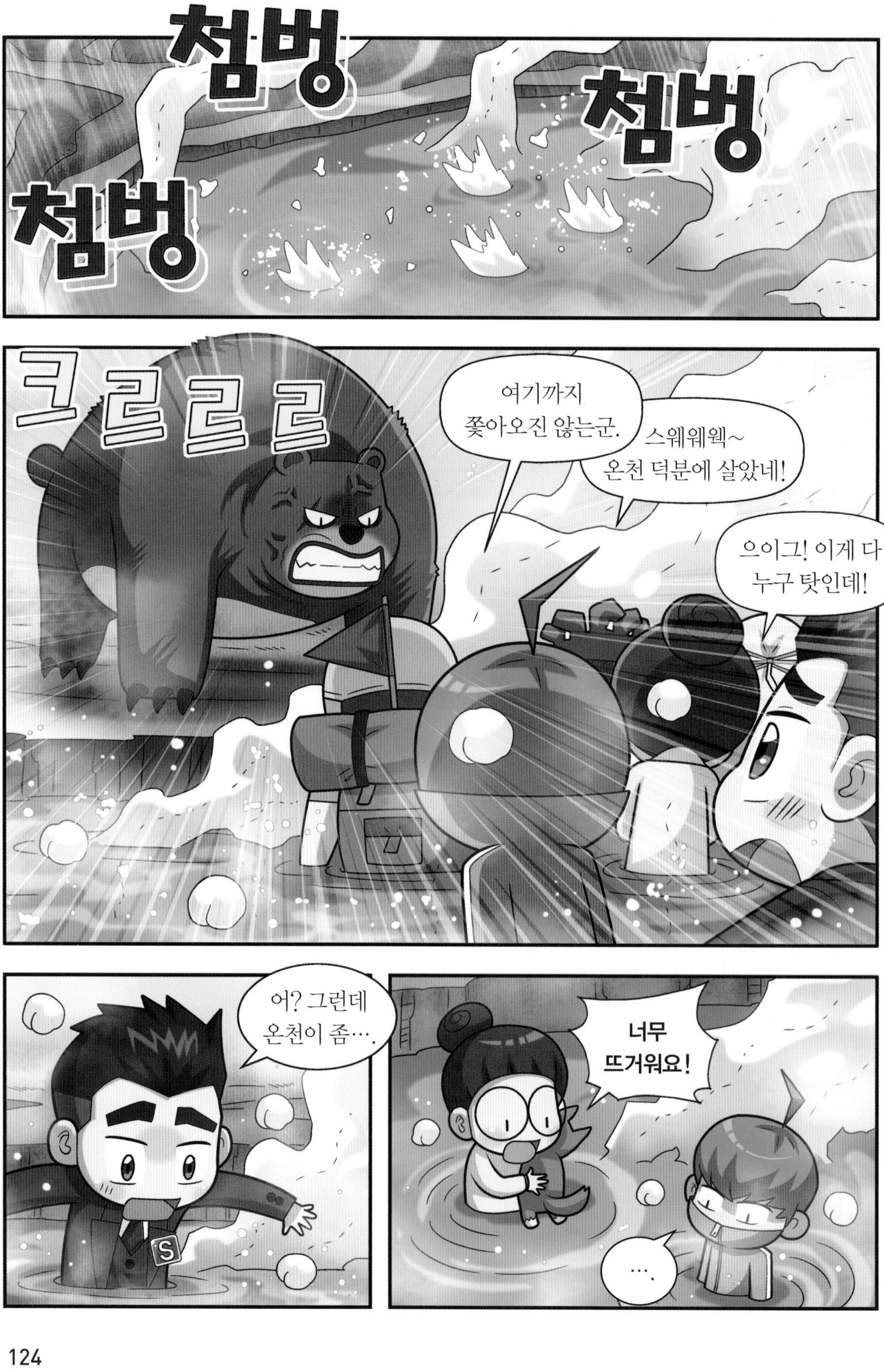
첨벙
첨벙
첨벙
크르르르
여기까지 쫓아오진 않는군.
스웨웨웩~ 온천 덕분에 살았네!
으이그! 이게 다 누구 탓인데!
어? 그런데 온천이 좀….
너무 뜨거워요!
….

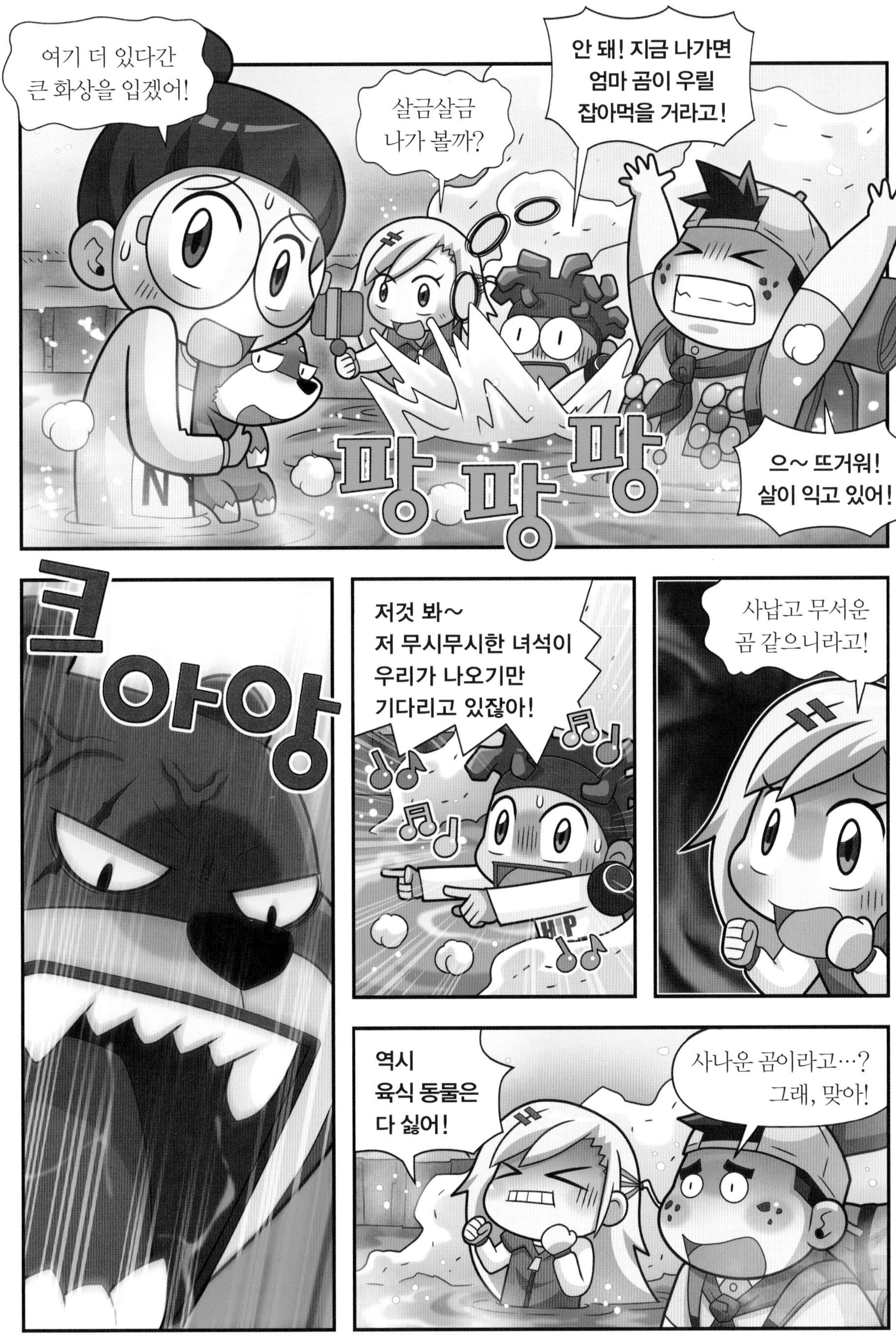

여기 더 있다간
큰 화상을 입겠어!
살금살금
나가 볼까?
안 돼! 지금 나가면
엄마 곰이 우릴
잡아먹을 거라고!
팡 팡 팡
으~ 뜨거워!
살이 익고 있어!
크아앙
저것 봐~
저 무시무시한 녀석이
우리가 나오기만
기다리고 있잖아!
사납고 무서운
곰 같으니라고!
역시
육식 동물은
다 싫어!
사나운 곰이라고…?
그래, 맞아!

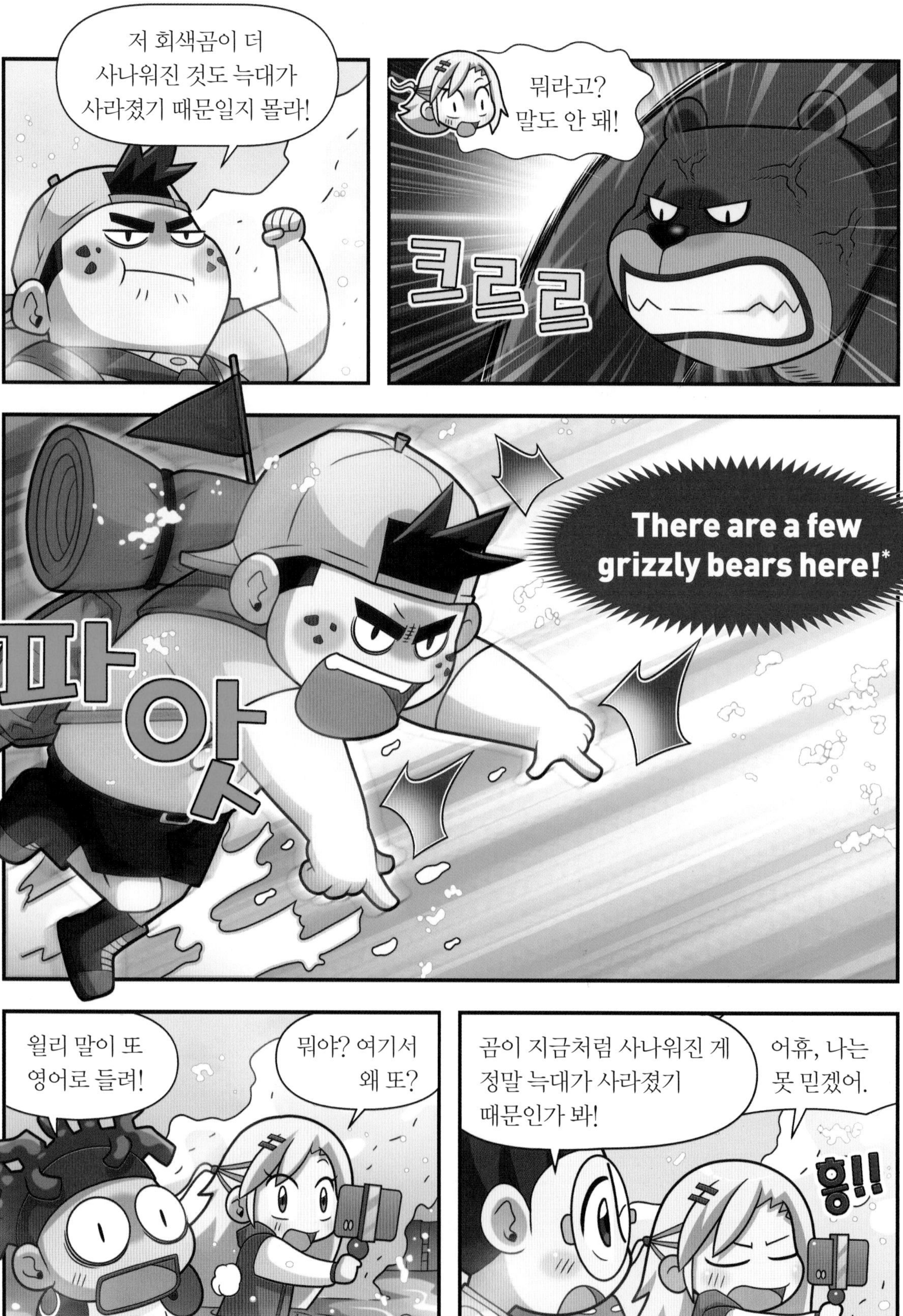
저 회색곰이 더 사나워진 것도 늑대가 사라졌기 때문일지 몰라!
뭐라고? 말도 안 돼!
크르르
There are a few grizzly bears here!*
파아앗
윌리 말이 또 영어로 들려!
뭐야? 여기서 왜 또?
HIP HOP
곰이 지금처럼 사나워진 게 정말 늑대가 사라졌기 때문인가 봐!
어휴, 나는 못 믿겠어.
흥!!

* 여기는 회색곰 몇 마리만 있어!

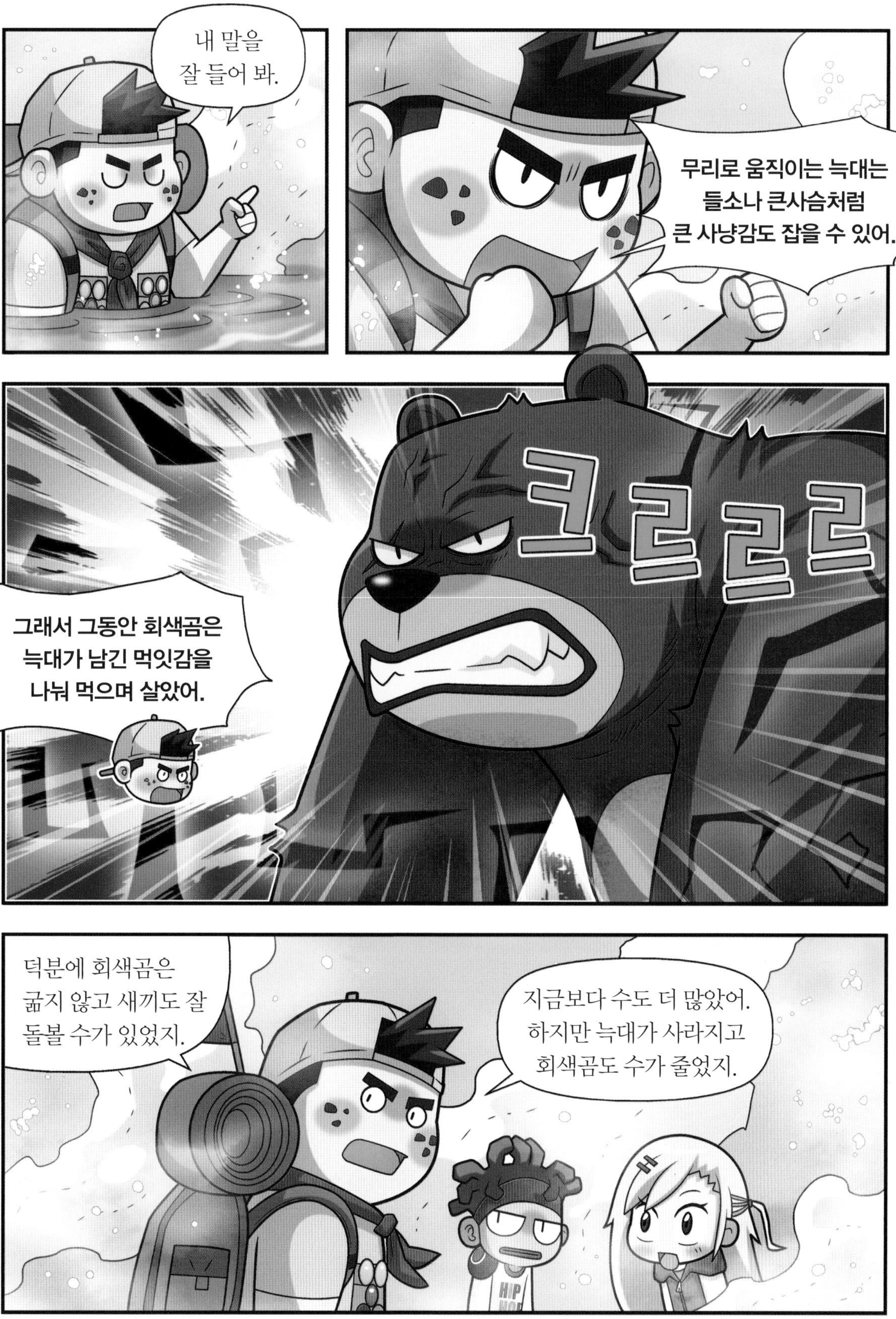
내 말을 잘 들어 봐.
무리로 움직이는 늑대는 들소나 큰사슴처럼 큰 사냥감도 잡을 수 있어.
크르르르
그래서 그동안 회색곰은 늑대가 남긴 먹잇감을 나눠 먹으며 살았어.
덕분에 회색곰은 굶지 않고 새끼도 잘 돌볼 수가 있었지.
지금보다 수도 더 많았어. 하지만 늑대가 사라지고 회색곰도 수가 줄었지.

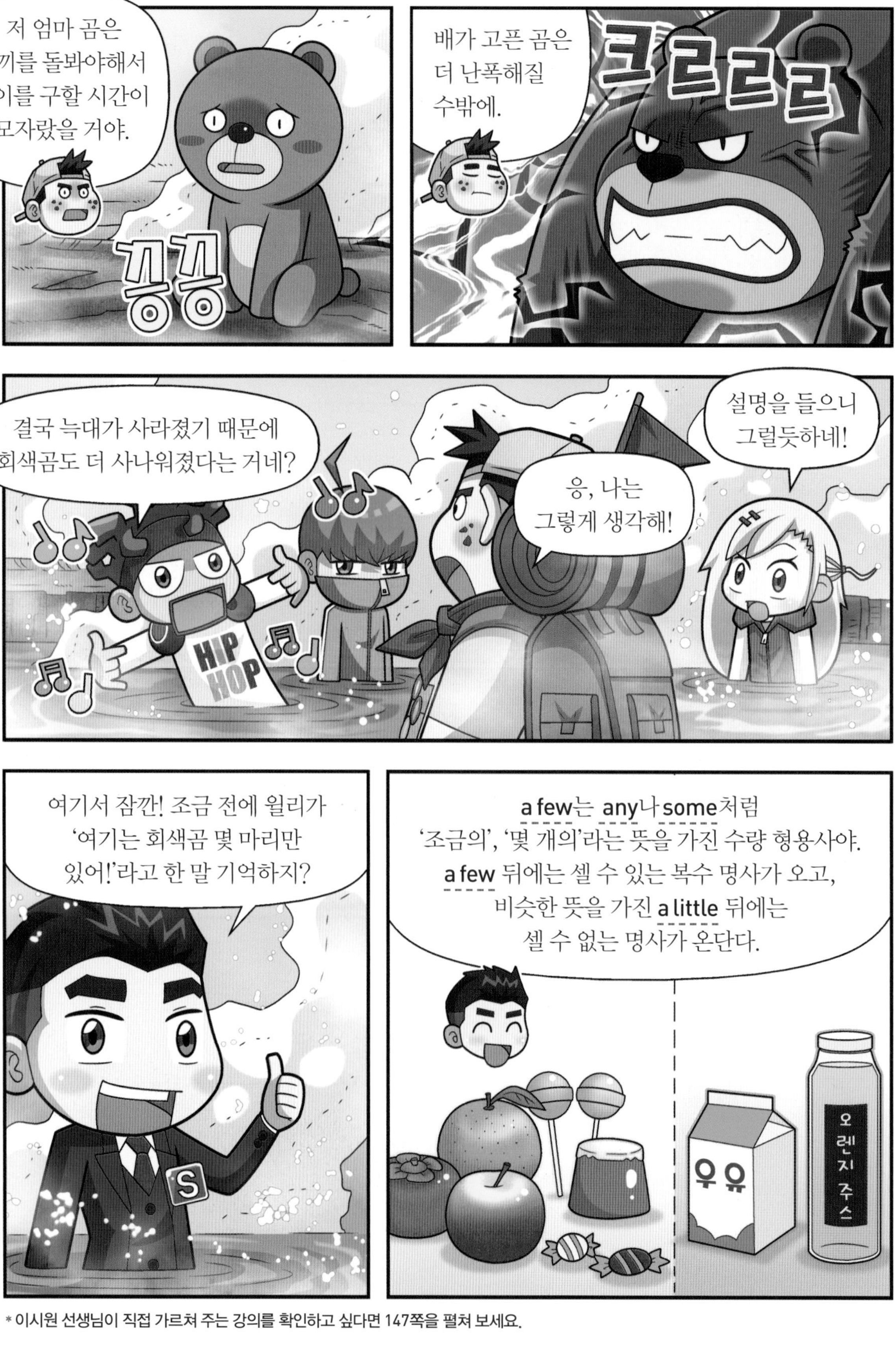

저 엄마 곰은 새끼를 돌봐야해서 먹이를 구할 시간이 모자랐을 거야.
낑낑
배가 고픈 곰은 더 난폭해질 수밖에.
크르르르
결국 늑대가 사라졌기 때문에 회색곰도 더 사나워졌다는 거네?
HIP HOP
응, 나는 그렇게 생각해!
설명을 들으니 그럴듯하네!
여기서 잠깐! 조금 전에 윌리가 '여기는 회색곰 몇 마리만 있어!'라고 한 말 기억하지?
S
a few는 any나 some처럼 '조금의', '몇 개의'라는 뜻을 가진 수량 형용사야. a few 뒤에는 셀 수 있는 복수 명사가 오고, 비슷한 뜻을 가진 a little 뒤에는 셀 수 없는 명사가 온단다.
우유
오렌지 주스


* 이시원 선생님이 직접 가르쳐 주는 강의를 확인하고 싶다면 147쪽을 펼쳐 보세요.

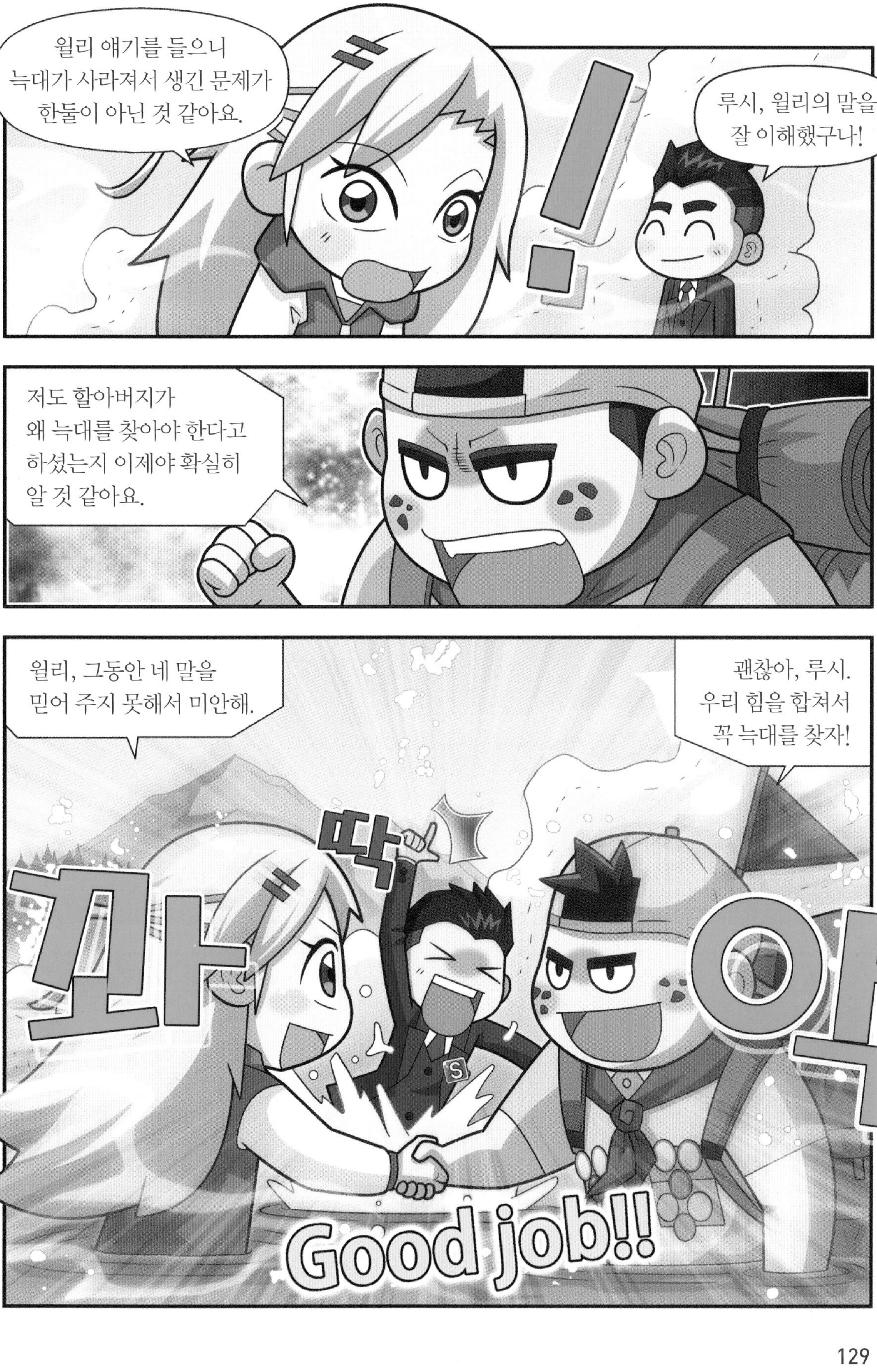

윌리 얘기를 들으니 늑대가 사라져서 생긴 문제가 한둘이 아닌 것 같아요.
루시, 윌리의 말을 잘 이해했구나!
저도 할아버지가 왜 늑대를 찾아야 한다고 하셨는지 이제야 확실히 알 것 같아요.
윌리, 그동안 네 말을 믿어 주지 못해서 미안해.
괜찮아, 루시. 우리 힘을 합쳐서 꼭 늑대를 찾자!
딱
꽈
악
Good job!!

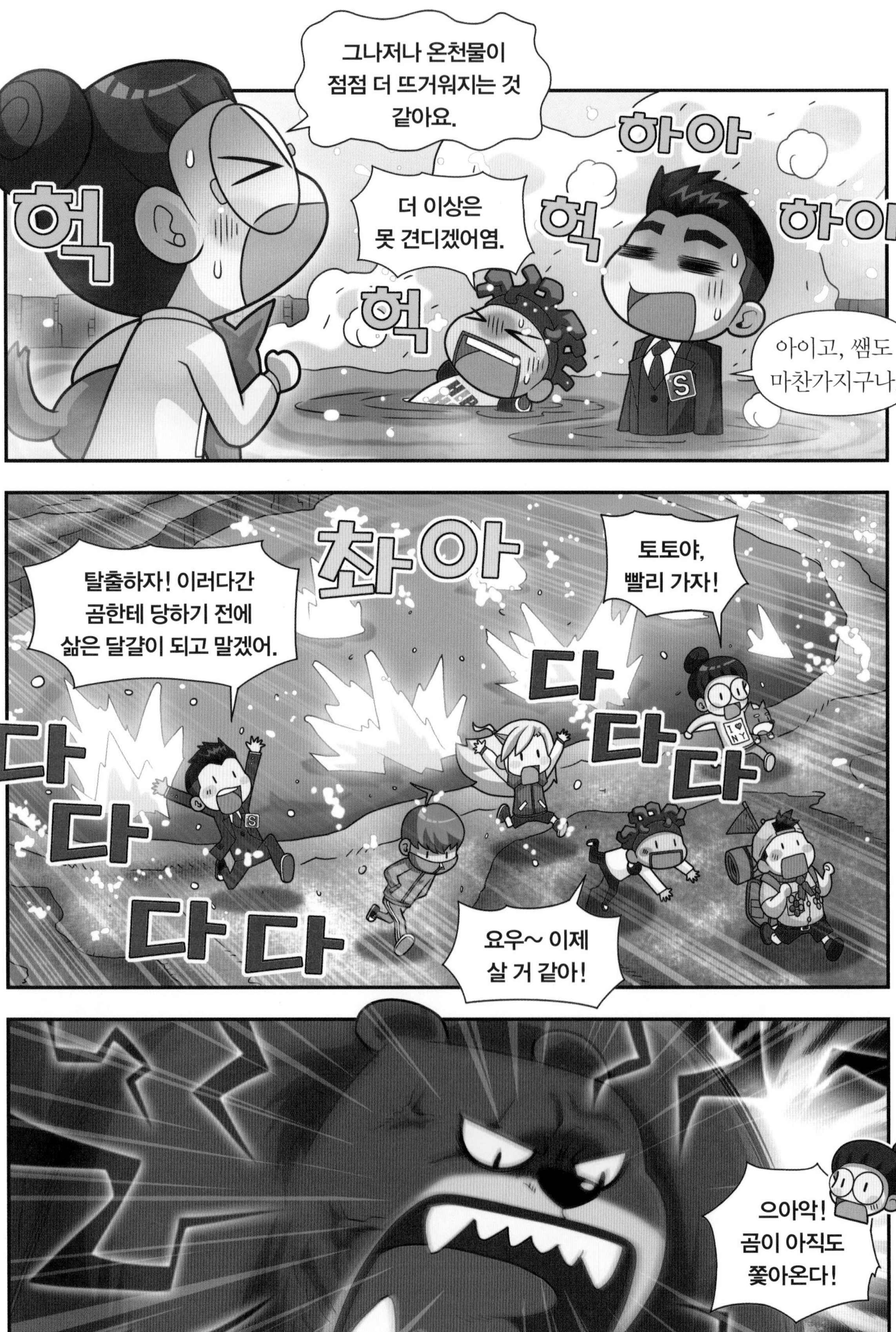
그나저나 온천물이 점점 더 뜨거워지는 것 같아요.
헉
더 이상은 못 견디겠어염.
헉
헉
하아
하아
아이고, 쌤도 마찬가지구나.
차아
탈출하자! 이러다간 곰한테 당하기 전에 삶은 달걀이 되고 말겠어.
토토야, 빨리 가자!
다다다
다다다
다다
요우~ 이제 살 거 같아!
으아악! 곰이 아직도 쫓아온다!

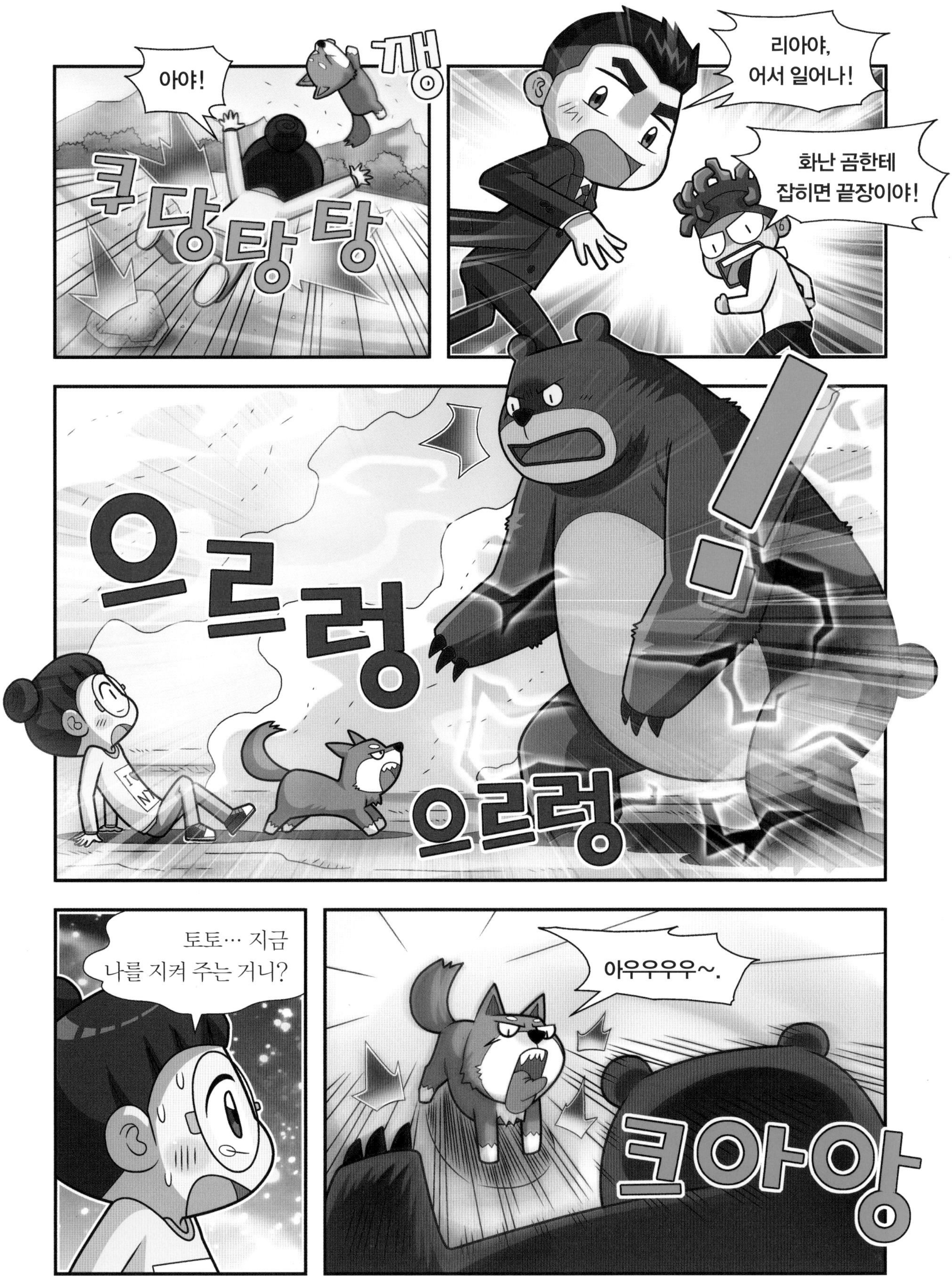
아야!
깽
쿠당탕 탕
리아야,
어서 일어나!
화난 곰한테
잡히면 끝장이야!
!
으르렁
으르렁
토토… 지금
나를 지켜 주는 거니?
아우우우우~.
크아앙

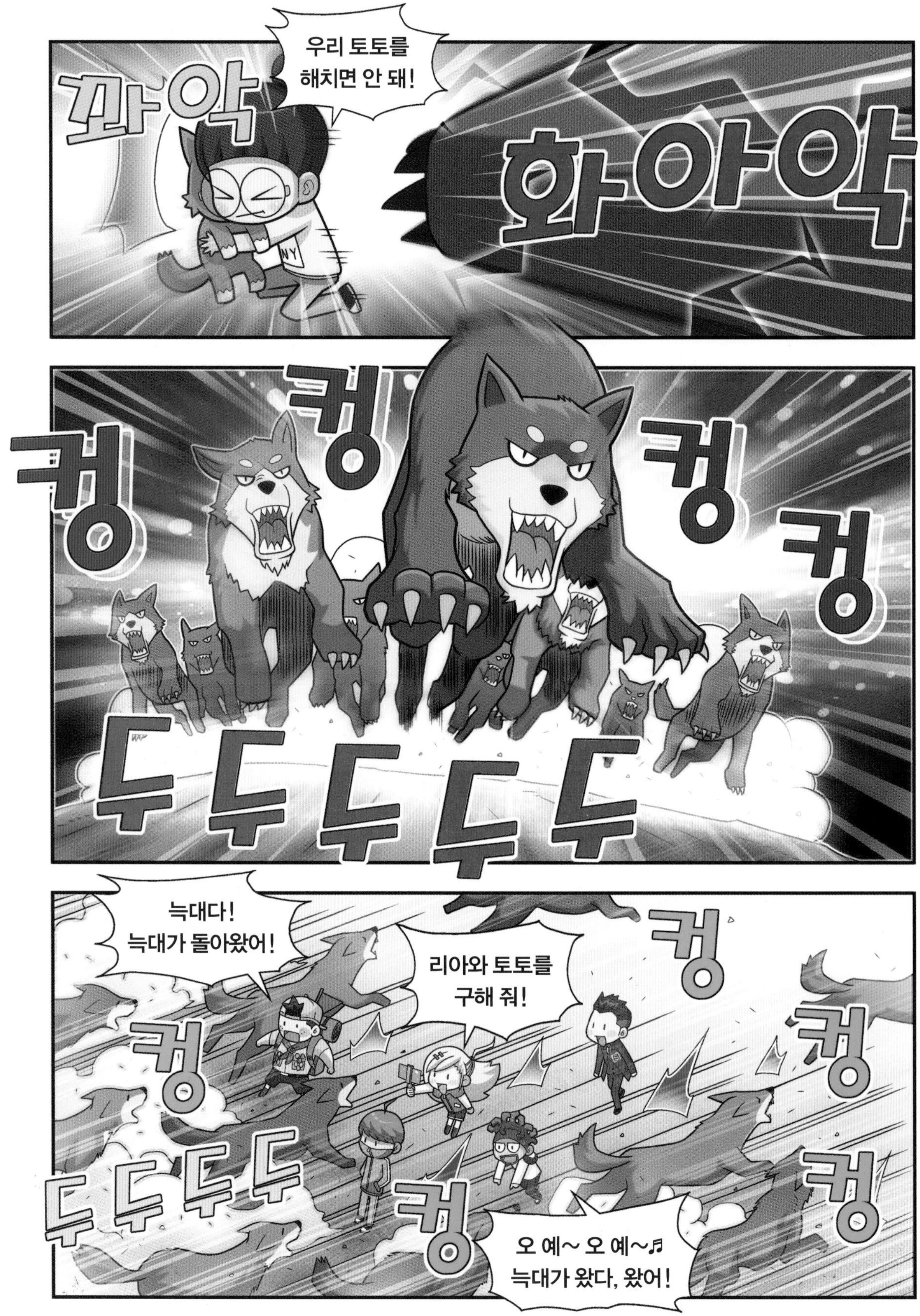
우리 토토를
해치면 안 돼!
꽈악
화아악
쿵
쿵
쿵
쿵
두두두두두
늑대다!
늑대가 돌아왔어!
리아와 토토를
구해 줘!
쿵
쿵
쿵
쿵
쿵
두두두두
오 예~ 오 예~♬
늑대가 왔다, 왔어!

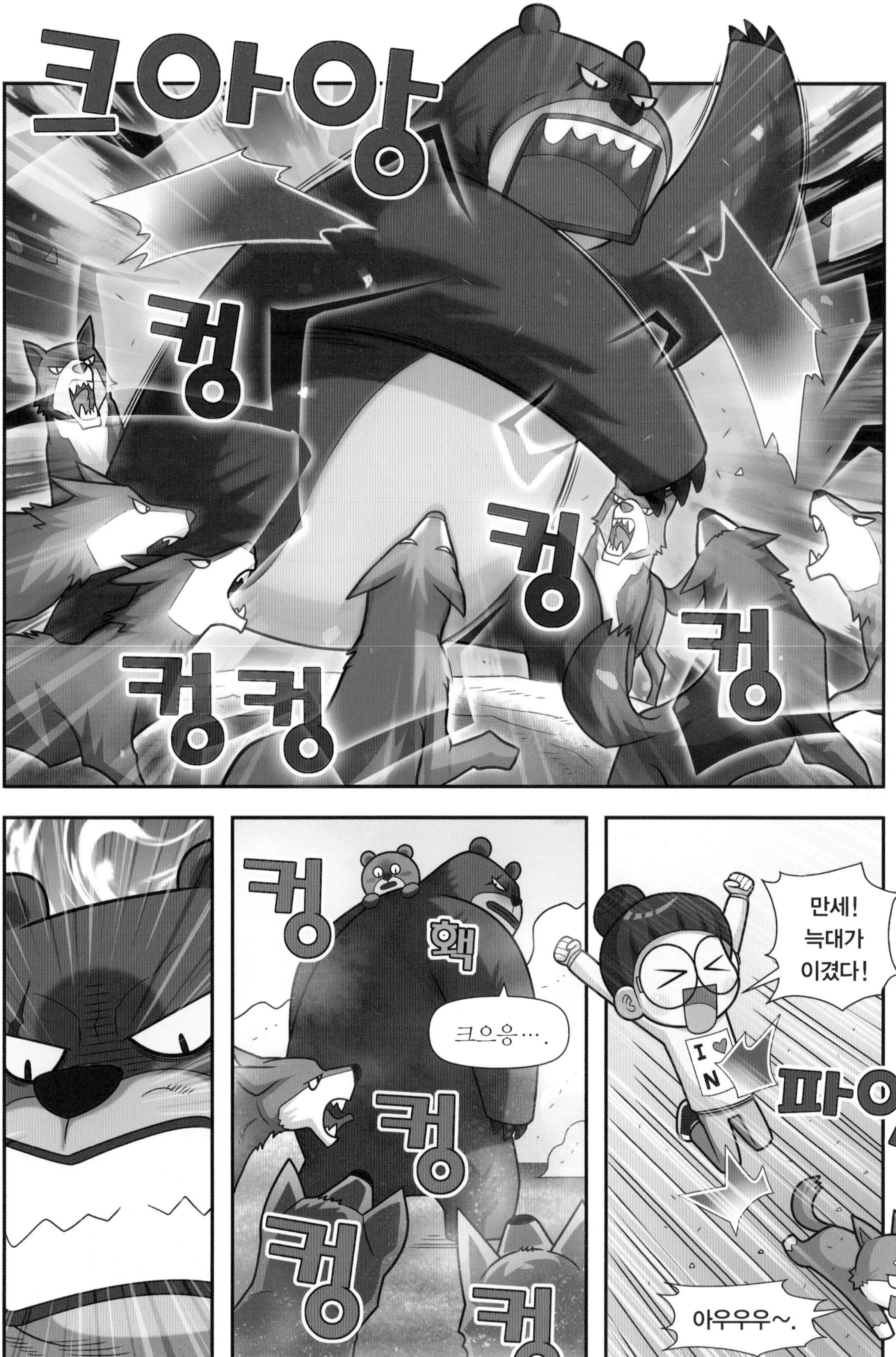

크아앙
쿵
쿵
쿵쿵
쿵
쿵
홱
크으응….
쿵
쿵
쿵
만세!
늑대가
이겼다!
파앗
아우우우~.

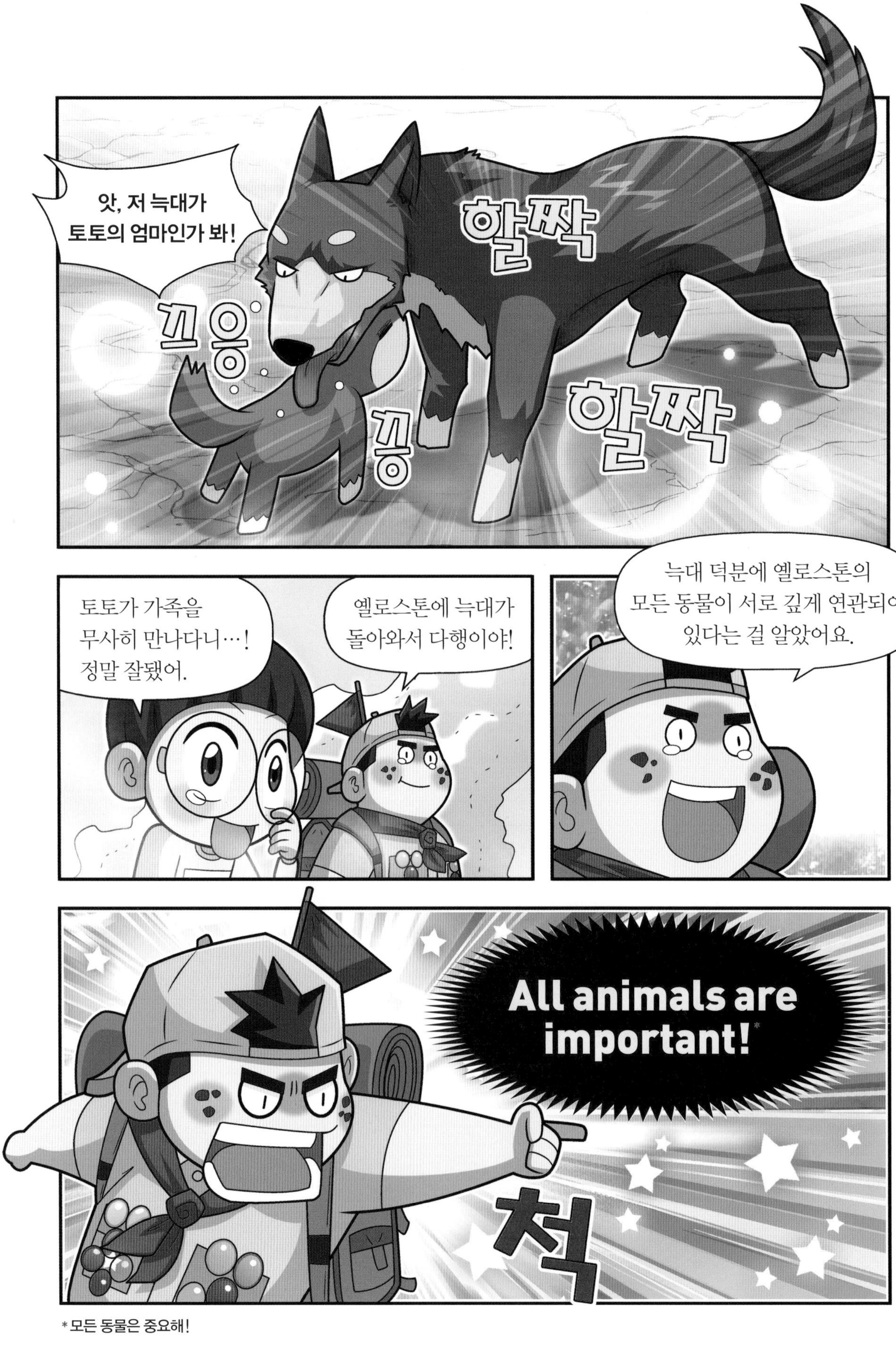
앗, 저 늑대가
토토의 엄마인가 봐!
할짝
끄응
낑
할짝
토토가 가족을
무사히 만나다니…!
정말 잘됐어.
옐로스톤에 늑대가
돌아와서 다행이야!
늑대 덕분에 옐로스톤의
모든 동물이 서로 깊게 연관되어
있다는 걸 알았어요.
All animals are
important!*
척

* 모든 동물은 중요해!

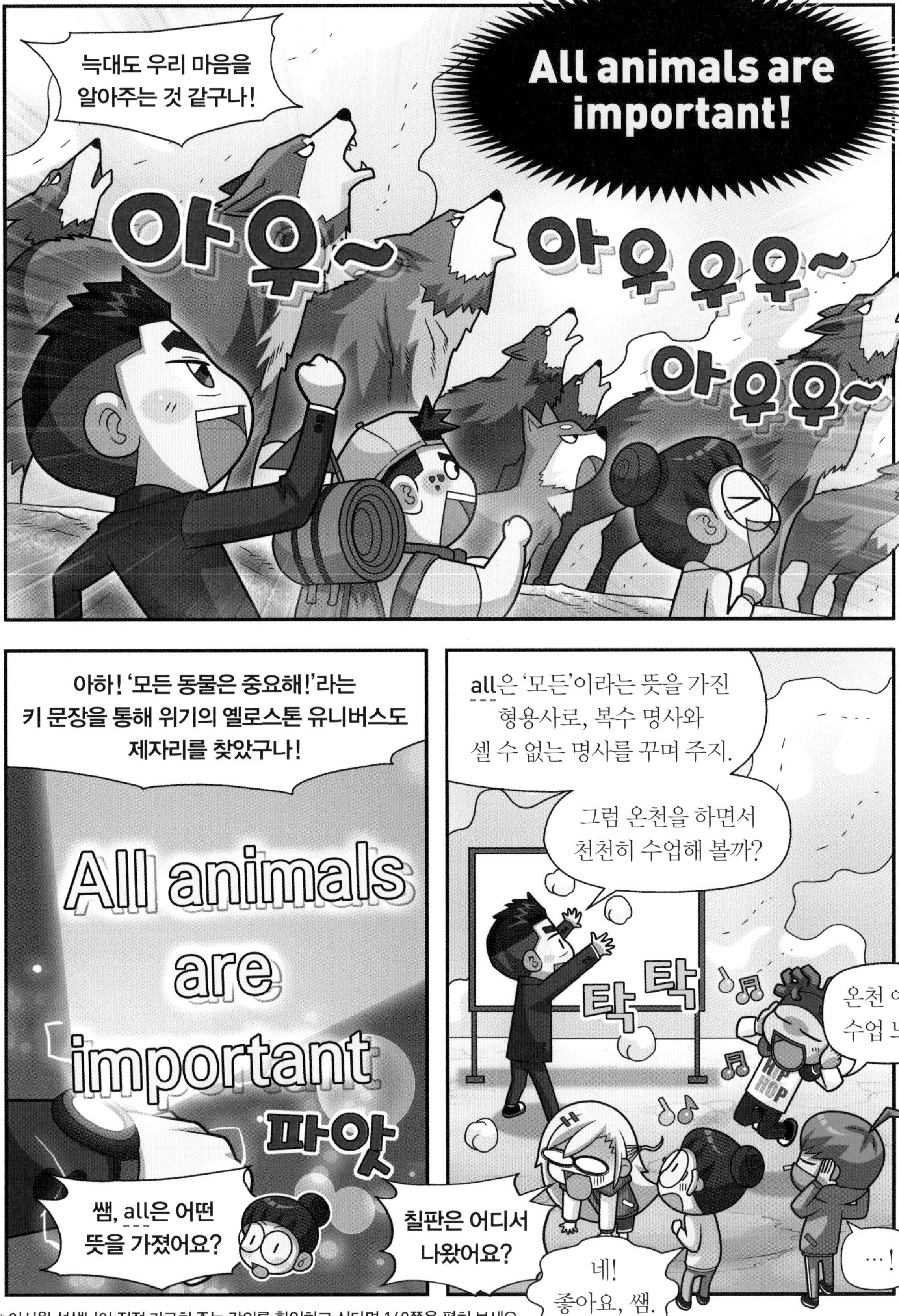
늑대도 우리 마음을 알아주는 것 같구나!
All animals are important!
아우~
아우우우~
아우우~
아하! '모든 동물은 중요해!'라는 키 문장을 통해 위기의 옐로스톤 유니버스도 제자리를 찾았구나!
All animals are important
파앗
쌤, all은 어떤 뜻을 가졌어요?
칠판은 어디서 나왔어요?
all은 '모든'이라는 뜻을 가진 형용사로, 복수 명사와 셀 수 없는 명사를 꾸며 주지.
그럼 온천을 하면서 천천히 수업해 볼까?
탁 탁
온천 예스! 수업 노놉!
HIP HOP
네! 좋아요, 쌤.
…!

* 이시원 선생님이 직접 가르쳐 주는 강의를 확인하고 싶다면 149쪽을 펼쳐 보세요.

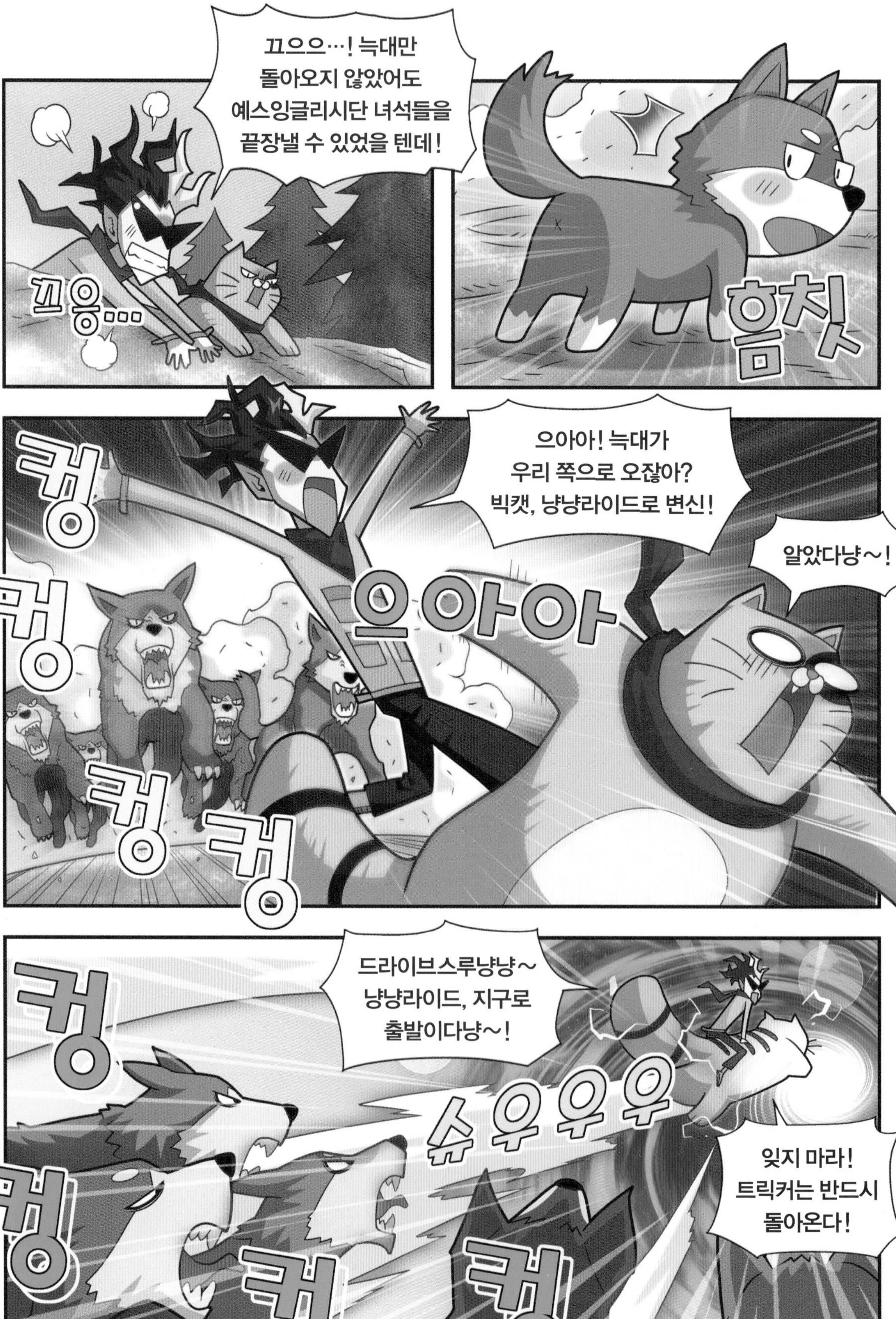
끄으으…! 늑대만
돌아오지 않았어도
예스잉글리시단 녀석들을
끝장낼 수 있었을 텐데!
끄응…
흠칫
으아아! 늑대가
우리 쪽으로 오잖아?
빅캣, 냥냥라이드로 변신!
알았다냥~!
으아아
쿵 쿵 쿵 쿵
드라이브스루냥냥~
냥냥라이드, 지구로
출발이다냥~!
슈우우우
잊지 마라!
트릭커는 반드시
돌아온다!
쿵 쿵 쿵 쿵

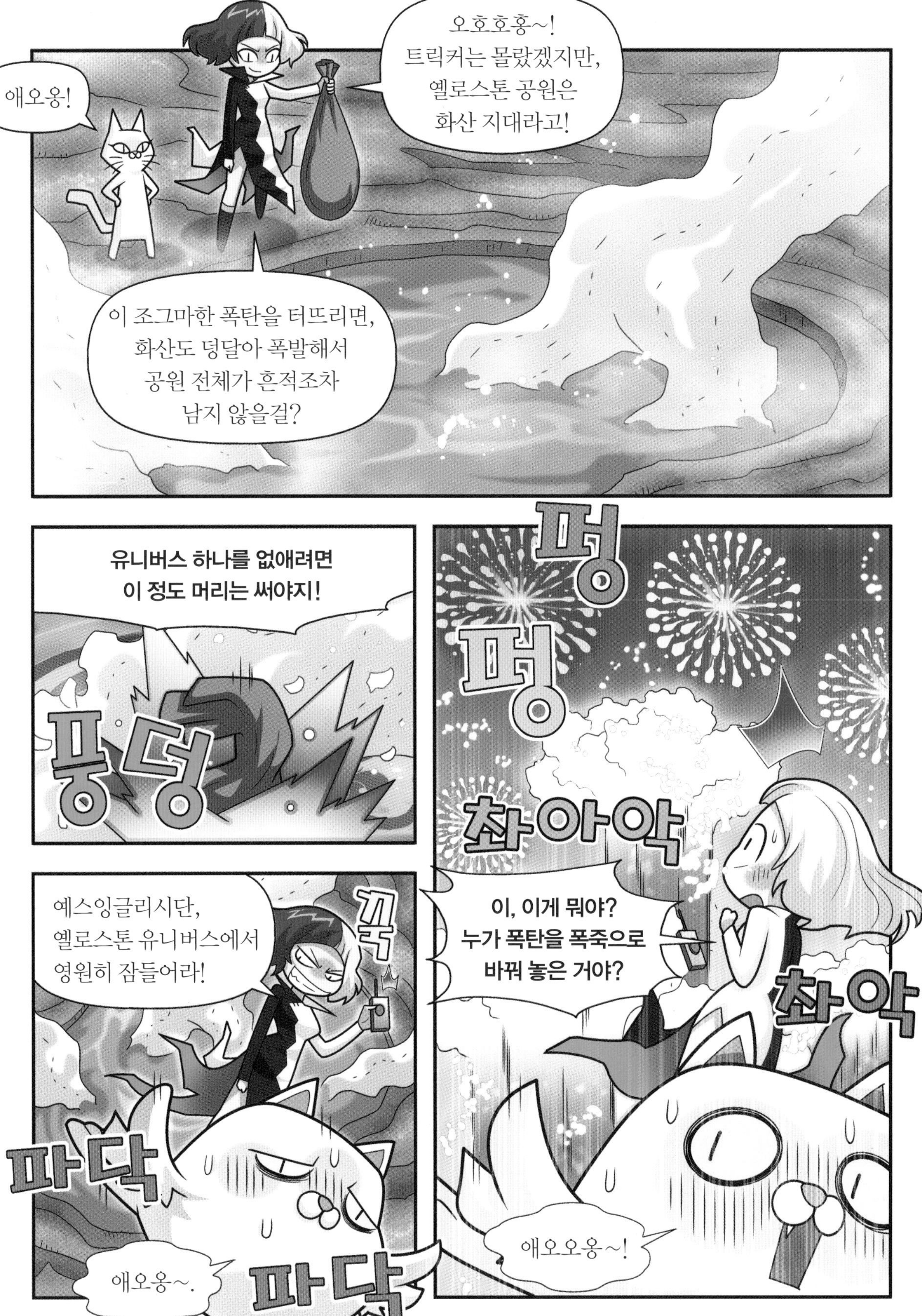
오호호홍~!
트릭커는 몰랐겠지만,
옐로스톤 공원은
화산 지대라고!
애오옹!
이 조그마한 폭탄을 터뜨리면,
화산도 덩달아 폭발해서
공원 전체가 흔적조차
남지 않을걸?
유니버스 하나를 없애려면
이 정도 머리는 써야지!
풍덩
펑
펑
촤아악
예스잉글리시단,
옐로스톤 유니버스에서
영원히 잠들어라!
꾹
파닥
애오옹~.
파닥
이, 이게 뭐야?
누가 폭탄을 폭죽으로
바꿔 놓은 거야?
촤악
애오오옹~!

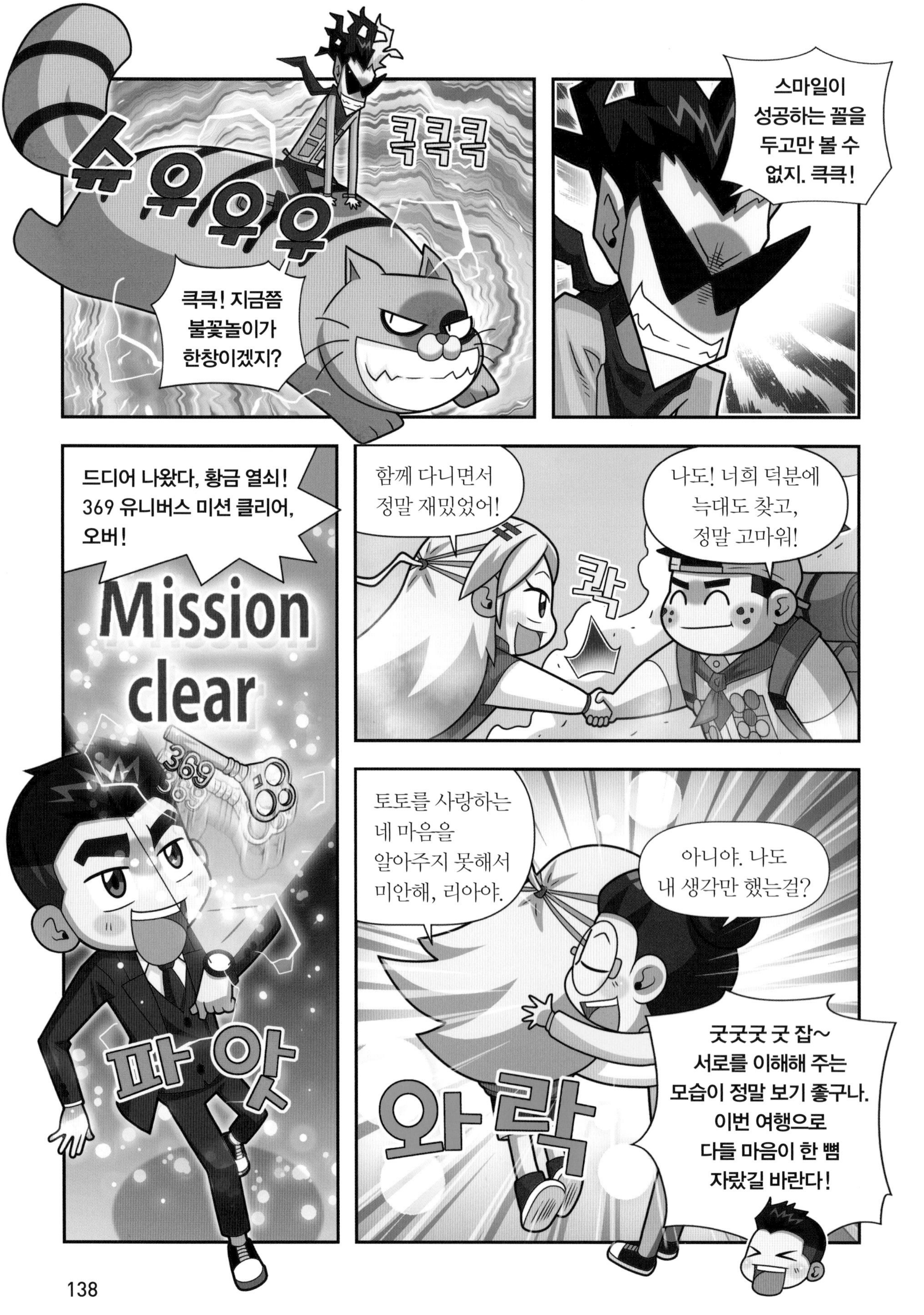
슈우우우
킄킄킄
크크! 지금쯤 불꽃놀이가 한창이겠지?
스마일이 성공하는 꼴을 두고만 볼 수 없지. 크크!
드디어 나왔다, 황금 열쇠! 369 유니버스 미션 클리어, 오버!
Mission clear
369
파앗
함께 다니면서 정말 재밌었어!
나도! 너희 덕분에 늑대도 찾고, 정말 고마워!
콱
토토를 사랑하는 네 마음을 알아주지 못해서 미안해, 리아야.
아니야. 나도 내 생각만 했는걸?
와락
굿굿굿 굿 잡~ 서로를 이해해 주는 모습이 정말 보기 좋구나. 이번 여행으로 다들 마음이 한 뼘 자랐길 바란다!

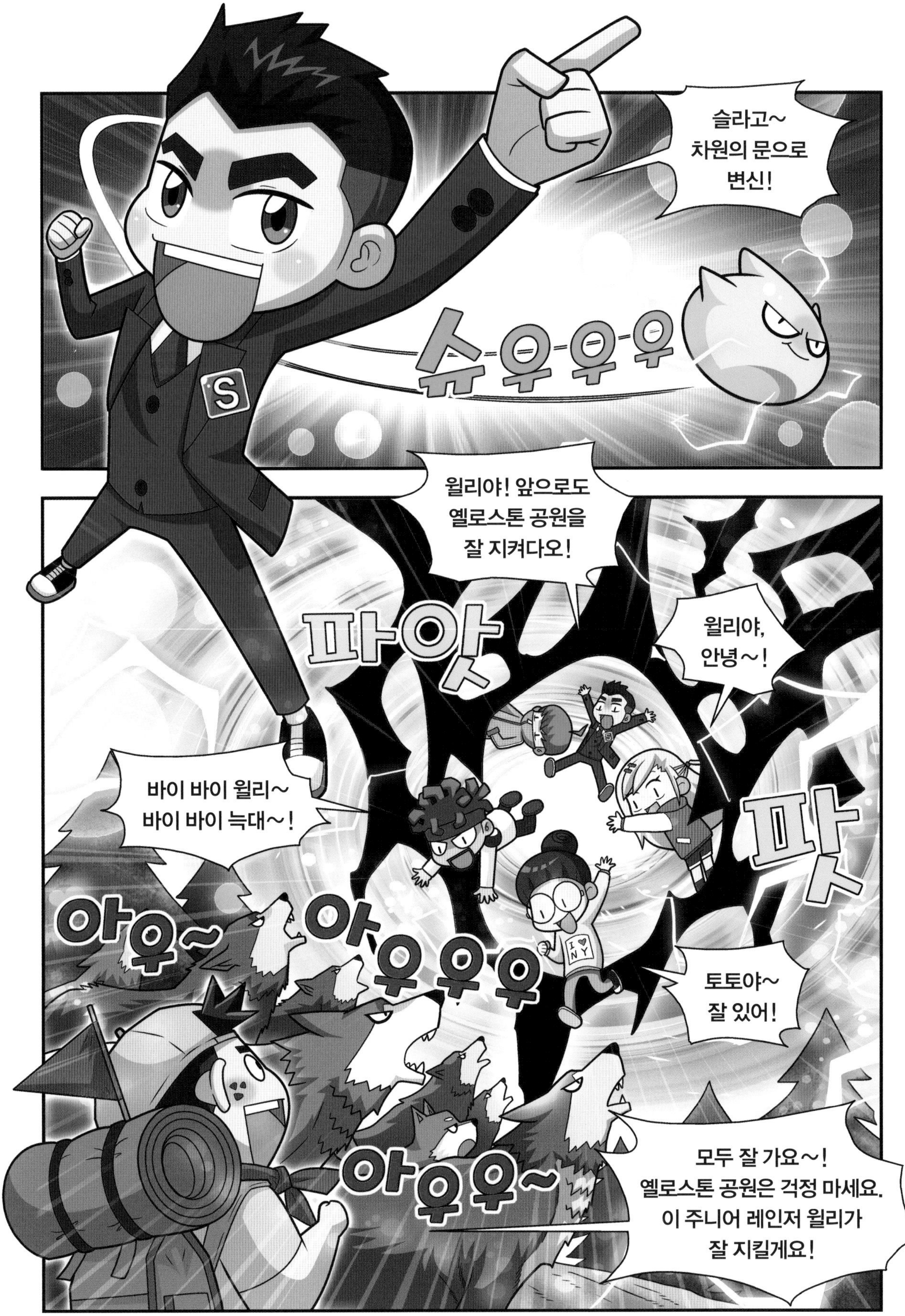

슬라고~
차원의 문으로
변신!
슈우우우
윌리야! 앞으로도
옐로스톤 공원을
잘 지켜다오!
파앗
윌리야,
안녕~!
바이 바이 윌리~
바이 바이 늑대~!
파앗
아우~
아우우우
토토야~
잘 있어!
아우우~
모두 잘 가요~!
옐로스톤 공원은 걱정 마세요.
이 주니어 레인저 윌리가
잘 지킬게요!

# 예스어학원
# 수업 시간

| | | | |
|---|---|---|---|
| 1교시 | **단어** | Vocabulary | 🔊 |
| 2교시 | **문법 1, 2, 3** | Grammar 1,2,3 | ▶ |
| 3교시 | **게임** | Recess | |
| 4교시 | **읽고 쓰기** | Reading & Writing | |
| 5교시 | **유니버스 이야기** | Story | |
| 6교시 | **말하기** | Speaking | |
| 7교시 | **쪽지 시험** | Quiz | |

예스어학원의 수업 시간표야!
공부를 시작하기 전에
시간표 정도는 봐 둬야겠지?

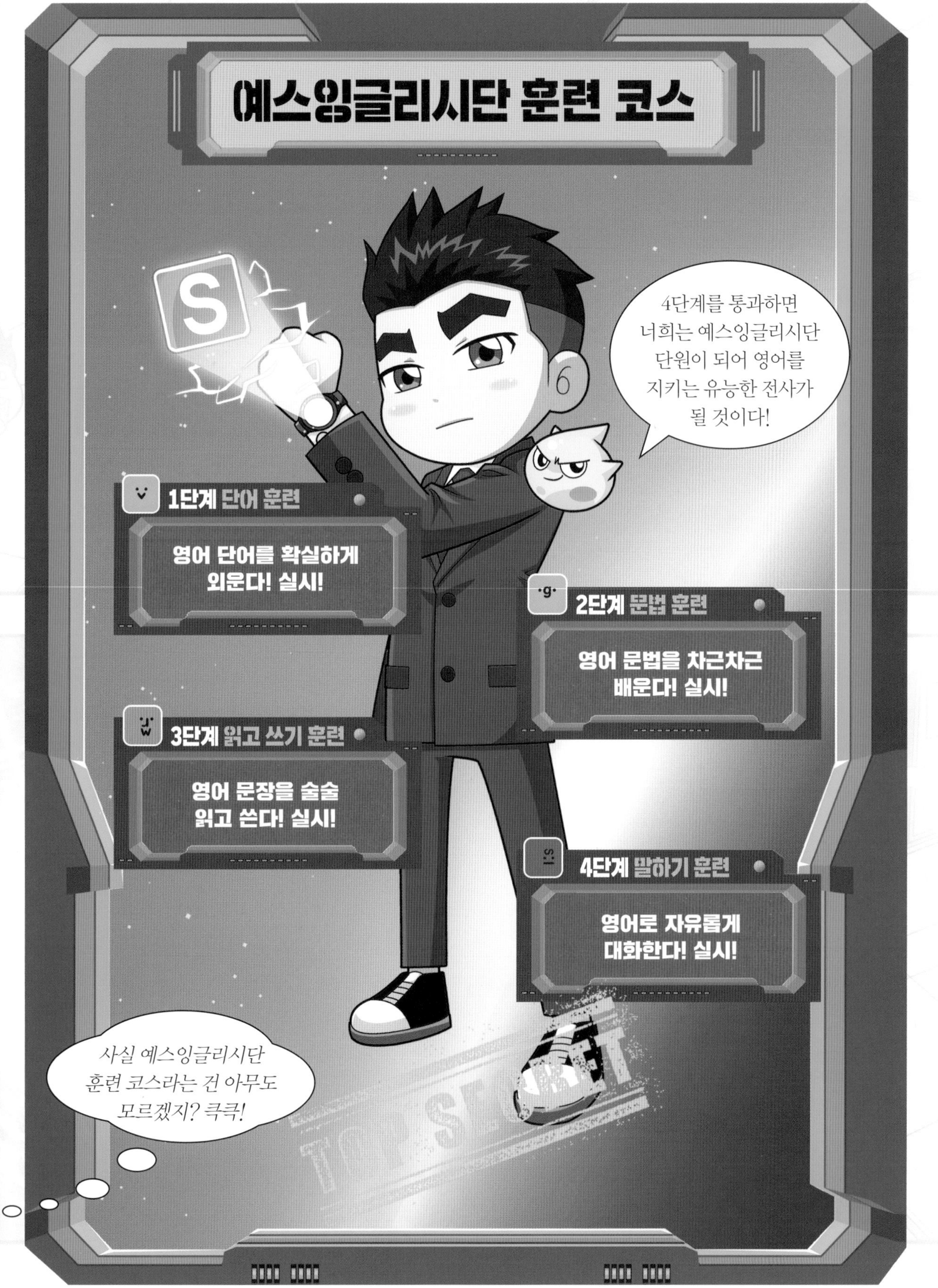
예스잉글리시단 훈련 코스
4단계를 통과하면 너희는 예스잉글리시단 단원이 되어 영어를 지키는 유능한 전사가 될 것이다!
1단계 단어 훈련
영어 단어를 확실하게 외운다! 실시!
2단계 문법 훈련
영어 문법을 차근차근 배운다! 실시!
3단계 읽고 쓰기 훈련
영어 문장을 술술 읽고 쓴다! 실시!
4단계 말하기 훈련
영어로 자유롭게 대화한다! 실시!
사실 예스잉글리시단 훈련 코스라는 건 아무도 모르겠지? 큭큭!

# 1교시 · 단어 • Vocabulary

## step 1. 단어 강의

영어의 첫걸음은 단어를 외우는 것에서부터 시작된단다.
단어를 많이 알아야 영어를 잘할 수 있어. 그럼 8권의 필수 단어를 한번 외워 볼까?

| No. | 야생 동물 | Wild Animal | No. | 자연 | Nature |
|-----|----------|-------------|-----|------|--------|
| 1 | 늑대 | wolf | 11 | 간헐천 | geyser |
| 2 | 들소 | bison | 12 | 온천 | hot spring |
| 3 | 회색곰 | grizzly bear | 13 | 강 | river |
| 4 | 종달새 | lark | 14 | 계곡 | valley |
| 5 | 큰사슴 | elk | 15 | 숲 | forest |
| 6 | 비버 | beaver | 16 | 고원 | plateau |
| 7 | 야생 염소 | mountain goat | 17 | 폭포 | waterfall |
| 8 | 순록 | reindeer | 18 | 육지 | land |
| 9 | 사슴 | deer | 19 | 산 | mountain |
| 10 | 호랑이 | tiger | 20 | 바다 | sea |

자연과 야생 동물에 관련된 단어야! 윽! 내가 싫어하는 wolf도 있잖아?

아우우~ wolf!

난 동물은 다 좋던데…. 새끼 tiger도 엄청 귀여워.

**원어민 발음 듣기**
QR코드를 찍어 봐!

| No. | 반대말 | Opposite Word |
|---|---|---|
| 21 | 끝이 뾰족한 | pointy |
| 22 | 뭉툭한 | blunt |
| 23 | 넓은 | broad |
| 24 | 좁은 | narrow |
| 25 | 빠른 | quick |

| No. | 반대말 | Opposite Word |
|---|---|---|
| 26 | 느린 | slow |
| 27 | 새로운 | new |
| 28 | 오래된 | old |
| 29 | 높은 | high |
| 30 | 낮은 | low |

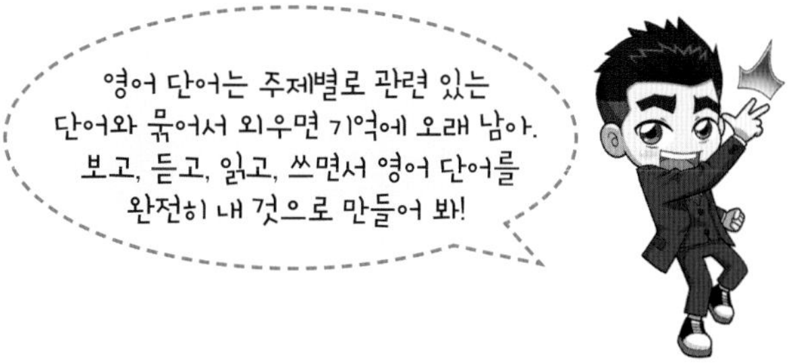
영어 단어는 주제별로 관련 있는
단어와 묶어서 외우면 기억에 오래 남아.
보고, 듣고, 읽고, 쓰면서 영어 단어를
완전히 내 것으로 만들어 봐!

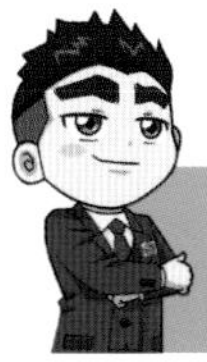

## step 2. 단어 시험

단어를 확실하게 외웠는지 한번 볼까? 빈칸을 채워 봐.

- 늑대 ______________________
- 계곡 ______________________
- 종달새 ______________________
- 산 ______________________
- 회색곰 ______________________
- 바다 ______________________
- 온천 ______________________
- 넓은 ______________________
- 숲 ______________________
- 좁은 ______________________

* 정답은 162~163쪽에 있습니다.

## 2교시 ·g· 문법 1 • Grammar 1

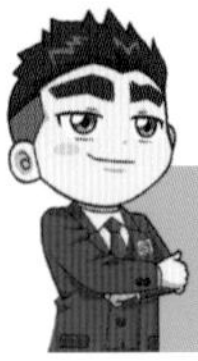

### step 1. 문법 강의

형용사란 명사 앞에서 그 명사가 어떻게 생겼는지, 어떤 성질인지를 구체적으로 알려 주는 단어를 말해. 5권에서 공부했던 거 기억나지?
형용사 중에는 명사의 수와 양을 설명하는 수량 형용사가 있어.
수량 형용사는 뒤에 오는 명사가 셀 수 있는지, 셀 수 없는지에 따라 쓰임이 달라져.

| 수량 형용사의 종류 | | | |
|---|---|---|---|
| 뜻 / 위치 | 셀 수 있는 복수 명사 앞 | 셀 수 없는 명사 앞 | 모든 명사 앞 |
| 조금(약간)의, 몇 개의 | a few | a little | some / any |
| 많지 않은, 거의 없는 | few | little | |
| 많은 | many | much | a lot of |

수량 형용사 some과 any에 대해 더 알아보자.
둘 다 셀 수 있는 복수 명사, 셀 수 없는 명사 앞에 모두 쓸 수 있어.
하지만 주로 some은 긍정문, any는 부정문이나 의문문에 쓴다는 점이 다르지.

| 수량 형용사 some과 any의 사용 | | |
|---|---|---|
| 구분 | 셀 수 있는 복수 명사 앞 | 셀 수 없는 명사 앞 |
| 긍정문 | I have some eggs.<br>나는 달걀이 조금 있다. | There is some air.<br>공기가 조금 있다. |
| 부정문 | I don't have any eggs.<br>나는 달걀이 조금도 없다. | There isn't any air.<br>공기가 조금도 없다. |
| 의문문 | Do you have any eggs?<br>너는 달걀이 (조금) 있니? | Is there any air?<br>공기가 (조금) 있니? |

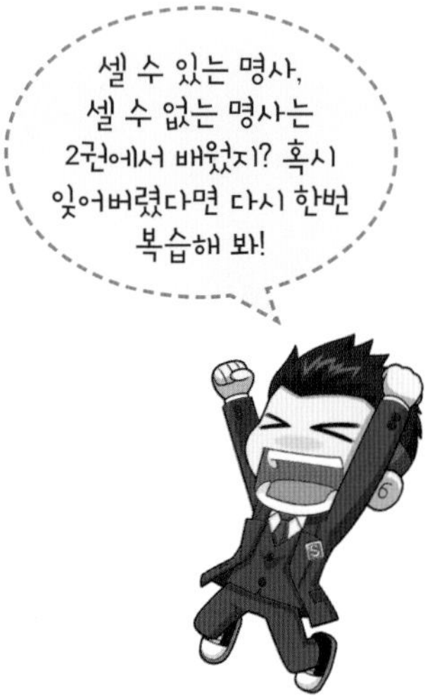
셀 수 있는 명사, 셀 수 없는 명사는 2권에서 배웠지? 혹시 잊어버렸다면 다시 한번 복습해 봐!

동영상 강의 보기
QR코드를 찍어 봐!

## step 2. 문법 정리

수량 형용사 some과 any를 활용한 문장을 살펴볼까?

| | |
|---|---|
| **some이 들어간 긍정문** | |
| 나는 종이가 조금 있다. | I have some paper. |
| 병 안에 우유가 조금 있다. | There is some milk in the bottle. |
| **any가 들어간 부정문** | |
| 나는 돈이 조금도 없다. | I don't have any money. |
| 그녀는 고기를 조금도 안 먹는다. | She doesn't eat any meat. |
| **any가 들어간 의문문** | |
| 너는 계획이 (조금) 있니? | Do you have any plans? |
| 그녀는 형제가 (조금) 있니? | Does she have any brothers? |

## step 3. 문법 대화

수량 형용사 any가 나온 대화를 한번 들어 봐!

HIP HOP
There are not any beavers in the river!

**step 1. 문법 강의**

'조금(약간)의', '몇 개의'라는 뜻을 가진 수량 형용사 a few와 a little에 대해서도 알아보자.
둘 다 긍정문, 부정문, 의문문에 모두 쓸 수 있지.
그러나 a few는 셀 수 있는 복수 명사 앞, a little은 셀 수 없는 명사 앞에 쓸 수 있어.

| | 수량 형용사 a few의 사용 | 수량 형용사 a little의 사용 |
|---|---|---|
| 구분 | 셀 수 있는 복수 명사 앞 | 셀 수 없는 명사 앞 |
| 긍정문 | **There are a few apples in the basket.** 바구니 안에 사과가 몇 개 있다. | **There is a little cheese in the refrigerator.** 냉장고 안에 치즈가 조금 있다. |
| 부정문 | **We don't stay a few days in Seoul.** 우리는 서울에 며칠 동안 머무르지 않는다. | **He doesn't have a little fun.** 그는 재미가 조금도 없다. |
| 의문문 | **Does he have a few photos on Instagram?** 그는 인스타그램에 사진이 좀 있니? | **Would you like a little juice?** 주스를 좀 마실래? |

수량 형용사 many, much, a lot of는 모두 명사의 수와 양이 많다는 뜻이 있는 단어들이야.
이 가운데 many는 셀 수 있는 복수 명사 앞, much는 셀 수 없는 명사 앞에 쓰고
a lot of는 셀 수 있는 복수 명사와 셀 수 없는 명사 앞에 모두 쓸 수 있어.
또 many와 a lot of는 모든 문장에 쓰지만 much는 주로 부정문이나 의문문에 쓰지.

| 수량 형용사 many, much, a lot of의 사용 | | |
|---|---|---|
| 구분 | 셀 수 있는 복수 명사 앞 | 셀 수 없는 명사 앞 |
| 긍정문 | many, a lot of | a lot of |
| 부정문 | many, a lot of | much, a lot of |
| 의문문 | many, a lot of | much, a lot of |

동영상 강의 보기
QR코드를 찍어 봐!

## step 2. 문법 정리

수량 형용사 many, much, a lot of를 활용한 문장을 살펴볼까?

| many, a lot of가 들어간 긍정문 | |
|---|---|
| 나는 사과가 많다. | I have many apples. |
| 상자 안에 아이스크림이 많이 있다. | There is a lot of ice cream in the box. |
| **many, much, a lot of가 들어간 부정문** | |
| 나는 친구가 많이 없다. | I don't have many friends. |
| 나는 봄에 눈을 많이 보지 못한다. | I don't see much snow in spring. |
| 남은 시간이 많지 않다. | There isn't a lot of time left. |
| **many, much, a lot of가 들어간 의문문** | |
| 공원에 아이들이 많이 있니? | Are there many children in the park? |
| 네 주머니에 돈이 많이 있니? | Is there much money in your pocket? |
| 우유에 설탕이 많이 들어 있니? | Is there a lot of sugar in milk? |

## step 3. 문법 대화

수량 형용사 a few가 나온 대화를 한번 들어 봐!

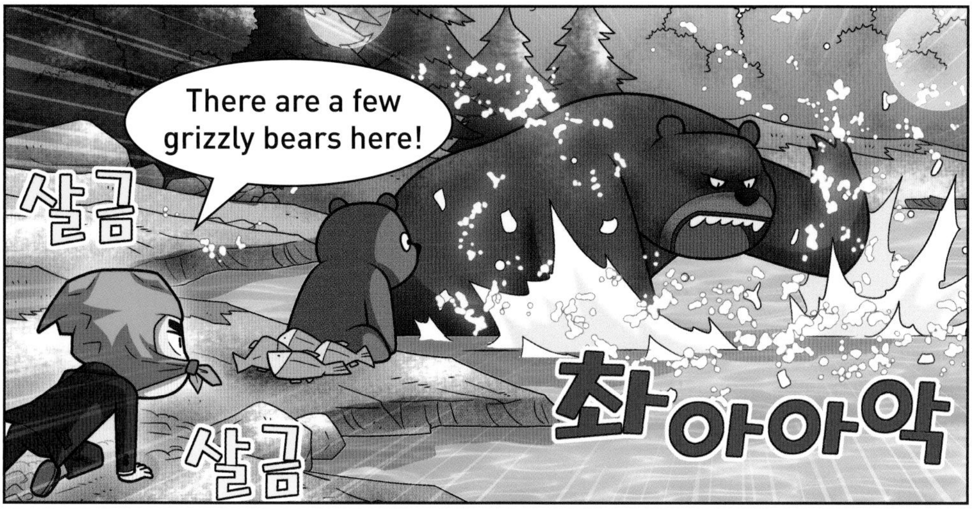
There are a few grizzly bears here!
살금
살금
촤아아악

## step 1. 문법 강의

'모든'이라는 뜻을 가진 형용사 every와 all에 대해서도 알아보자.

이 두 단어도 쓰임이나 뜻에서 약간의 차이가 있어.

every는 집단 내의 개개인에게 초점을 맞춘 단어지만, all은 집단 전체나 묶음 전체를 좀 더 강조하는 단어거든. 그래서 every는 셀 수 있는 단수 명사를 꾸며 주고, all은 셀 수 있는 복수 명사와 셀 수 없는 명사를 꾸며 주지. 어떻게 사용하는지 한번 볼까?

| every와 all의 사용 ||
| --- | --- |
| every + 단수 명사 | **Every child likes animals.** 모든 아이는 동물을 좋아한다. |
| all + 복수 명사 / 셀 수 없는 명사 | **All children like animals.** 모든 아이는 동물을 좋아한다. |

이렇게 every와 all을 구분해서 쓰면 영어 표현을 더 자연스럽게 할 수 있겠지?

아래 그림은 every와 all의 차이를 쉽게 설명한 거야.

집단 전체에서 각각은 every

every child

집단 전체는 all

all children

동영상 강의 보기
QR코드를 찍어 봐!

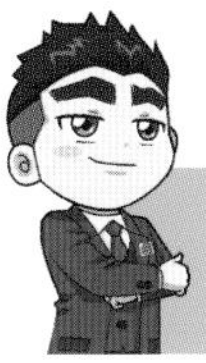

## step 2. 문법 정리

형용사 every와 all을 활용한 문장을 살펴볼까?

| every + 단수 명사 | all + 복수 명사 / 셀 수 없는 명사 |
| --- | --- |
| 모든 아이는 만화를 좋아한다.<br>**Every kid likes cartoons.** | 모든 아이는 만화를 좋아한다.<br>**All kids like cartoons.** |
| 모든 고양이는 꼬리가 있다.<br>**Every cat has a tail.** | 모든 고양이는 꼬리가 있니?<br>**Do all cats have tails?** |
| 모든 집은 지붕이 있다.<br>**Every house has a roof.** | 모든 아이는 도움이 필요하다.<br>**All children need help.** |
| 그녀는 집에 왔을 때 모든 문을 연다.<br>**She opens every door when she gets home.** | 모든 빵은 오늘 할인 중이다.<br>**All bread is on sale today.** |

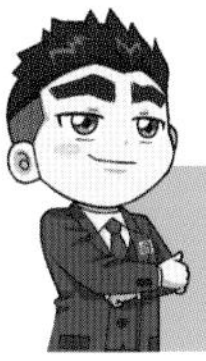

## step 3. 문법 대화

형용사 all이 나온 대화를 한번 들어 봐!

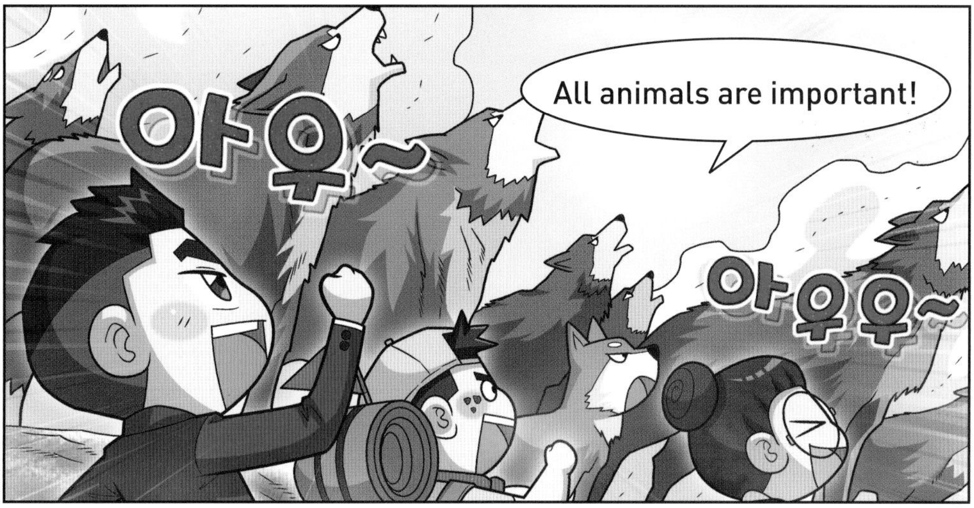

아우~
All animals are important!
아우우~

우리가 만났던 야생 동물의 이름을 영어로 맞혀 볼까?

Yellow Stone National Park

좋아요! 얘들아, 우리 함께 맞혀 볼까?

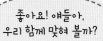

grizzly bear

bison

mountain goat

wolf

150

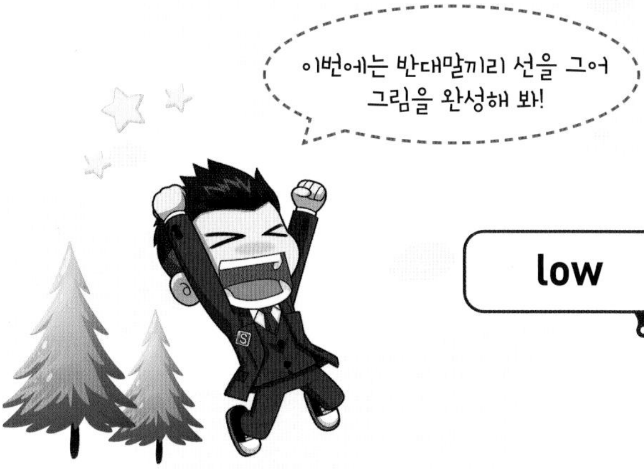
이번에는 반대말끼리 선을 그어
그림을 완성해 봐!

low quick

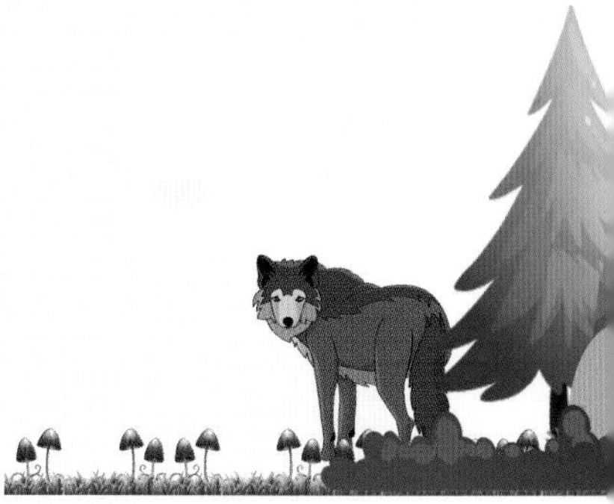

pointy

new

blunt

narrow

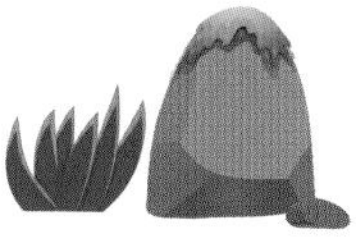

high

broad

slow

old

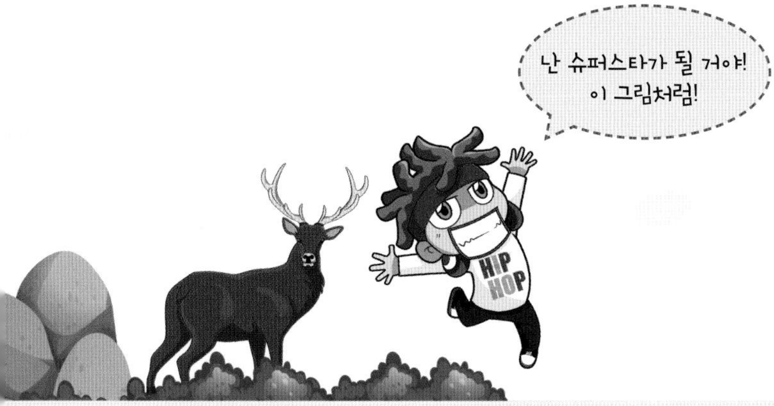
난 슈퍼스타가 될 거야!
이 그림처럼!
HIP HOP

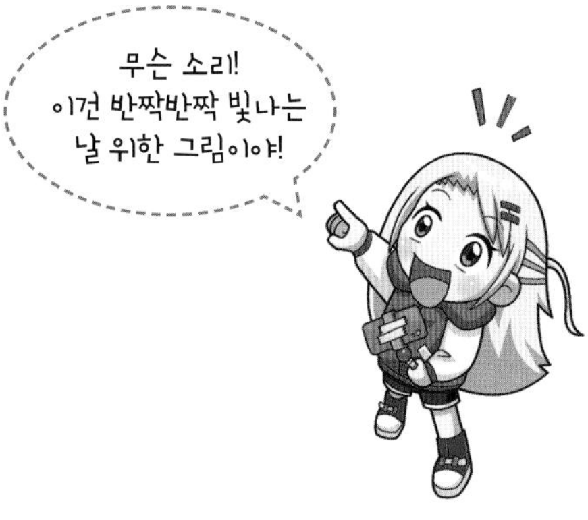
무슨 소리!
이건 반짝반짝 빛나는
날 위한 그림이야!

* 정답은 162~163쪽에 있습니다.

# 4교시 읽고 쓰기 • Reading & Writing

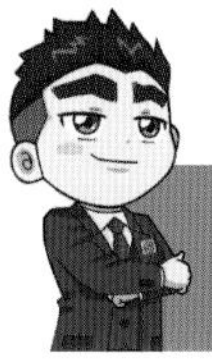

## step 1. 읽기

자유자재로 영어를 읽고, 쓰고, 말하고 싶다면 문장 만들기 연습을 반복해야 하지.
먼저 다음 문장들이 익숙해질 때까지 읽어 볼까?

| | |
|---|---|
| • 나는 종이가 조금 있다. | **I have some paper.** |
| • 나는 달걀이 조금 있다. | **I have some eggs.** |
| • 병 안에 우유가 조금 있다. | **There is some milk in the bottle.** |
| • 나는 돈이 조금도 없다. | **I don't have any money.** |
| • 케이크가 조금도 없다. | **There isn't any cake.** |
| • 그녀는 고기를 조금도 안 먹는다. | **She doesn't eat any meat.** |
| • 너는 계획이 (조금) 있니? | **Do you have any plans?** |
| • 그녀는 형제가 (조금) 있니? | **Does she have any brothers?** |
| • 바구니 안에 사과가 몇 개 있다. | **There are a few apples in the basket.** |
| • 냉장고 안에 치즈가 조금 있다. | **There is a little cheese in the refrigerator.** |
| • 우리는 서울에 며칠 동안 머무르지 않는다. | **We don't stay a few days in Seoul.** |
| • 그는 재미가 조금도 없다. | **He doesn't have a little fun.** |
| • 그는 인스타그램에 사진이 좀 있니? | **Does he have a few photos on Instagram?** |
| • 주스를 좀 마실래? | **Would you like a little juice?** |

## 문장 만들기 연습

1회 ☐ 2회 ☐ 3회 ☐

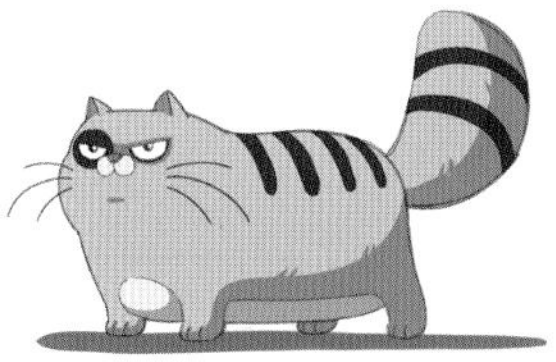

| | |
|---|---|
| • 나는 사과가 많다. | I have many apples. |
| • 상자 안에 아이스크림이 많이 있다. | There is a lot of ice cream in the box. |
| • 나는 친구가 많이 없다. | I don't have many friends. |
| • 나는 봄에 눈을 많이 보지 못한다. | I don't see much snow in spring. |
| • 남은 시간이 많지 않다. | There isn't a lot of time left. |
| • 공원에 아이들이 많이 있니? | Are there many children in the park? |
| • 네 주머니에 돈이 많이 있니? | Is there much money in your pocket? |
| • 우유에 설탕이 많이 들어 있니? | Is there a lot of sugar in milk? |
| • 모든 아이는 동물을 좋아한다. | Every child likes animals. |
| • 모든 아이는 만화를 좋아한다. | All kids like cartoons. |
| • 모든 고양이는 꼬리가 있다. | Every cat has a tail. |
| • 모든 고양이는 꼬리가 있니? | Do all cats have tails? |
| • 모든 집은 지붕이 있다. | Every house has a roof. |
| • 모든 아이는 도움이 필요하다. | All children need help. |
| • 그녀는 집에 왔을 때 모든 문을 연다. | She opens every door when she gets home. |
| • 모든 빵은 오늘 할인 중이다. | All bread is on sale today. |

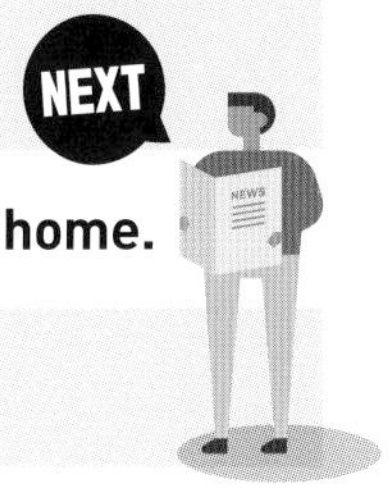
NEXT
NEWS

# 4교시 읽고 쓰기 • Reading & Writing

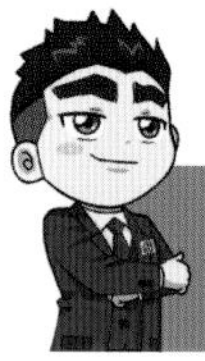

## step 2. 쓰기

익숙해진 문장들을 이제 한번 써 볼까? 괄호 안의 단어를 보고, 순서에 맞게 문장을 만들어 보자.

❶ 나는 종이가 조금 있다. **(I, paper, some, have)**

______________________________.

❷ 병 안에 우유가 조금 있다. **(milk, is, some, in, There, the, bottle)**

______________________________.

❸ 바구니 안에 사과가 몇 개 있다. **(are, There, the, a few, apples, basket, in)**

______________________________.

❹ 냉장고 안에 치즈가 조금 있다. **(the, in, cheese, a little, is, refrigerator, There)**

______________________________.

❺ 나는 사과가 많다. **(many, I, apples, have)**

______________________________.

❻ 상자 안에 아이스크림이 많이 있다. **(is, There, the, box, ice cream, a lot of, in)**

______________________________.

❼ 모든 아이는 동물을 좋아한다. **(child, likes, Every, animals)**

______________________________.

❽ 모든 아이는 만화를 좋아한다. **(kids, All, cartoons, like)**

______________________________.

이제 수량 형용사의 부정문과 의문문을 영어로 써 볼까? 영작하다 보면 실력이 훨씬 늘 거야. 잘 모르겠으면, 아래에 있는 WORD BOX를 참고해!

❶ 나는 돈이 조금도 없다. _____ .

❷ 나는 친구가 많이 없다. _____ .

❸ 나는 봄에 눈을 많이 보지 못한다. _____ .

❹ 남은 시간이 많지 않다. _____ .

❺ 너는 계획이 (조금) 있니? _____ ?

❻ 공원에 아이들이 많이 있니? _____ ?

❼ 네 주머니에 돈이 많이 있니? _____ ?

❽ 우유에 설탕이 많이 들어 있니? _____ ?

## WORD BOX

| | | | | | |
|---|---|---|---|---|---|
| • have | • any | • money | • don't | • you | • I |
| • friends | • There | • Do | • spring | • see | • a lot of |
| • Is | • park | • isn't | • time | • left | • the |
| • milk | • many | • snow | • sugar | • children | • your |
| • Are | • in | • pocket | • plans | • much | |

* 정답은 162~163쪽에 있습니다.

우리가 여덟 번째로 다녀온 곳은 바로 369 유니버스란다. 옐로스톤 유니버스로,
미국 최대, 세계 최초의 국립공원이지. 또한 이곳은 수량 형용사의 유니버스이기도 해.
어떤 곳인지 좀 더 자세히 알아볼까?

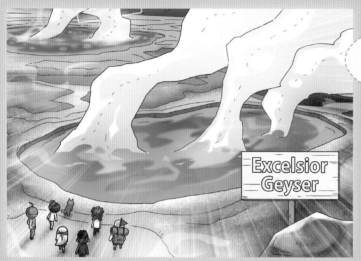

Excelsior Geyser

> 늑대가 돌아오지 않았다면
> 369 유니버스는
> 어떻게 되었을까요?

◀369 유니버스
**위치** 지구에서 가까운 곳
**상황** 옐로스톤 국립공원에서 늑대가 사라지면서
생태계의 균형이 무너지고 있음.
**키 문장** All animals are important!

## 369 유니버스 이야기: 수량 형용사

369 유니버스는 대자연이 살아 숨 쉬는 옐로스톤
유니버스예요. 그곳에는 다양한 생태계가 먹이 사슬
을 이루고 있지요. 그런데 늑대가 사라지면서 생태계
곳곳이 파괴되고 있어요. 이런 위기 속 유니버스로 오게

> 옐로스톤 유니버스의
> 생태계가 파괴되어 지구에서
> 자연과 동물에 관련된 영어 단어가
> 모두 사라졌겠지!?

된 예스잉글리시단은 옐로스톤 공원의 역사와 전통을 배우며, 자연을 지키는
주니어 레인저 윌리를 만나게 돼요. 윌리는 사라진 늑대들을 찾기 위해 옐로스톤
공원 곳곳을 누비며 "There are not any wolves here!"를 외치지요. 예스잉글리
시단은 옐로스톤 공원 곳곳에서 생기는 문제들이 늑대가 사라진 것과 무슨 관련이 있
는지 의아해하지요. 하지만 윌리와 함께 늑대를 찾아다니며 늑대의 수가 생태계의 먹이 사슬
에 어떤 영향을 주는지 알게 되지요. 그 과정에서 수량 형용사와 관련된 키 문장도 찾아내지
요. 369 유니버스의 키 문장인 "All animals are important!"는 늑대뿐만 아니라 모든 동물이
생태계의 먹이 사슬을 이루며 중요한 역할을 한다는 것을 알게 해 준 말이에요.

## 우리 지구의 실제 이야기: 옐로스톤 국립공원

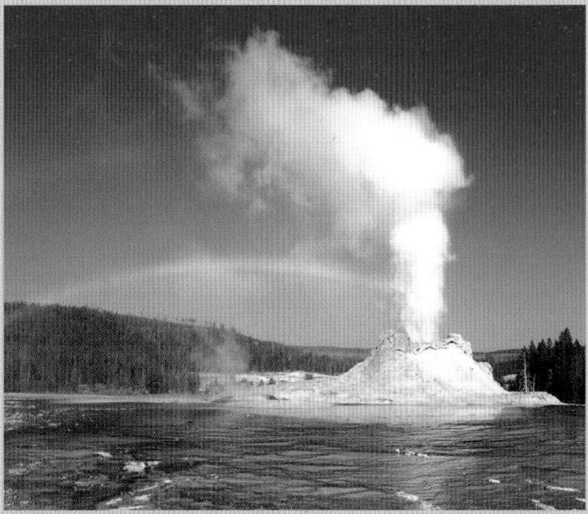

▲ 옐로스톤 국립공원

옐로스톤 국립공원은 미국에 있는 세계 최초의 국립공원으로, 수십만 년 전의 화산 폭발로 이루어진 화산 고원 지대예요. 전 세계에서 가장 광범위하게 모여 있는 간헐천과 수많은 폭포, 다양한 야생 동물을 볼 수 있는 광대하고 아름다운 곳이지요. 특히 회색곰과 늑대, 들소, 엘크라고 불리는 큰사슴 등 쉽게 볼 수 없는 야생 동물들이 많이 서식하고 있어요.

그 가운데 회색곰은 영어로 grizzly bear라고 불려요. 회색곰은 크고 사나운 육식 동물이며, '공포의 곰'이라고 불릴 만큼 굉장히 공격적이에요. 그래서 사람들은 grizzly bear가 아닌 grisly bear로 불러야 하지 않나 생각했대요. grizzly는 '회색으로 얼룩지거나 얼룩덜룩한'이라는 뜻이고, grisly는 '두렵거나 소름 끼치는'이라는 뜻이기 때문이지요. 이 두 단어는 철자가 비슷해 헷갈리기도 하지만, 어원은 아주 달라요. grizzly는 회색을 뜻하는 중세 영어 grisel에서 왔고, grisly는 공포를 뜻하는 고대 영어 grislic에서 왔답니다.

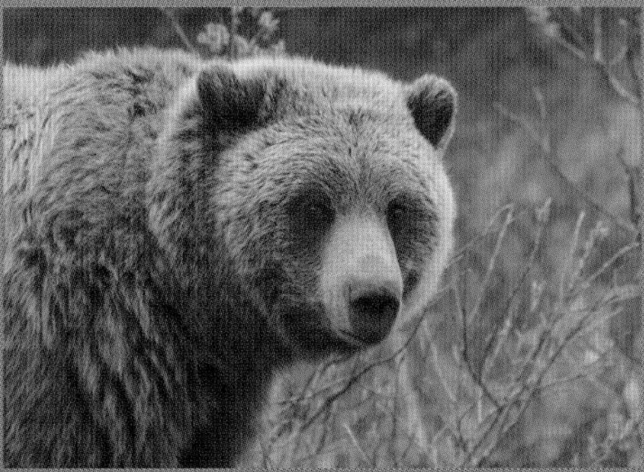

**야생 동물(wild animal)**

야생 동물은 산이나 들에서 저절로 나서 자연 그대로 자라는 동물을 말해요. 대표적으로 곰, 호랑이, 사자 등이 있어요. 이와 달리 사람이 기르는 동물은 가축, 영어로는 domestic animal이라고 해요. 애완동물도 여기에 속해요. 대표적으로 강아지, 소, 말 등이 있답니다.

◀ 회색곰

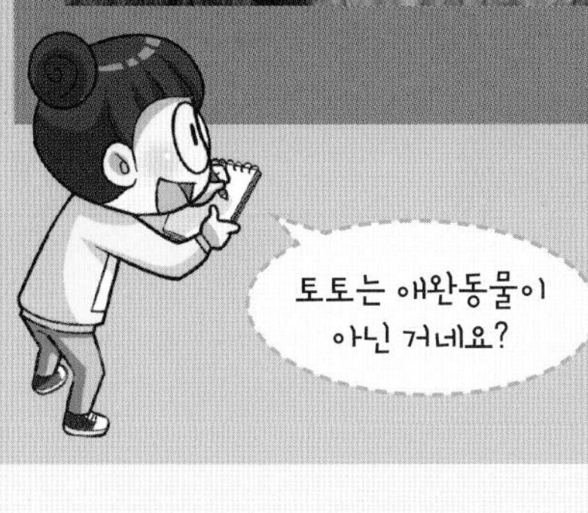
토토는 애완동물이 아닌 거네요?

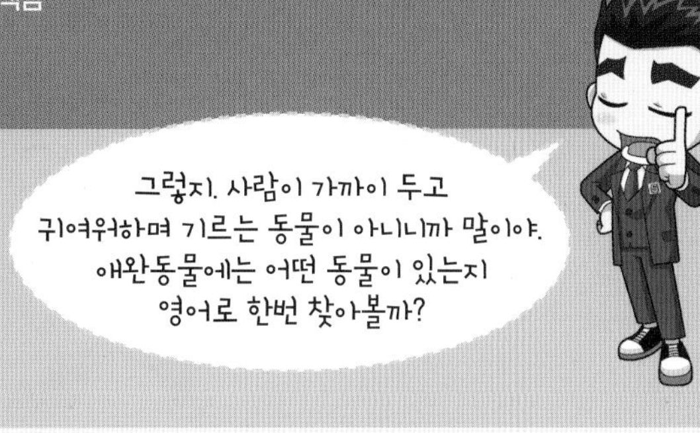
그렇지. 사람이 가까이 두고 귀여워하며 기르는 동물이 아니니까 말이야. 애완동물에는 어떤 동물이 있는지 영어로 한번 찾아볼까?

# 6교시 말하기 • Speaking

## step 1. 대화 보기

만화에서 나오는 대사, '리스펙트(respect)'는 어떨 때 쓰는 걸까?

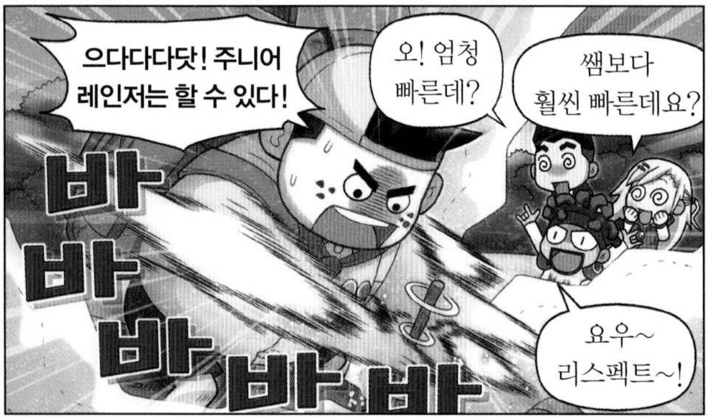
으다다다닷! 주니어 레인저는 할 수 있다!
오! 엄청 빠른데?
쌤보다 훨씬 빠른데요?
바바바바바
요우~ 리스펙트~!

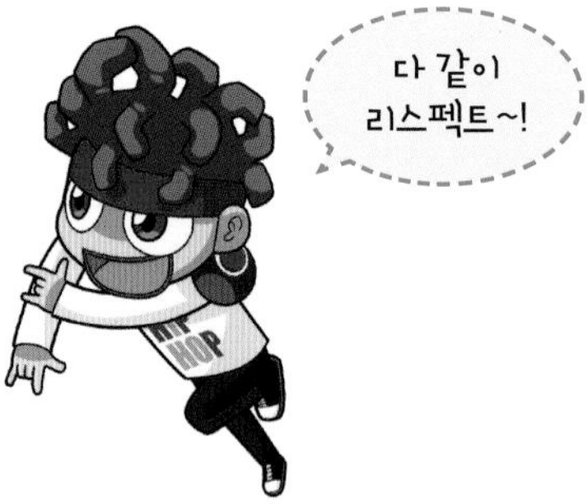
다 같이 리스펙트~!

## step 2. 대화 더하기

'리스펙트(respect)'는 '존경하다'라는 뜻을 가진 동사야. 누군가에게 존경하는 마음을 표현할 때 쓰지. 정확히는 'I respect you.'라고 써야 맞지만 우리나라에서는 신조어처럼 '리스펙'이라고 말하기도 해. 뜻은 같지만 일종의 줄임 말이라고 할 수 있지. 그렇다면 이와 비슷한 의미로 쓰이는 영어 표현들은 뭐가 있을까? 친구들이 하는 말을 듣고 따라 해 보렴.

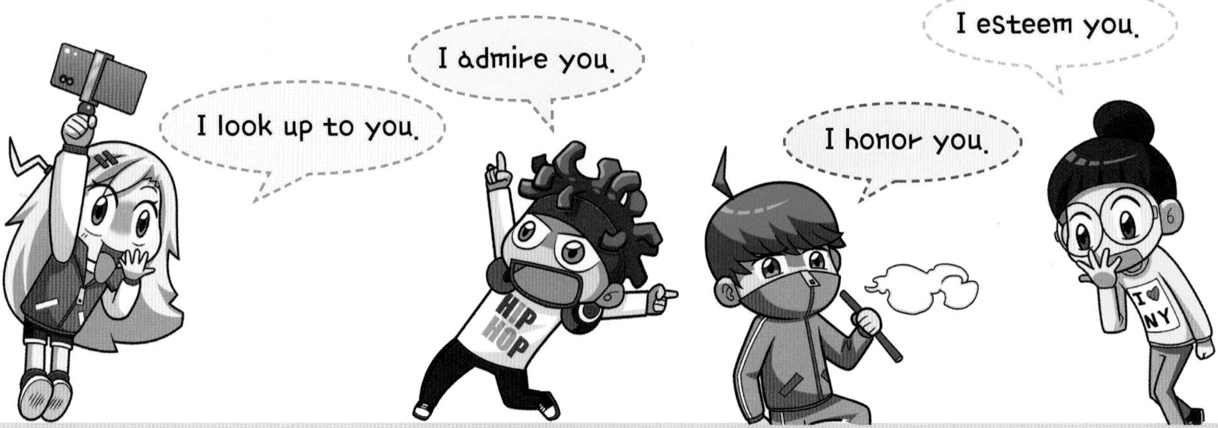
I look up to you.
I admire you.
I honor you.
I esteem you.

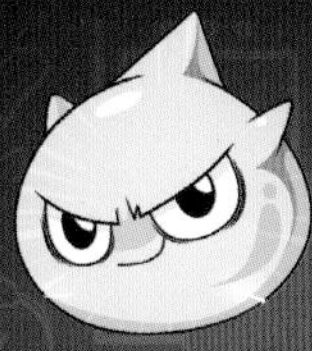

# 한눈에 보는 이번 수업 핵심 정리

**여기까지 열심히 공부한 여러분 모두 굿 잡!**
**어떤 걸 배웠는지 떠올려 볼까?**

## 1. 수량 형용사를 배웠어.

형용사 중에는 명사의 수와 양을 설명하는 수량 형용사가 있어. 수량 형용사는 뒤에 오는 명사가 셀 수 있는지, 셀 수 없는지에 따라 쓰임이 달라져.

| 수량 형용사 | | 셀 수 있는 복수 명사 | 셀 수 없는 명사 |
|---|---|---|---|
| 뜻 | 종류 | | |
| 조금의, 몇 개의 | some | some apples | some milk |
| | any | any apples | any milk |
| | a few | a few apples | |
| | a little | | a little milk |
| 많은 | a lot of | a lot of apples | a lot of milk |
| | many | many apples | |
| | much | | much milk |

## 2. every / all을 배웠어.

| | every | all |
|---|---|---|
| 뜻 | 모든(집단 내 개개인 강조) | 모든(집단 전체 강조) |
| 사용 | every + 단수 명사 | all + 복수 명사 / 셀 수 없는 명사 |

**어때, 쉽지? 다음 시간에 또 보자!**

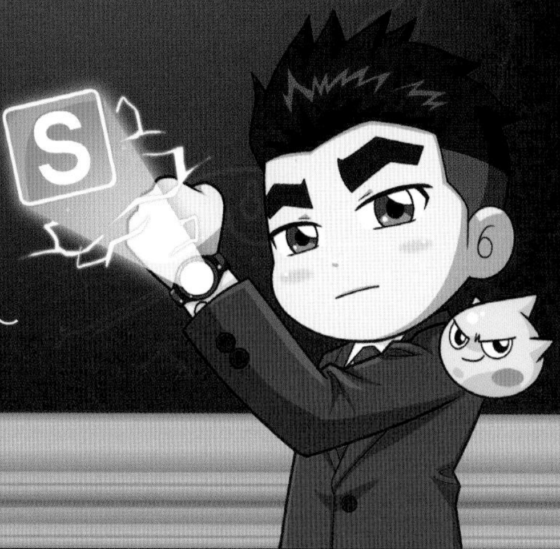
S

## 7교시

 **쪽지 시험** • Quiz

수업 시간에 잘 들었는지 쪽지 시험을 한번 볼까?

1. 야생 동물을 나타내는 단어가 아닌 것은 무엇일까요?

wolf   bison   grizzly bear   valley

2. 자연을 나타내는 단어가 아닌 것은 무엇일까요?

geyser   blunt   river   mountain

3. 수량 형용사가 아닌 것은 무엇일까요?

new   a lot of   a little   many

4. 다음 중 틀린 말은 어느 것일까요?

① some은 주로 긍정문에 쓰인다.
② any는 부정문이나 의문문에 쓰인다.
③ a few는 셀 수 있는 복수 명사 앞에 쓰인다.
④ a lot of는 부정문에만 쓰인다.

5. 다음 중 올바른 문장은 무엇일까요?

① I have any paper.
② She doesn't eat some meat.
③ I don't have any money.
④ Does she have some brothers?

6. 다음 중 틀린 문장은 무엇일까요?

① I have many apples.
② I don't have many friends.
③ Is there much money in your pocket?
④ I don't have much friends.

7. 문장의 빈칸을 완성해 보세요.

① 병 안에 우유가 조금 있다.　　　There is (　　　　　) milk in the bottle.
② 너는 계획이 조금 있니?　　　　Do you have (　　　　　) plans?
③ 나는 봄에 눈을 많이 보지 못한다.　I don't see (　　　　　) snow in spring.
④ 모든 아이는 만화를 좋아한다.　　(　　　　　) kid likes cartoons.

8. 다음 문장을 완성해 보세요.

There are (　) (　　　) (　　) bison here!

• 정답은 162~163쪽에 있습니다.

# 수업 끝!

## 정답 • Answer

### P 143

| | | | |
|---|---|---|---|
| • 늑대 | wolf | • 계곡 | valley |
| • 종달새 | lark | • 산 | mountain |
| • 회색곰 | grizzly bear | • 바다 | sea |
| • 온천 | hot spring | • 넓은 | broad |
| • 숲 | forest | • 좁은 | narrow |

### P 150~151

grizzly bear
bison
mountain goat
wolf

low
quick
pointy
new
blunt
narrow
high
broad
slow
old


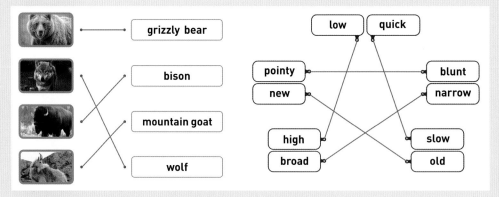

### P 154

❶ I have some paper

❷ There is some milk in the bottle

❸ There are a few apples in the basket

❹ There is a little cheese in the refrigerator

❺ I have many apples

❻ There is a lot of ice cream in the box

❼ Every child likes animals

❽ All kids like cartoons

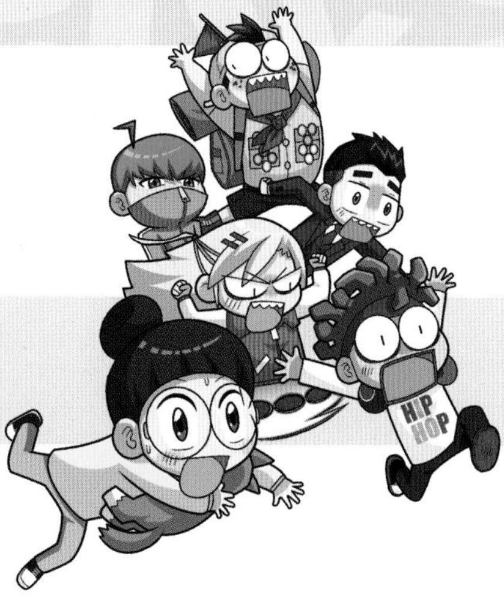


HIP HOP


**P 155**

❶ I don't have any money

❷ I don't have many friends

❸ I don't see much snow in spring

❹ There isn't a lot of time left

❺ Do you have any plans

❻ Are there many children in the park

❼ Is there much money in your pocket

❽ Is there a lot of sugar in milk

**P 160**

1.

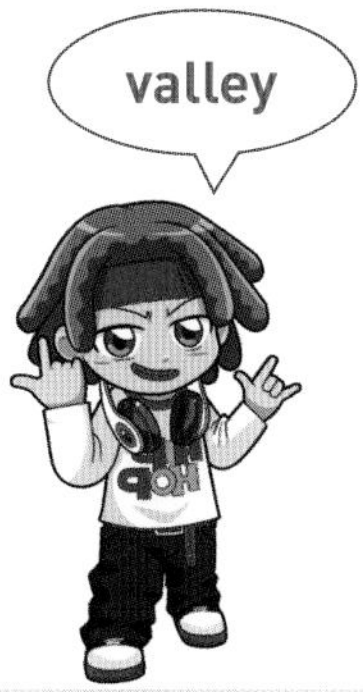


valley


2.

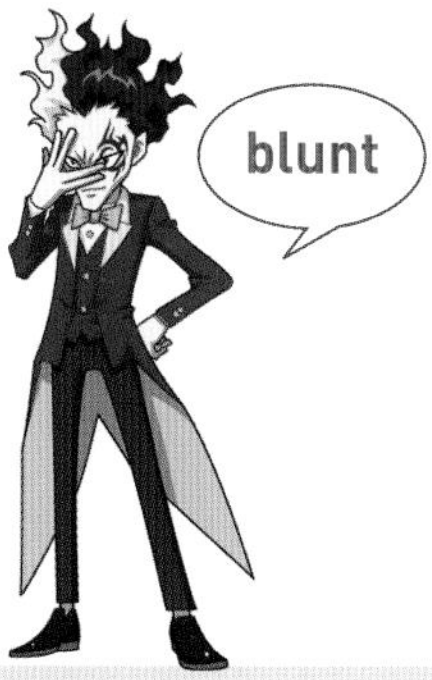


blunt


3.

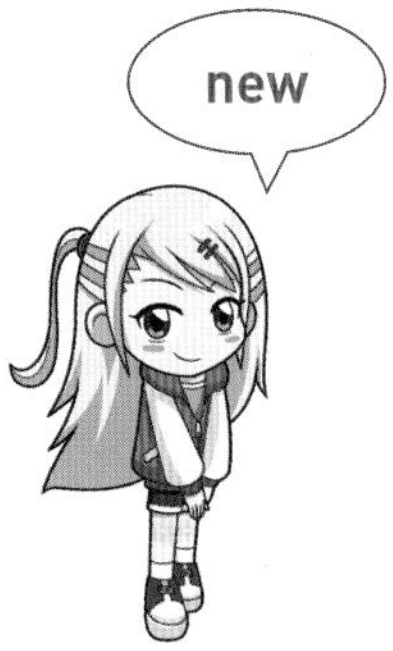


new


4. ④

**P 161**

5. ③

6. ④

7. ❶ ( some )
❷ ( any )
❸ ( much )
❹ ( Every )

8. ( a ) ( lot ) ( of )

다음 권 미리 보기

# 지령서

노잉글리시단의 행동 대장 트릭커!
진짜 진짜 마지막 기회다!
다음 목적지는 555 유니버스다! 당장 떠나라!

**목적지:** 555 유니버스
**위치:** 지구에서 가까운 곳
**특징:** 케임브리지 유니버스로 대학교가 유명한데,
어떤 사건으로 대학교가 문을 닫게 생겼다.

## 보스가 주는 지령

555 유니버스는 오랜 역사와 전통이 있는
케임브리지 대학교가 있는 곳이다!
어서 가서 그곳에 공포심을 심어라!
그럼 다들 학교를 떠나게 되고, 어쩔 수 없이 문을 닫게 되겠지?
그렇게 된다면 지구에서 대학교와 지식에 관련된 영어가
몽땅 사라질 것이다! 또 어설프게 변신할 생각은 아니겠지?
그곳에 가면 과학적으로 추리하는 걸 좋아하는
학생이 있으니 꼬리가 밟히지 않게 조심하도록!

추신: 이번에도 실패하면 영원히
　　　 스마일의 부하가 될 것이다.

노잉글리시단
Mr. 보스

슬라고의 폭주.jpg

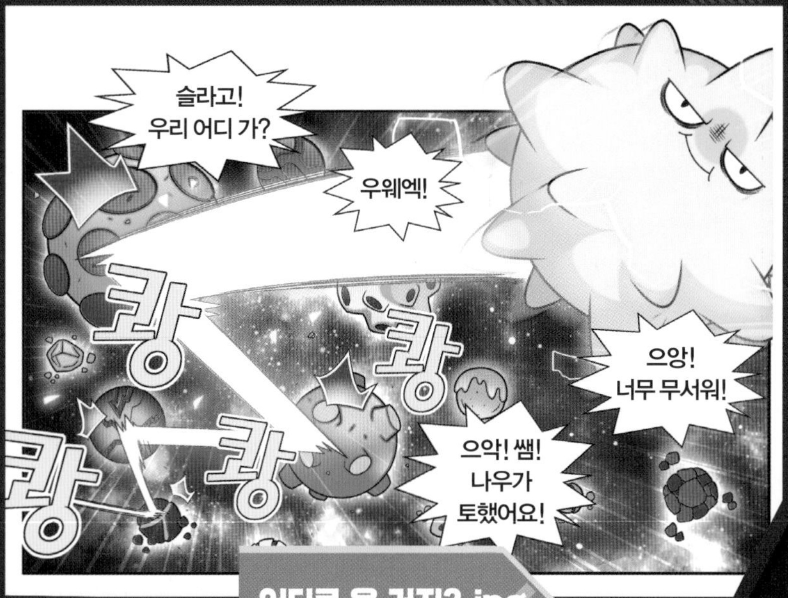

슬라고!
우리 어디 가?
우웨엑!
쾅
쾅
쾅
쾅
으앙!
너무 무서워!
으악! 쌤!
나우가
토했어요!


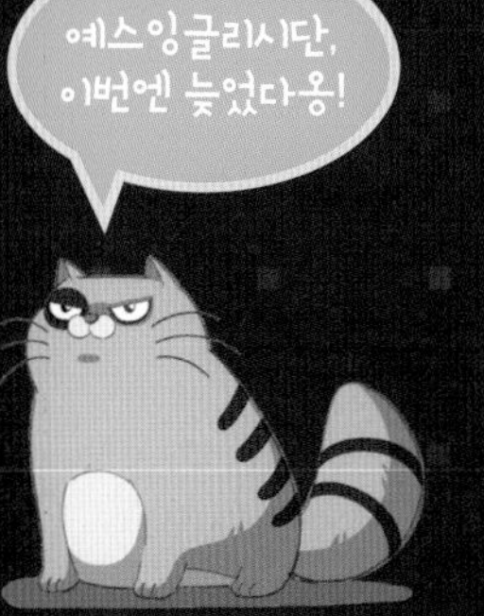

예스잉글리시단,
이번엔 늦었다옹!


어디로 온 거지?.jpg

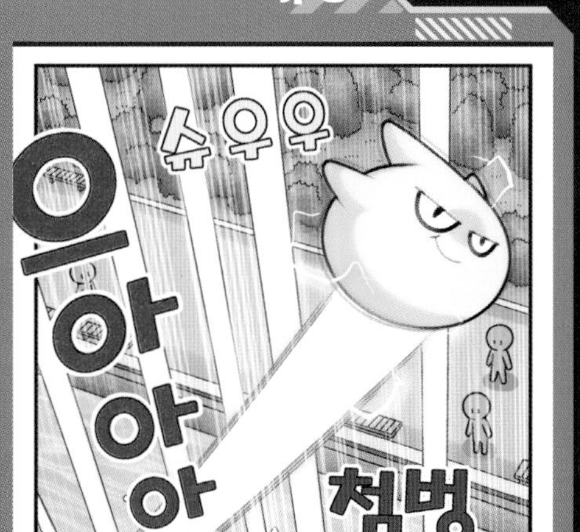

슈우우
으아아아아아
첨벙
첨벙
첨벙


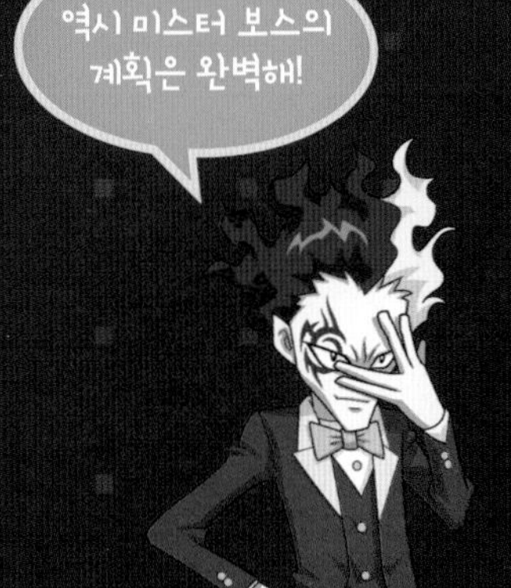

역시 미스터 보스의
계획은 완벽해!


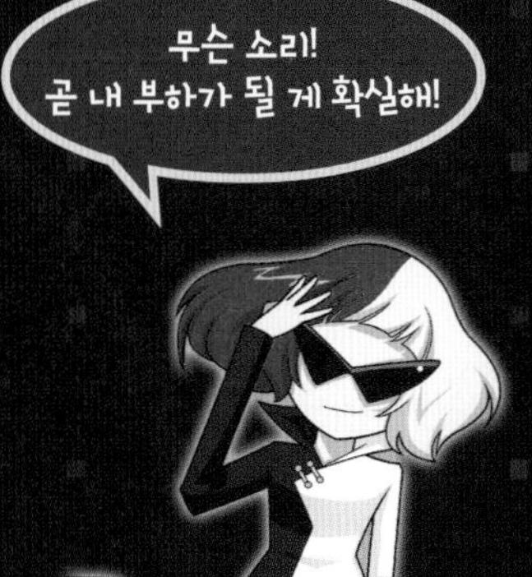

무슨 소리!
곧 내 부하가 될 게 확실해!

# 만화로 읽는 초등 인문학
# 그리스 로마 신화

글 박시연 | 그림 최우빈 | 정보 글·감수 김헌
1~23권 12,000원 | 24~26권 14,000원

## 신화는 계속 됩니다!

## 그리스 로마 신화 속 인물들도 나와 같은 고민을 했다고?

### 서양 고전 전문가 김헌 교수님이 들려주는 고민 해결 인문학 동화!

그리스 로마 신화 속 수많은 고민과 갈등을 해결하는 과정 속에 인문학적 해답이 숨겨져 있지요.

기획 김헌 | 글 서지원 | 그림 최우빈 | 값 13,000원

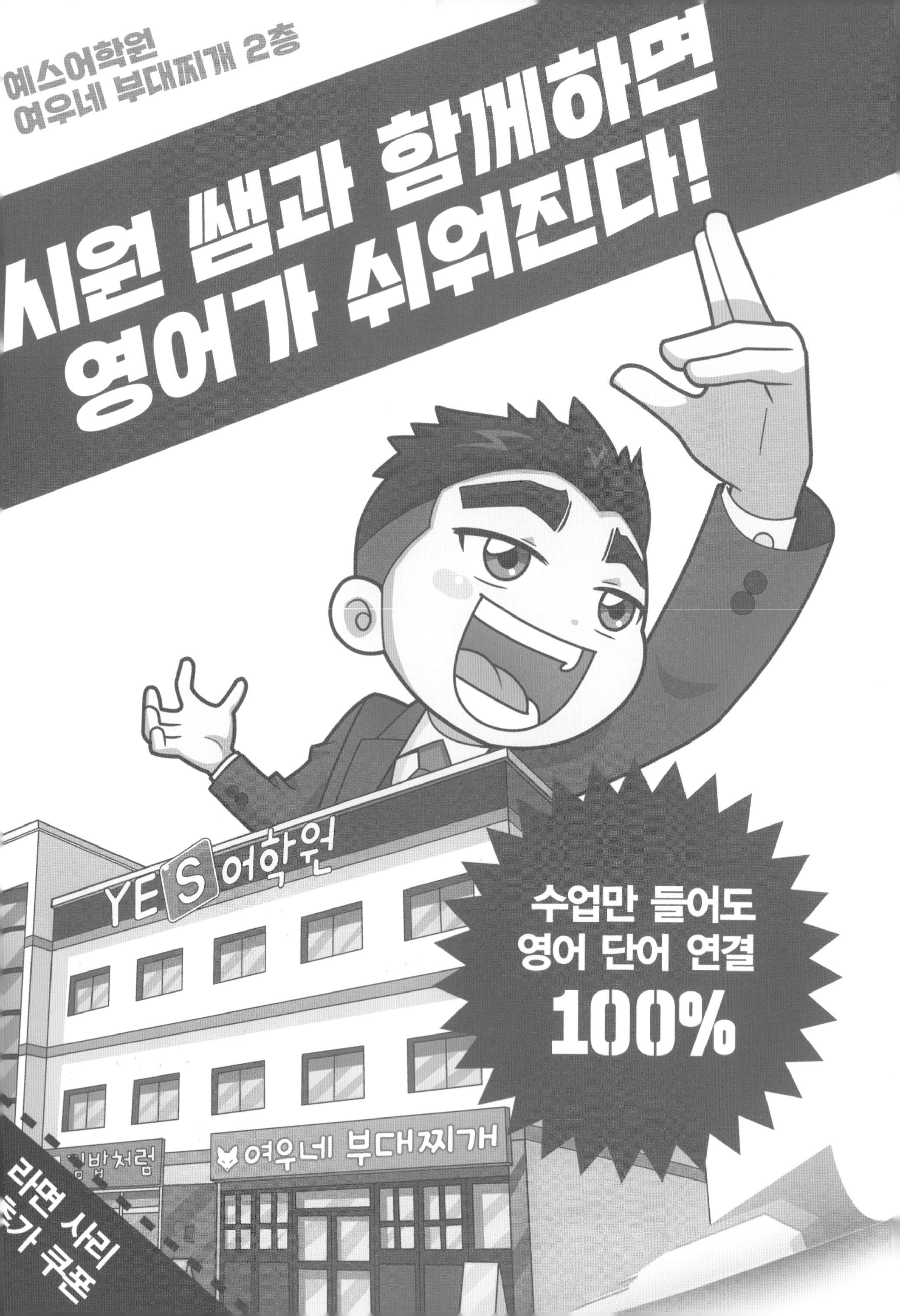
예스어학원
여우네 부대찌개 2층
시원 쌤과 함께하면
영어가 쉬워진다!
YES어학원
수업만 들어도
영어 단어 연결
100%
밥처럼
여우네 부대찌개
라면 사리
가 쿠폰

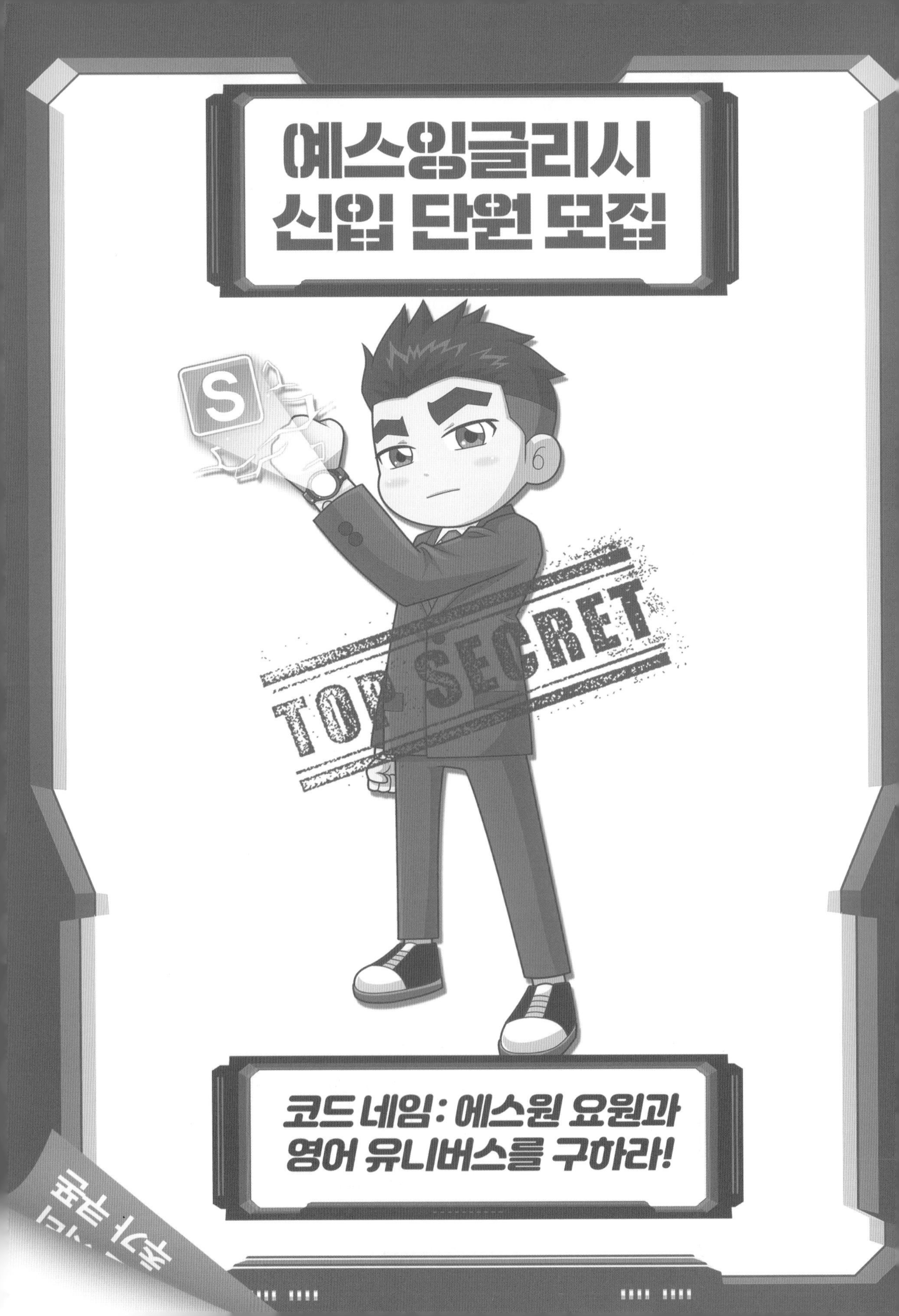
예스잉글리시
신입 단원 모집
S
TOP SECRET
코드 네임 : 에스원 요원과
영어 유니버스를 구하라!